옥환기봉 연작 연구

옥환기봉 연작 연구

이승복

도서출판 월인

머리말

〈옥환기봉〉을 처음 접한 것은 예전에 서울대학교 규장각에서 고전문학 자료들의 서지와 해제를 작성하고 있을 때였다. 그때까지 〈옥환기봉〉에 대해서는 2권 2책본을 대상으로 개략적인 논의가 이루어진 바 있었는데 규장각에 소장된 〈옥환기봉〉은 아직 제대로 소개되지 않은 30권 15책의 장편본이었다. 잘못된 글자가 많고, 이야기가 연결되지 않는 부분이 있어 읽는 데 어려움이 있었지만 차츰 작품의 흥미에 빠져들게 되었고, 작품 속 언급을 통해 당시 영인되어 있던 〈한조삼성기봉〉이 〈옥환기봉〉의 뒷이야기를 다룬 작품이라는 사실을 알게 되었다. 또 작품을 읽어가면서 〈취미삼선록〉과 〈도앵행〉이 〈옥환기봉〉과 밀접한 관계를 맺고 있다는 사실도 확인할 수 있었다.

규장각본 〈옥환기봉〉은 후한 광무제가 무너진 한실을 회복하는 이야기와, 광무제가 곽후를 폐하고 음귀인을 황후로 세우는 이야기로 이루어져 있는데 두 이야기는 작품 속에서 서로 밀접한 관련을 맺고 전개된다. 작자는 작품 뒷부분에서 음후가 부덕을 지니고 있음에도 불구하고 세상 사람들이 광무제가 음후의 자색에 미혹되어 곽후를 폐하고 곽후 소생의 태자마저 태자 자리에서 밀어냈다고 하는 것이 가탄스럽다고 하였다. 여기에서 작자가 음후의 황후 책봉은 자색이 아닌 부덕 때문이라는 것을 확신하고, 이를 작품을 통해 구체적으로 보여주려 했다는 이 작품의 창작 동기를 읽어낼 수 있다. 이에 따라 작품에서는 음후의 숙덕이 크게 강조되고, 광무제와 음후의 인연이 삼생에 걸친 천정의 연분으로 설정되었다. 그런데 작자는 곽후를 악인으로 형상화하기를 거부하였다. 황후 폐립에 관한 단편적 역사 기록에 따라 곽후의 실덕은 제시해야 하겠지만 분명하고 구체적인 근거 없이 곽후를 폐출되어 마땅한 극악한 인물로 그리는 것은 무리라고 판단했기 때문일 것이다. 하지만 작자의 이러한 태도가 결과적으로는 다소간의 허물이 있더라도 초년 고생을 같이 한 조강지처를 내치는 것이 과연 온당한 일인지에 대한 논란의 빌미를 제공하였다. 속편과 파생작의 출현은 이 때문이라 할 수 있다.

〈한조삼성기봉〉은 광무제와 곽후가 남녀를 바꿔 환생하여 부부가 되고, 전편에서 곽후가 광무제에게서 받은 시련을 이번에는 아내가 된 광무제가 남편이 된 곽후에게서 그대로 받는다고 하여 〈옥환기봉〉의 서술시각을 비판하고 있다. 〈취미삼선록〉은 곽후 폐출 이후 곽후 소생의 세 공주가 남편들의 횡포로 인해 시련을 겪는 모습과, 곽후 폐출이 지나치고 부당하다는 것을 환기하는 여러 인물들의 태도나 행위를 교대로 서술함으로써 대를 이어 반복되는 여성의 고통과 시련을 형상화하고, 이를 통해 여성에게 희생을 강요하는 남성 지배의 횡포를 비판하고 있다. 〈도앵행〉은 광무제의 누이인 영평공주가 도학자인 태원처사 주당의 아들과 혼인한 후 남편과 약혼한 적이 있는 정위주라는 여인이 수절하고 있음을 알고는 시아버지의 반대를 극복하고 정위주를 맞아 화합한다는 내용으로 이루어져 있는데 남성 지배의 횡포를 직접 고발하기보다는 잘못된 현실인식을 진실인 양 고집하는 도학자의 모습을 통해 남성 지배의 바탕을 이루는 명분과 이념의 허상을 드러내고 있다. 그리고 〈옥환기봉〉 2권 2책본은 규장각본과 같은 장편본을 축약한 것으로 보이는데 한실 회복 이야기는 서술자의 간략한 설명으로 축소하여 역사적 배경의 구실만을 하도록 하고, 광무제와 음후의 결연에 혼사장애를 설정하고 황후 폐립 이야기를 선악 대립으로 도식화하는 등 통속적 성격을 가미하고 있다.

〈옥환기봉〉 연작에 속하는 작품들은 18세기 무렵에 창작된 것으로 짐작된다. 이 작품들을 검토하면서 필자는 고전 장편소설에 중국 역사가 어떤 수준으로 어떻게 수용되고 있는지 그 일단을 엿볼 수 있었으며, 중국의 역사를 적극적으로 수용하더라도 그것은 중국 역사 자체에 대한 이해를 위해서가 아니라 그것을 통해 여성이나 부부의 문제와 같은 당시 우리 소설 향유층의 주요 관심사를 다루기 위해서라는 것을 알 수 있었다. 또 원작의 시각에 대해 비판과 반론을 제기하기 위한 속편이나 파생작이 창작되어 여성 문제를 두고 작품들 사이에 뚜렷한 담론 체계가 형성되기도 했다는 사실에서 장편소설의 창작과 향유 방식에 대한 이해가 보다 심화될 수 있는 단서를 확인할 수 있었다.

이 책은 이와 같은 사실들을 확인하는 과정에서 쓰인 글들을 모아 문장과 용어를 약간 손질하여 엮은 것이다. 모두 8편의 글을 1, 2부로 나눠 1부에는 〈옥환기봉〉의 성격을 구명하는 글 4편을, 2부에는 연작에 속하는 작품들 사이에 형성된 여성담론의 양상을 확인하는 글 4편을 수록하였다. 이 가운데 〈옥환기봉〉의 이본을 비교하여 역사소설 수용의 한 양상을 살핀 글은 필자의 다른 저서에 실렸던 것인데 〈옥환기봉〉과 그 연작에 대한 총괄적 이해를 위해 다시 수록하였다. 이 책의 글들이 실제로는 이 책에 제시된 순서대로 작성된 것이 아니기 때문에 독자들에게 다소 혼란을 주는 부분들이 있을지 모른다. 또 〈옥환기봉〉을 검토한 글들, 연작에 속하는 작품들과 〈옥환기봉〉의 관계를 각각 살핀 글들, 그리고 연작에 형성된 담론 체계를 종합적으로 검토한 글을 한 자리에 모으다 보니 특히 〈옥환기봉〉에 대한 내용이 여러 번 중복되었다. 독자들의 양해를 널리 구한다.

소통과 교섭, 융복합이 이 시대의 화두가 되고, 문학 연구에 있어서도 확산적 연구가 요청 받는 요즈음의 상황에서 미시적이라 할 수 있는 이러한 연구의 설 자리가 그리 넓어 보이지 않는다. 하지만 문학 작품에 대한 분석적 연구가 확산적 연구의 바탕이 되어야 한다는 점에서 부족한 이 책을 세상에 내놓을 용기를 내었다. 항상 지도와 격려를 아끼지 않으시고 규장각에 근무할 수 있는 기회를 주셨던 이상택 선생님의 은혜로 이 책이 세상에 나올 수 있었다. 진심으로 감사의 말씀을 올린다. 아울러 국문학에 애정을 가지고 정성껏 책을 만들어주신 도서출판 월인의 박성복 사장님을 비롯한 여러분들께도 감사의 마음을 전한다.

2012년 5월 일

이 승 복

차 례

제1부 옥환기봉의 이해

Ⅰ. 〈옥환기봉〉과 역사의 소설화

1. 머리말

이 글은 우리의 고전소설이 '역사', 좀 더 정확하게 말하자면 '역사 기록'과 어떠한 관련을 맺고 창작되었는가 하는 것에 대한 검토를 목적으로 한다. 고전소설과 역사의 관계 규명을 위해서는 여러 측면에서의 검토가 필요하겠지만 여기에서는 역사서에 바탕을 두고 창작된 작품으로 논의의 범위를 한정하고자 한다. 그것은 이러한 작품이 역사와 소설의 관계를 가장 직접적이고 분명하게 보여주고 있다고 생각하기 때문이다. 이처럼 역사서에 근거한 작품들로는 〈옥환기봉〉, 〈구래공정충직절기〉, 〈화산기봉〉, 〈범문정충절언행록〉 등이 있는데 여기에서는 이 가운데 〈옥환기봉(玉環奇逢)〉을 대상으로 역사의 소설화에 대한 문제의 일단을 살피고자 한다.

이 글의 논의와 관련하여 고전소설에서 역사소설이라는 하위 유형의 설정이 가능한가, 가능하다면 그 개념과 범주를 어떻게 설정할 것인가, 또 〈옥환기봉〉과 같은 작품이 과연 역사소설인가 하는 문제들이 아울러 검토되어야 할 것이다. 하지만 이 글의 목적이 '역사소설의 성격'보다는 '역사의 소설화'에 대한 이해를 심화하는 데 있기 때문에 이 문제들에 대한 본격적인 검토는 유보하기로 하고, 일단 역사서에 바탕을 두고 창작된 〈옥환기봉〉을 역사소설로 간주하고 논의를 진행하고자 한다.

역사의 소설화에 대한 문제를 올바로 검토하기 위해서는 역사에 대한 인식과 역사 읽기의 의미 등을 먼저 살피고, 그것이 역사소설의 창작·수용과 어떻게 관련되는가를 밝혀야 할 것이다. 그렇게 함으로써 역사 기록과 역사소설의 같고 다른 점이 어떠한 의미를 지니는가 하는 것이 제대로 드러날 수 있다. 곧 역사의 소설화 문제를 해명하기 위해서는 소설 작품만이 아니라 그것이 생산·소비되는 기제를 폭넓게 검토하는 접근 방식이 필요하다는 것이다. 하지만 여기에서는 이러한 문제를 간략히 개관하는 데에서 그치고 이에 대한 천착은 추후의 과제로 삼기로 한다.

〈옥환기봉〉은 서울대학교 규장각에 소장된 30권 15책본, 그리고 고려대 도서관과 조동일 교수가 소장하고 있는 2권 2책본 등이 전해지고 있다. 규장각 소장본 권22의 "후셰의 상과 휘 다시 출세ᄒᆞ여 슉년을 이으미 타셜의 젼ᄒᆞ미 잇ᄂᆞᆫ이라"와 권30 말미의 "쇼셜을 보고져 ᄒᆞᆯ진ᄃᆡ 한됴삼셩쇠(긔)를 볼지어다"라는 언급을 통해 현재 전해지고 있는 〈한조삼성기봉〉이 이 작품과 연작 관계에 있음을 알 수 있다.

그런데 30권 15책본과 2권 2책본은 단순한 분량 차이 이상의 본질적인 차이가 있다. 30권 15책본에는 후한(後漢) 광무제(光武帝)의 한실(漢室) 중흥 과정과 광무제와 음황후(陰皇后)의 결연 과정이 서로 병치되면서 양자가 구체적이고 자세하게 서술되어 있는데 비해 2권 2책본에서는 광무제와 음황후의 결연 과정이 중점적으로 다루어지고, 광무제의 한실 중흥 과정은 서술자의 간략한 설명만으로 제시되어 있는 것이다. 두 가지 이본 중 어느 것이 선행본인지 단정하기는 어렵지만 사건 전개의 핍진성, 인물의 형상화 등을 고려할 때 30권 15책본이 2권 2책본보다 앞서는 것으로 생각된다. 이 글에서는 역사서와의 관련이 두드러진 규장각 소장본을 대상으로 한다.

2. 역사 인식과 역사 읽기

〈옥환기봉〉은 등장인물의 행적은 물론 서술 체계까지도 철저히 역사서에 의거하고 있는데 이러한 작품의 창작 배경으로 우선 〈삼국지연의〉와 같은 중국 연의소설의 영향을 생각해 볼 수 있다. 하지만 연의소설의 영향을 거론하는 것만으로 〈옥환기봉〉의 창작 배경과 동인이 충분히 설명될 수는 없다. 그것은 연의소설이 널리 읽히게 된 당대의 사회, 문화적 기반에 대한 해명이 선행되지 않은 채 연의소설의 영향만을 거론하는 것은 별반 의미가 없기 때문이다. 따라서 〈옥환기봉〉과 같은 역사소설이 창작되게 된 배경을 이해하기 위해서는 보다 근본적으로 그 시대 사람들의 역사 인식과 그에 따른 역사 읽기가 지닌 의미 등을 먼저 살펴볼 필요가 있다.

역사를 기술하거나 역사를 읽는 이유는 시대에 따라, 사람에 따라 많은 차이가 있을 수 있다. 이러한 사정은 조선 사회에서도 마찬가지였겠지만 조선의 유자(儒者)들은 그들의 모든 의식과 행위를 규제하던 유교 이념에 따른 보편적이고 공식적인 역사 인식을 가지고 있었던 것으로 보인다.

> 한 고조(漢高祖)가 관중(關中)에 들어가서 소하(蕭何)를 시켜 진(秦)나라 서적을 거둬들이게 하고 당 태종(唐太宗)이 즉위하면서 위징(魏徵)에게 명하여 『수서(隨書)』를 짓게 한 것은, 앞 시대의 망하고 홍한 까닭을 거울삼아 후세의 임금에게 선악의 본보기가 되게 한 것이니, 이른바 나라는 없애도 역사는 없앨 수 없다는 것이 어찌 미덥지 않겠습니까?(윤회, 〈진수교고려사서〉)[1)]

> 세겸(世謙)이 아뢰기를 "야사(野史)의 법은 옛 제도이니 지금 다시 세우려 한다면 생각은 좋지만 형편은 어려운 점이 있습니다. 대저 역사라는 것은 선과 악을 기록하는 것이니 그 실정을 잃지 않아서 후세에서 믿을 만하여야 하는데 지금 도사(都事)나 수령으로 겸하게 한다 하더라도 걱정되는 것은 직필(直筆)을 얻기 어렵다는 것입니다. 지금 세상의 선비들이 정대하다고 하지만 관직이 춘추관의 소임을 띠고 있는 자라도 혹 탐오(貪汚)함으로 죄를 입는 자가 있으니 하물며 그밖의 사람이겠습니까?"(『연산군일기』, 1년 11월 14일)[2)]

1) 若夫漢祖入關 使蕭何收秦籍 唐宗卽祚 命魏徵撰隋書 鑑前代廢興之故 爲後王善惡之師 所謂國可滅而史不可滅 詎不信夫(尹淮, 〈進讎校高麗史序〉).

앞의 인용문에서는 후세에 선악의 본보기를 삼기 위해 과거의 역사를 기록한다는, 역사 기록의 목적에 대한 의식을 확인할 수 있다. 곧 역사를 기록하는 것은 그것이 지닌 감계적 효용성 때문이라는 것이다. 뒤의 인용문은 정사(正史)만으로는 부족하니 지방의 도사나 수령으로 하여금 야사(野史)를 기록하게 하자는 데 대해 어세겸(魚世謙)이 반대하면서 한 말이다. 어세겸은 정사의 편찬을 담당하는 사관도 탐오(貪汚)한 경우가 있는데 역사 편찬을 본직으로 하지 않는 관리가 역사를 기록할 경우 선과 악을 그대로 기록하는 직필(直筆)이 이루어지기 어렵고, 따라서 그렇게 기록된 야사를 믿을 수 없게 될 것이라 하였다. 역사를 신뢰할 수 있기 위해서는 선악과 시비가 직필되어야 한다는 것이다. 결국 역사는 과거의 사실을 통해 교훈을 얻는 감계적 효용을 위해 기록하는 것이며, 그러한 효과를 제대로 거두기 위해서는 있는 그대로를 기록하는 직필을 통해 역사 기록이 신뢰성을 지녀야 한다는 것이다.

이는 『춘추(春秋)』가 나오자 난신적자(亂臣賊子)들이 두려워하였다는[3] 사실과도 연관된 것으로 당시 유자들의 보편적인 인식이었다. 이에 이익(李瀷)과 같은 사람은, 역사는 권선징악을 위해서 쓰는 것으로 시비의 판단이 절대적으로 필요한데 착한 일 중에도 악한 것이 있고 악한 것 중에도 착한 것이 있어 선악이 양자택일적으로 갈라지는 것이 아니기 때문에 역사를 쓸 때에는 착한 일을

2) 世謙曰 野史之法古也 今欲復立 意雖善矣 勢有所難 夫史者所以記善惡 不失其實 以取信來世者也 今雖以都事守令兼之 所患者直筆難得也 今世之士 號爲正大 職帶春秋者 亦或有以貪汚被罪者 況其他乎.

3) 成春秋而亂臣賊子懼(『맹자(孟子)』, 「등문공장구하(滕文公章句下)」).

드러내더라도 악한 것을 감추어서는 안 된다고 하여[4] 감계라는 목적을 앞세워 직필을 훼손해서는 안 된다고 하였다. 또 안정복(安鼎福)은 『동사강목(東史綱目)』 서문에서 감계의 효용과 직필을 위해 사가(史家)의 대법(大法)으로 계통을 밝힐 것, 찬역(簒逆)을 엄하게 할 것, 시비를 바르게 할 것, 충절을 포장할 것, 전장(典章)을 자세하게 할 것 등 구체적인 항목을 제시하기도 하였다.[5]

역사를 읽는 것 역시 이러한 역사 기록의 목적, 방법 등에 대한 인식과 분리하여 생각할 수 없다. 율곡(栗谷)은 『성학집요(聖學輯要)』에서 "역사를 읽으면 모름지기 치란의 기틀과, 현인군자의 출처와 진퇴를 보아야 하는 것이니 이것이 곧 격물(格物)"[6]이라는 정자(程子)의 말과, "모름지기 자신이 그 가운데 있는 것처럼 일의 이해와 때의 화란을 보고, 반드시 책을 덮고 스스로 내가 이러한 일을 당하면 마땅히 어떻게 처리할 것인가를 생각해야 한다. 이와 같이 역사를 본다면 학문도 나아가고 지식도 높아져서 비로소 유익하게 될 것이다"[7]라는 여조겸(呂祖謙)의 말을 인용하고 있다. 곧 올바른 역사 읽기는 과거의 사실을 아는 데 그쳐서는 안 되고 그것을 자신의 삶에 비춰 반추함으로써 체득해야 한다는 것이다. 역사 읽기를 격물로 파악하는 이러한 주장은 경서와 역사를 체(體)와 용(用)의 관계로 파악하는 견해와 관련된다.

---

4) 한영우, 『조선후기사학사연구』, 일지사, 1998, 196면.

5) 위의 책, 343면.

6) 讀史須見治亂之機 賢人君子出處進退 便是格物.

7) 須如身在其中 見事之利害 時之禍亂 必掩卷自思 使我遇此等事 當如何處之 如此觀史 學問亦可以進 智識亦可以高 方爲有益.

> (세종이) 또 말하기를 "경서와 역사는 체와 용이 상수(相須)하여 편벽되게 폐할 수 없는 것이다. 그러나 지금 학자들은 혹 경서를 연구하는 데 끌려서 사학(史學)을 읽지 아니하고 그 경서를 배우는 자도 혹 제가의 주석한 것에만 힘쓰고 본문과 주자가 집주한 것을 연구하지 아니한다. …… " 하니 시강관 안지(安止)가 대답하기를 "경서는 체이고 역사는 용이 되므로 진실로 편벽되게 폐할 수 없습니다. 그러나 여러 가지 일을 시행하는 데에는 역사가 절실히 필요한 것입니다." 하였다(『세종실록』, 20년 12월 15일).[8)]

위에서 보듯 유자들은, 역사를 읽어 고금의 일들을 궁리하는 것은 경서에 제시된 도의 구체적인 내용을 징험할 수 있는 것으로 이해하여 경학과 사학을 체와 용의 관계로 파악했던 듯하다. 하지만 그렇다고 해서 조선조 유자들이 경학과 사학을 대등하게 인식했던 것은 아니다. 이미 체용의 관계로 그것들을 파악하고 있는 데에서도 짐작할 수 있듯이 유자들은 경서가 보다 근본적이고, 우선적이어야 한다는 생각을 갖고 있었다.

> 찬선 오희상(吳熙常)이 상소하기를 "지난번 예령(睿令)에서 날마다 세 차례 진접(晉接)하는 데 모두 『강목』으로써 공정(公程)을 삼겠다고 하셨습니다. 신이 듣건대 경서는 이치요 역사는 사건이며, 경서는 순수하고 역사는 혼잡하다고 합니다. 옛사람의 독서하는 방법과 같이 경서를 먼저하고 역사를 뒤로 할 것인데 만약 경서를 늦

---

8) 又曰 經與史 體用相須 不可偏廢 然今學者或有牽於窮經而不讀史學 其學經書者 或騖於諸家輯釋 而不究本文與朱子輯註……侍講官安止對曰 經則體 史則用 固不可偏廢 而至於諸事業 則史爲切要也.

> 추고 역사를 급하게 여겨 선후가 순서를 잃는다면 비유하건대 눈금이 없는 저울과 마디 없는 자와 같아서 장차 철을 금으로 여기고 역적을 아들로 인식하여 마침내 공리(功利)의 과구(窠臼)를 이루어 천덕(天德)과 왕도의 학문에 도움이 없을 것입니다. 그러므로 주부자가 일찍이 학자가 경서를 놓아두고 역사를 다스리는 것은 심술(心術)에 해가 된다고 탄식하였으니 진실로 지극한 교훈입니다. 국조고사에 법강(法講)에는 경서를 사용하고 소대(召對)에는 『사기』를 썼으니 빈주와 경중의 의도를 여기에서 볼 수 있습니다. 삼가 원하건대, 전하께서는 조용히 회유(誨諭)하시되 날마다 서연을 열고 겸하여 소대를 행하여 경서를 날로 하고 역사를 씨로 해서 능히 계술(繼述)의 도를 다하도록 하십시오. 이는 신의 충심에서 나오는 소망입니다(『순조실록』, 27년 2월 1일).[9)]

역사서는 지나간 사건을 기록한 것으로 혼잡하기 때문에 경서를 먼저 공부하여 역사를 판단할 기준과 규범을 마련하여야 한다는 것이다. 만약 그렇지 않고 역사서만을 읽는다면 선악과 시비를 판별할 수 없게 되어 심술(心術)에 해가 된다고 하였다. 경서를 공부하여 마음을 바로 하는 것이 우선이고, 역사서를 통해 전대의 치란을 파악하여 귀감과 경계로 삼는 것은 그 다음이라는 것이다. 경

9) 贊善吳熙常疏曰 向來睿令 日三晉接 俱用綱目爲程 臣聞經理而史事經純而史雜 如古人讀書之法 先經後史 若緩經而急史 先後失序 則譬如無星之秤 無寸之尺 其將喚鐵爲金 認賊爲子 畢竟成就功利窠臼 而無所輔於天德王道之學矣 故朱夫子嘗歎 學者舍經而治史爲心術之害誠至訓也 國朝故事 法講御經書 召對用史記 賓主輕重之意 斯可見矣伏願 殿下從容誨諭 日開書筵兼行召對 經經緯史 克盡繼述之道 是臣葵藿之望也.

학과 사학이 체와 용의 관계에 있기는 하지만 선후와 본말을 분명히 해야 한다는 것이다.

그런데 이러한 시각과, 역사서는 『춘추』를 제외하고는 성현의 저작이 아니라는 점 때문에 역사서의 내용은 경서에 비해 비교적 자유로운 비판의 대상이 되기도 하였던 듯하다. 역사를 통해 교훈을 얻는 것은 역사서에 기록된 내용을 그대로 수용하기만 한다고 해서 가능한 것이 아니다. 앞에서 살핀 바와 같이 역사 읽기를, 그 내용을 자신의 삶과 태도에 비춰 궁리하는 격물로 파악했다는 것은 역사의 비판적 읽기와 밀접하게 관련되는 것이라 할 수 있다.

『사기(史記)』를 예로 들더라도 조선조 유자들은 그것을 정독하여 지식과 교훈을 얻는 데 그치지 않았다. 이익이 항우(項羽)를 세가(世家)에 넣고 의제(義帝)의 본기(本紀)를 만들었어야 하고 시군(弑君)의 죄를 범한 오자서(伍子胥)를 열사로 표창한 것은 잘못이라고 한 것처럼 그들은 『사기』의 체례와 서법(書法)을 비판하기도 하고, 『사기』와 『한서(漢書)』를 비교하여 그 문장과 문체를 논하기도 하였다. 또 서술의 부정확성, 선후의 모순, 타서와의 차이, 이치상 믿을 수 없는 기사 등을 지적하고 나름대로 논증을 가하기도 하였고, 불확실하거나 애매한 구절 및 단어에 대해 주해를 하기도 하였으며, 사실 또는 사건에 대해 검증과 추론을 하기도 하였고, 관직 또는 제도의 기원과 성격에 대한 해설을 하기도 하였다. 그리고 『사기』에 제시된 역사적 사건과 인물에 대한 포폄과 평가를 통해 일정한 가치관을 천명하기도 하였다.[10]

---

10) 이성규, 「조선후기 사대부의 『사기』 이해」, 『진단학보』 74, 진단학회, 1992

이처럼 유자들은 『사기』의 내용을 일방적으로 수용하기만 한 것이 아니라 나름대로 의미를 부여하고, 해석하고, 비판하기도 했다. 경서의 경우 기록된 내용 자체에 대한 시비가 거의 불가능한 것은 물론, 그 내용에 대한 해석에 있어서도 주자의 견해를 제외한 다양한 논의가 이루어지기 어려웠다. 그러나 역사서는 내용 자체가 논란의 대상이 될 수 있었으며, 언제라도 다시 기록될 수 있었던 것이다.

이상과 같이 역사는 고금의 선악과 치란을 파악하고 교훈을 얻을 수 있는 감계의 자료로 직필을 통한 신뢰성의 구비가 필수적이며, 경서와 체용의 관계에 있기는 하지만 경서에 비해 지엽적인 것으로 생각하여 그 기록에 대해 비교적 자유로운 비판이 가능한 것으로 보았던 것이 유자들의 보편적 인식이었음을 알 수 있다. 곧 이어 다시 검토하겠지만 역사가 직필되어야 한다는 인식은 역사소설의 창작에 일정한 제약 조건으로 작용하였을 것이다. 그러나 기존의 역사 기록에 대한 비판이 비교적 자유로웠을 뿐 아니라, 정조가 『송사전(宋史筌)』을 편찬한 것처럼 기존 역사서에 대한 불만 때문에 새로운 역사서를 편찬하기도 했다는 사실은, 철저히 역사서에 바탕을 두면서 역사서의 내용을 재해석하거나 역사 기록의 공란을 메운다는 나름의 의식을 갖춘 작품의 창작에는 다소간의 명분과 융통성을 제공하였을 수 있다.

참고.

3. 역사소설에 대한 인식

역사소설에 대한 평가는 대부분이 부정적이라 할 수 있는데 그것은 앞에서 살펴본 역사 인식 때문이다. 다음에 제시된 〈삼국지연의〉에 대한 기대승(奇大升)의 말은 조선 유자들이 역사소설에 대해 어떠한 인식을 갖고 있었는지 분명하게 보여주고 있다.

> 기대승(奇大升)이 나아가 아뢰기를 "지난 번 장필무(張弼武)를 인견하셨을 때 전교하시기를 '장비의 한 마디 소리가 만군을 달아나게 하였다고 한 말이 정사에는 보이지 아니하고 〈삼국지연의〉에만 있다고 들었다' 하셨습니다. 이 책이 나온 지 오래지 않아 소신이 미처 보지 못했을 때 간혹 친구들에게 들으니 망탄한 말이 매우 많다고 하였습니다. 천문지리에 관한 책은 이전에는 숨겨졌다가 나중에 드러나는 일이 있기는 하지만, 역사책은 애초에 실전이 되면 나중에 억측하기가 어려운 것인데 부연하고 증익까지 하는 것은 그 괴탄함을 지극하게 하는 것입니다. 신이 후에 그 책을 보니 무뢰한 자가 잡언을 모아 옛이야기처럼 만들어 놓은 것입니다. 비단 잡박하여 무익할 뿐만 아니라 의리(義理)를 심하게 해치므로 주상께서 우연히 한번 보시기는 하셨지만 심히 미안합니다. 그 내용을 들어 말씀 드린다면 동승(董承)의 의대(衣帶) 속 조서라든가 적벽대전의 승리 등은 각각 괴탄한 사건으로서 근거 없는 말을 부연하여 만든 것입니다. 주상께서 이 책의 근본을 모르실까 하여 감히 아룁니다. 이 책은 비단 〈초한연의〉 등과 같은 책일 뿐만 아니라 이러한 종류가 하나가 아닌데 모두 의리를 심하게 해치는 것들입니다. 시문, 사화(詞華)도 중하지 않은데 하물며 『전등신화』, 『태평광기』 등과 같이 사람의 심지를 오도하는 책들이겠습니까? 주상께서 그것의 무망함을

아시고 경계하신다면 학문의 공에 절실하실 것입니다." 하고 또 아뢰기를 "정사는 치란, 존망에 관한 것이 모두 실려 있어서 보지 않아서는 안 됩니다. 그러나 한갓 문자만을 보고 사적을 보지 않는다면 역시 해가 있습니다. 경서는 심오하여 이해하기 어렵고 역사책은 사적이 분명하지 않은데 사람들이 경서를 싫어하고 역사를 좋아함은 온 세상이 모두 그러합니다. 그러므로 예로부터 유사(儒士)가 잡박하기는 쉽고 정미하기는 어려웠던 것입니다. …… 〈삼국지연의〉는 괴탄함이 이와 같은데 인출하는 데까지 이르렀으니 당시 사람들이 어찌 무식한 것이 아니겠습니까? 그 문자를 보면 또한 모두 상스러운 이야기로 단지 괴벽한 것을 볼 따름입니다. 옛사람들은 '첫째는 도덕'이라 하고, 또 '첫째는 대통(大統)'이라 하였습니다. 동자(董子)도 육경의 과목에 들어있지 않은 것은 모두 폐기할 것을 청하였다 합니다. 임금 된 자가 백성을 인도함에 있어 마땅히 바르지 않은 책은 금해야 합니다. 이는 그 해로움이 소인과 다름이 없습니다. ……"(『선조실록』 2년 6월 17일).[11]

---

11) 奇大升進 啓曰 頃日張弼武引見時 傳敎內 張飛一聲走萬軍之語 未見正史 聞在三國志衍義云 此書出來未久 小臣未見之 而或因朋輩間聞之 則甚多妄誕 如天文地理之書 則或有前隱而後著 史記 則初失其傳後難臆度 而敷衍增益 極其怪誕 臣後見其冊 定是無賴者裒集雜言如成古談 非但雜駁無益甚害義理 自 上偶爾一見 甚爲未安 就其中而言之 如董承衣帶中詔 及赤壁之戰勝處 各而怪誕之事 衍成無稽之言 自上幸恐不知其冊根本 故敢 啓 非但此書如楚漢衍義等書 如此類不一無非害理之甚者也 詩文詞華尙且不關 況剪燈新話大平廣記等書 皆足以誤人心志者乎 自 上知其誣而戒之 則可以切實於學問之功也 又 啓曰 正史則治亂存亡俱載 不可不見也 然若徒觀文字而不觀事迹 則亦有害也 經書則深奧難解 史記則事迹不明 人之厭經而喜史 擧世皆然故自古儒士雜博則易 精微則難矣 …… 三國志衍義 則怪誕如是而至於印出 其時之人 豈不無識 觀其文字 亦皆常談 只見怪僻而已 古人曰 一道德 又曰 一大統 董子亦謂 諸不在六經之科者 請皆絶之云 王者導民

장황하기는 하지만 위의 진술은, 역사가 한번 전해지지 않으면 후일 과거의 사실을 추측하는 것이 어려운 일인데 역사소설은 잡언을 모아 부연증익(敷衍增益)하였으니 무익할 뿐만 아니라 의리를 손상케 하고, 상스러운 이야기로 괴벽(怪僻)한 내용을 담고 있으니 마땅히 금해야 한다는 것으로 요약된다. 곧 〈삼국지연의〉와 같은 역사소설은 직필되지 않은, 그래서 믿을 수 없는 옛날이야기에 불과하기 때문에 결국에는 의리를 손상케 한다는 것이다.

역사소설에 대한 유자들의 비판적 언급은 이러한 기대승의 논리와 크게 다르지 않다. 이덕무(李德懋)는 연의와 소설은 간사함을 만들고 음란함을 가르치는 것이니 보지 말아야 하며, 〈삼국지연의〉는 정사와 혼동될 우려가 있으니 엄격하게 판별해야 한다고 했다.[12] 또한 이규경(李圭景)은 역사소설은 하찮은 것, 거짓으로 꾸민 것으로 인심을 미혹시키며, 사람의 심지를 망치고 이목을 혼란스럽게 한다고 하였다.[13]

역사소설에 대한 비판은 당시의 역사 인식에 비춰볼 때 당연한 결과라 할 수 있다. 그러나 이러한 비판에도 불구하고 중국 연의소설을 비롯한 역사소설들이 상당히 많은 사람들에게 애독되었다.

當禁不正之書 此其爲害 與小人無異也 …… .

12) 演義小說 作奸誨淫 不可接目 切禁子弟 勿使看之 或有對人娓娓誦說 勸人讀之者 惜乎人之無識 胡至於此 三國演義 混於陳壽正史 須當嚴辨(『사소절(士小節)』 권3).

13) 凡演義小說 增毛附翼 構虛揑無 竟作一部 幻惑人心 世之俗士 視作信史 蠱其心志 塗其耳目 雖有老宿諭解 不信 泥滯莫之改焉(『오주연문장전산고(五洲衍文長箋散稿)』 상. 오춘택, 『한국고소설비평사연구』, 고려대 박사논문, 1990, 166~7면에서 재인용).

기대승은 앞에서 본 것처럼 사람들이 경서보다 역사서를 더 좋아하고 〈삼국지연의〉가 많은 사람들에게 애독되어 인출되기에 이르렀다고 하였고, 이규경은 노숙한 사람이 그 허탄함을 깨우쳐 주어도 믿지 않고 빠져나올 줄 모른다고 하였다.[14] 또 유희춘(柳希春)은 〈삼국지〉를 건네받고 기뻤다고 했으며,[15] 이익은 위에 제시된 기대승의 말을 인용한 다음 집집마다 읽고 시장(試場)에서 과제(科題)로 출제되기까지 하여도 부끄러운 줄 모르니 세상이 변한 것을 볼 수 있다고 하였다.[16] 비단 역사소설만이 아니겠으나 유자들의 비판에도 불구하고 역사소설은 상당히 많은 독자를 확보하고 널리 읽혀 마침내는 과제로 내걸리는 데까지 이르렀다는 것인데 그렇다면 이처럼 역사소설이 성행하게 된 이유는 과연 무엇인가. 김만중(金萬重)은 그 이유를 다음과 같이 제시하였다.

> 『동파지림(東坡志林)』에 이르기를 여염집에서 아이들이 천박하고 용렬하여 집에서도 싫증이 나고 괴로우면 돈을 주어 모여 앉아 옛날이야기를 듣게 한다. 삼국의 일을 이야기하는 데 이르러 유현덕이 패했다는 말을 들으면 찡그리며 눈물을 흘리는 아이가 있고, 조조가 패했다고 하면 곧 기뻐서 소리치며 즐거워한다. 이것이 나씨 연의의 시원인가? 이제 진수(陳壽)의 사전(史傳)이나 사마온공(司馬

14) 위의 주 참고.

15) 二十一日 師傅 朴光玉 送三國志二十冊來 雖未備者十冊 然亦感喜(『미암일기(眉岩日記)』. 유탁일 편, 『한국고소설비평자료집성』, 아세아문화사, 1994, 66면에서 재인용).

16) 盖此書市出而上偶及之 高峯之啓 眞得體矣 在今印出廣布 家戶誦讀 試場之中 擧以爲題 前後相續 不知愧耻 亦可以觀世變(『성호사설(星湖僿說)』, 「인사문(人事門)」. 위의 책 84면에서 재인용).

> 溫公)의 『통감』을 가지고 여러 사람을 모아 이야기를 하여도 반드시 눈물을 흘리는 사람이 있지는 않을 것이다. 이것이 통속소설을 짓는 까닭이다.(『서포만필』 하)[17)]

서포(西浦)는 역사서와 역사소설을 비교하면서 역사소설이 역사서보다 사람을 감동시키는 힘이 더 크기 때문에 역사소설과 같은 통속소설이 지어진다고 하였다. 그렇다면 역사소설이 지닌 감염력은 어디에서 연유하는 것인가. 역사소설과 역사 기록의 가장 주목할 차이는 바로 역사소설이 역사 기록에 부연증익하거나 그것을 변용한 부분일 것이고, 역사소설이 역사 기록보다 사람을 감동시키는 힘이 크다고 한다면 그것은 바로 그 부연증익하고 변용한 부분 때문일 것이다. 곧 역사 기록을 바탕으로 한 역사소설이 역사 기록보다 사람을 감동시키는 힘이 더 큰 것은, 역사소설이 허구적 상상에 의해 사실을 변용하거나 추가한 부분 때문이라고 할 수 있다. 사람들은 이러한 부연증익하거나 변용한 부분에서 실감 있는 묘사, 역사적 사건을 바탕으로 재구성된 이야기의 재미, 그리고 생동하는 인물의 형상화와 마주치면서 흥미를 가지고 작품에 몰입하거나 감동을 느꼈을 것이다. 유자들은 역사소설을 부정적으로 바라보고 비판하면서도 그것의 성행이 더 이상 부정될 수 없는 하나의 문화적 현상임이 분명해지자 역사소설이 지닌 감염력에 주목

---

17) 東坡志林曰 塗巷中小兒薄劣 其家所厭苦 輒與錢 合聚坐聽說古話 至說三國事 聞劉玄德敗 嚬蹙有出涕者 聞曹操敗 卽喜唱快 此其羅氏衍義之權輿乎 今以陳壽史傳溫公通鑑 聚衆講說 人未必有出涕者 此通俗小說之所以作也.

하게 되었던 것이다.

이상에서 조선조 유자들의 역사와 역사소설에 대한 인식을 통해 역사소설의 창작과 수용의 배경을 간략히 검토하였다. 이제 이를 바탕으로 〈옥환기봉〉에 나타난 역사의 소설화 양상을 살펴보기로 한다.

4. 〈옥환기봉〉의 소설화 양상

1) 역사 기록과 역사 이야기

〈옥환기봉〉은 『후한서(後漢書)』를 바탕으로 창작된 작품이다. 이 작품과 『후한서』와의 관계는 작품 속에 제시된 "공의 젼후 ᄉᆞ젹은 한 ᄉᆞ신이 후한ᄉᆞ긔 짓는ᄃᆡ 공의 형뎨의 젼을 별노서 지으니 일언반ᄉᆞ도 진실치 아닌 ᄇᆡ 업ᄂᆞᆫ지라(권26, 6면)"라는 언급이나, 권30 〈명제본기〉 말미의 "이ᄂᆞᆫ 한셔를 번역ᄒᆞ미니 ᄒᆞᆫ ᄌᆞ도 더ᄒᆞ미 업ᄉᆞᄃᆡ 명뎨본긔ᄂᆞᆫ 너모 만코 ᄉᆞᆷ황자 양공쥬의 사젹이 더욱이 번다ᄒᆞ여 이로 번역지 못ᄒᆞ니 더러 쎄히니라"라는 진술 등에서 분명히 확인할 수 있다.

『후한서』는 기전체(紀傳體)의 서술방식을 취하여 본기(本紀), 열전(列傳), 지(志)로 구성되어 있는데 〈옥환기봉〉의 중심 인물인 광무제(光武帝), 곽황후(郭皇后), 음황후(陰皇后)에 관한 행적은 『후한서』에서 모두 본기에 서술되어 있다. 광무제는 본기의 첫머리인 권1 상, 하의 「광무제기(光武帝紀)」에, 그리고 두 황후는 본기의 끝인 권10 「황후기(皇后紀)」에 그 행적이 수록되어 있다. 그리고 〈옥환기봉〉에 등장하는, 광무제의 아들과 신하들의 행적은 열전에 제시되어 있다.

그런데 〈옥환기봉〉은 소설이면서도 기전체와 유사한 서술방식을 취하고 있다. 곧 전체 30권 가운데 권1부터 29까지는 광무제와 두 황후를 중심으로 한 이야기가 서술되어 있고, 권30에는 음후를 시작으로 음후의 친정 형제, 그리고 광무제의 자녀들에 대한 전들이 실려 있는 것이다. 마지막 권에 전을 수록하고 있는 것은 이전까지의 소설 본문을 본기처럼 인식하고 있었다는 것을 보여준다. 이러한 독특한 서술방식은 작자가 『후한서』를 의식하면서 〈옥환기봉〉의 창작을 또 하나의 역사 서술로 인식하고 있었다는 것을 말해주는 것이라 할 수 있다. 그렇다면 이 작품이 『후한서』의 역사 기록을 어떻게 의식하고, 해석하고 있는가를 살펴보자.

〈옥환기봉〉은 중심 인물들이 삼생의 인연을 이어가는 것을 기본 구조로 설정하고 있다. 작품의 서두에는 광무제와 음후를 비롯한 중심 인물의 전생담이 제시되어 있다. 전한(前漢) 무제(武帝) 때 태자는 간신 강충(江充)과 환관들의 모해로 역모의 누명을 쓰고 도주하였다가 자결하고, 옥에 갇힌 태자비, 태자의 후궁 사씨, 사씨가 낳고 태자비가 기른 황태손, 황태손의 부인 왕씨 등도 모두 자결하고 만다. 이후 태자는 광무제, 태자비는 음후, 사씨는 곽후, 황태손은 음후의 아들 양(陽), 왕씨는 양의 부인 마씨(馬氏)로 환생하여 전생의 인연을 이어가는데, 전생에서 후궁 사씨가 태자비에게 서운한 바가 있었기 때문에 사씨의 환생인 곽후가 첫째 부인이 되어 태자비의 환생인 음후에게 시련을 가하게 된다고 하였다. 그런데 권22와 23에서 무제 때의 태자와 태자비는 본디 천상의 선관, 선녀로 서로 마음을 주고받다 상제의 노여움을 사서 인세에 하강한 인물들이고, 황태손은 불법을 광포(廣布)하기 위해 스스로 윤회의 괴로움을 선택한 석가의 제자이며, 그 부인 왕씨 역시 보살의 환생이었다는 사실이 드러난다. 이와 같이 이 작품의 기본 구조는 중심 인물들이 삼생의 인연을 이어가는 것으로 설정되어 있다.[18]

이는 무제와 광무제 때 실재했던 역사적 사실을 인물들의 환생이라는 매개항을 통해 연결하고, 여기에 초현실계로부터의 적강담(謫降譚)을 가미하여 설정한 것이다. 이처럼 환생을 반복하여 인연을 이어가는 기본 구조는 역사적 사실에 정당성과 필연성을 부여하고 있다. 곧 광무제가 곽후를 폐하고 음후를 정궁으로 삼고, 음후의 아들인 양이 즉위하여 효명황제(孝明皇帝)가 되었을 때 중국에 불교가 전래되는 역사적 사실들이 전생 숙연과 천정에 의한 필연적이고 정당한 것이었다는 것을 입증하고 있는 것이다.

이러한 기본 구조 아래 전개되는 작품의 내용은 크게 보아 두 개의 이야기로 이루어져 있다. 하나는 광무제가 초야에서 일어나 한실을 회복하는 과정에 대한 이야기이고, 다른 하나는 광무제와 음후의 숙연 성취에 대한 이야기이다. 전자가 국가적 차원의 문제라면, 후자는 황실 내부의 문제라 할 수 있다. 이 두 이야기는 작품 속에서 서로 교차, 병치되면서 밀접한 관련을 맺고 전개된다.

---

18) 연작 관계에 있는 〈한조삼성기봉〉이 광무제와 음후, 곽후가 다시 환생하여 겪는 사건들을 다루고 있다는 사실을 아울러 고려하면 〈옥환기봉〉 연작은 사생에 걸친 숙연의 성취를 근간으로 하고 있다고 할 수 있다.

이제 이 두 이야기를 역사적 사실에 비춰가며 차례로 살펴보자.

왕망(王莽)이 한나라를 무너뜨리고 황제를 참칭하고 있을 때 남양(南陽)에서 농사를 짓고 있던 유수(劉秀), 곧 광무제는 장모 곽주(郭主)의 도움을 받아 장안에서 공부하게 된다. 그는 장안으로 가는 길에 등우(鄧禹)와 엄광(嚴光) 등 뜻이 맞는 인물들을 만나 사귄다. 장안에서 3년 동안 『상서(尙書)』와 손오병법, 제자백가서 등을 공부한 광무제는 과장에 나아갔다가 왕망의 모습을 보고는 분을 참지 못해 왕망에게 활을 쏘고 고향으로 돌아온다.

이후 주위의 권유로 28세 때인 지황(地皇) 3년 8월에 기병하였다. 광무제는 몇 번의 전투에서 승리를 거두지만 이내 대패하여 중형 유중(劉仲)이 전사하고 어머니와 누이, 그리고 부인 곽씨가 위급한 상황에 빠지기도 한다. 이후 군웅들이 유현(劉玄)을 천자, 곧 경시제(更始帝)로 추대하고, 광무제는 곤양(昆陽), 정릉(定陵) 등을 쳐서 항복받는다. 왕망이 400만의 대군을 보내 공격하자 광무제는 수천 병으로 대적하여 승리를 거두었으나 이내 포위되어 곤경에 빠진다. 이때 광무제는 전에 음후와의 전생 숙연을 알려주었던 노고(老姑)가 상제의 명으로 하늘에서 식량을 내려주는 꿈을 꾸는데 이 꿈이 현실이 되어 군사들이 기갈을 면함으로써 위기를 벗어난다. 다시 왕망의 군대와 대진한 광무제는 직접 수십 급을 베고, 마원(馬援)을 청해 적장의 요술을 제압하여 왕망의 군대를 물리친다. 이로 인해 광무제의 위엄이 사해에 진동한다. 이어 광무제는 맏형 유연(劉縯)이 경시제에 의해 처형되는 불행을 겪지만 전혀 내색을 하지 않자 경시제가 스스로 부끄러워하며 광무제를 파로대장군(破虜大將軍)에 봉한다. 경시제는 낙양에 도읍하면서 광무제로 하여금 북쪽을 순행하도록 하는데 천자를 참칭한 왕랑(王郎)의 군대 때문에 촌가에서 밥과 두죽(豆粥)을 얻어먹기도 하고, 얼음이 언 호타하(呼沱河)를 가까스로 건너는 등 심한 고초를 겪기도 하다가 당양(堂陽), 세현(貰縣) 등을 쳐 항복받는 등 연전연승을 거둔다.

마무(馬武)를 비롯한 제장이 연이어 천자에 즉위할 것을 주청하지만 광무제는 이를 허락하지 않는다. 경시제가 간신의 참소로 광무제에게 핍박을 가하고, 광무제가 순순히 경시제의 명을 따르려 하자 제장들이 극구 만류하고 천자에 즉위할 것을 다시 주청한다. 이어 경순(耿純)이 제위에 오를 것을 극간하는 상소를 올리고, 강화(彊華)가 관중(關中)에서 광무제가 천자가 될 예언이 담긴 적복부(赤伏符)를 받들어 오자 광무제가 마침내 천자에 즉위한다. 이후 광무제는 군웅과 도적, 흉노의 세력을 진압하고, 군웅들이 추대하였던 경시제, 유분자(劉盆子) 등을 예우하고, 서촉과 교지국을 평정함으로써 한실 회복을 완성하고 재위 32년만에 세상을 떠난다.

이러한 광무제의 한실 회복 이야기는 「광무제기」에 제시된 광무제의 행적을 바탕으로 구성된 것이다. 「광무제기」에는 광무제의 가계(家系)에서 시작하여 기병, 즉위, 한실 회복, 그리고 죽음까지의 과정이 시간적 순서에 따라 제시되고, 논과 찬으로 마무리되어 있다. 세부적으로는 '지황 삼년, 시월, 십일월, 경시 원년 정월 갑자삭 …… '과 같이 구체적인 시간을 앞세우고 그 당시 일어났던 사건과 광무제의 행적을 서술하는 방식으로 이루어져 있다.

그런데 「광무제기」의 이러한 서술방식은 위의 한실 회복 이야기를 포함한 작품 전체에 그대로 적용되고 있다. '계축 망간, 지황 삼년 추팔월, 경시 원년 갑자삭, 삼월, 오월, 유월 기묘 …… ' 등과 같이 구체적인 시기를 밝히면서 광무제의 한실 회복 및 음후와의 숙연 성취 과정을 서술하고 있는 것이다. 따라서 소설에서는 간혹 시기가 명시되지 않거나 「광무제기」에 제시된 시기와 차이가 있는 경우가 있기는 하나 「광무제기」의 시간적 순서에 따른 행적 서술의 방식이 소설에도 마찬가지로 적용되고 있다고 할 수 있다.

그렇기는 하지만 위의 이야기가 「광무제기」의 내용을 단순히 번역 내지 요약한 것은 아니다. 쉽게 짐작할 수 있겠지만 위의 이야기는 「광무제기」에 제시된 역사적 사실을 변용하거나 그것에 허구를 가미하여 재구성한 것이다.

위에 제시된 광무제의 장안 유학 과정을 좀 더 구체적으로 살펴보자. 광무제가 장모 곽주의 도움을 받아 매부 등신(鄧晨)과 함께 장안으로 공부하러 갈 때 등신은 광무제에게 등우를, 등우는 엄광을 천거한다. 광무제를 만난 엄광은 광무제에게 천문을 해석해주고 기병할 시기를 알려준다. 그리고 엄광의 집에서 광무제는 왕패(王霸), 풍이(馮異) 등을 만나 뜻을 같이 하기로 한다. 장안에서 광무제는 왕망에게 활을 쏜 다음 승상 두융(竇融)의 집에 숨어 있다가 고향으로 돌아오는데 이때 왕망은 남양에 왕기가 서려있다는 사천감의 말을 듣고 크게 걱정하여 광무제를 수소문하지만 결국 찾지 못한다. 그 동안 고향의 가족들은 소식을 전해 듣고 모두 산중으로 피신하였다가 돌아온다.

그런데 이와 관련된 「광무제기」의 기록은 "왕망 천봉 연간에 장안에 가서 『상서』를 수학하여 대략 대의를 통하였다(王莽天鳳中 乃之長安 受尙書 略通大義)"가 그 전부이다. 따라서 장안으로 가는 길에 등우와 엄광을 만나고, 왕패와 풍이를 사귀었다는 것은 사실과 다르다. 소설에서 매부가 등우를 천거했을 때 광무제는 등우를 이전에 태학에서 이미 만난 바 있다고 했고, 등우가 엄광을 이야기할 때에는 어릴 적에 엄광과 함께 공부해서 서로 알고 있던 사이라고 하였다. 실제 광무제가 태학에서 처음 등우를 만난 것은 사실이지만[19] 그를 다시 만난 것은 기병한 다음의 일이고, 엄광과 동학한 것도 사실이나 그를 다시 만난 것은 천자에 즉위한 후의 일이다. 왕패와 풍이 역시 실제로는 엄광의 집에서 처음 만난 것이 아니다. 왕패는 장안에서 공부하기는 하였으나 그때부터 광무제를 따른 것이 아니라 후일 광무제가 기병하자 스스로 사람들을 이끌고 광무제에게 투신하였고, 풍이는 원래 왕망의 편에 서서 성을 지키고 있다가 광무제에게 사로잡힌 다음 광무제의 수하가 되었다. 또 광무제가 왕망에게 활을 쏘고 피신하였다가 고향으로 돌아갔다는 것도 『후한서』에서 확인할 수 없다. 따라서 광무제의 장안 유학과 관련된 일련의 일들은 광무제가 장안에서 『상서』를 공부하였다는 역사적 사실에 상상과 허구가 가미되어 이루어진 것임을 알 수 있다.

그리고 위의 이야기에서 광무제가 곤양성(昆陽城)에서 왕망의 대군에게 포위되어 고초를 겪을 때 초월계의 도움으로 하늘에서

19) 소설에는 장안 유학을 가던 광무제가 매부에게서 등우를 소개 받자 등우를 이전에 태학에서 만난 적이 있다고 하여 마치 광무제가 장안 유학을 두 번 한 것처럼 제시되어 있다. 하지만 장안 유학을 두 번 했다는 기록이 『후한서』에는 보이지 않는데 소설에 그와 같이 제시된 것은 광무제가 태학에서 처음 등우를 만났다는 『후한서』의 기록을 등우를 소개 받는 대목에 그대로 수용했기 때문일 것이다.

먹을 것이 떨어져 곤경을 벗어났다고 하였는데 실제 이때 광무제는 왕망의 대군을 도저히 대적할 수 없어 성을 빠져나와 군병을 모집하였었다. 이 경우는 역사적 사실을 의도적으로 변용한 것이라 할 수 있다.

이처럼 광무제의 한실 회복 이야기는 「광무제기」의 내용을 충실히 따르면서도 번거롭거나 세세한 부분은 생략하고, 허구를 가미하거나 역사적 사실을 변용하여 구성하였음을 알 수 있다. 위의 예를 중심으로 볼 때 이러한 구성 방식은 우선 서술의 집중화를 통해 사건 서술과 그 이해의 효율성을 제고하기 위한 것이라 할 수 있다. 광무제와 그를 따르게 되는 제장들과의 만남은 그 자체가 중요한 흥미소가 될 수 있다. 그러나 그렇다 하더라도 그것을 그때그때 일일이 서술하는 것은 번거로울 뿐 아니라 오히려 흥미를 감소시킬 우려도 있다. 이에 따라 소설에서는 널리 알려져 있는 광무제와 엄광의 이야기를[20] 염두에 두고 광무제의 장안 유학 과정에 엄광을 비롯한 제장과의 만남을 집중적으로 서술한 것으로 보인다. 그리고 앞뒤 사건이 대체로 시간적 순서에 따라 나열된 역사 기록이 이러한 서술의 집중화를 거칠 경우 사건들의 필연적인 인과 관계가 확보되지는 않더라도 독자는 역사 기록을 읽을 때 느끼는 단조로움에서 벗어나 흥미를 가지고 작품에 몰입할 수 있다.

또 이러한 구성 방식이 지향하고 있는 것은 광무제가 당대의 혼

20) 광무제가 즉위 후 은거하고 있는 엄광을 가까스로 찾아 궐 안에서 하룻밤을 같이 잘 때 엄광이 광무제의 배 위에 다리를 올리고 잤다는 이야기를 가리킨다.

란을 타파할 능력과 의기를 지니고 있을 뿐 아니라 천명을 받은 인물이라는 점을 강조하기 위한 것이다. 왕망에게 활을 쏠 수 있었던 용기, 위기를 벗어날 수 있었던 초월계의 도움 등은 광무제의 영웅성 부각에 이바지하고 있는 것이다. 이런 점에서 한실 회복 이야기는 역사영웅담의 성격을 지니고 있다고 할 수 있다.[21] 그러나 그렇다고 해서 이 작품을 역사영웅소설로 선뜻 규정하기 어려운 것은, 광무제와 음후의 숙연 성취에 관한 이야기가 광무제의 한실 회복 이야기 이상의 비중을 가지고 제시되어 있기 때문이다.

다음에는 광무제와 음후의 숙연 성취 과정에 관한 이야기를 살펴보자. 광무제는 곽씨와 먼저 혼인하는데 곽씨는 직접 깁 짜고, 나물 캐는 고생을 하면서 남편과 시어머니를 극진히 섬긴다. 이에 광무제는 곽씨에게 후일 용상에 앉게 해주겠다고 하고, 곽씨는 광무제에게 희첩을 두지 말라고 당부한다. 그러나 곽씨와 혼인하기 전 꿈속에서 선고(仙姑)를 만나 전생 숙연을 확인하고 '천(天)'자가 새겨진 옥환을 얻은 광무제는 '지(地)'자 옥환의 임자를 자신의 진정한 배필이라고 생각하고 있었다. 광무제가 장안으로 떠나자 곽씨는 시어머니를 극진히 봉양하면서도 남편 생각에 노심초사하는데 광무제가 왕망에게 활을 쏘았다가 붙잡혔다고도 하고 도피했다고도 하는 소문을 듣고는 자결하려 하다가 곡기를 끊고 울기만 한다. 나중

21) 이 글이 처음 발표된 후 임치균(「18세기 고전소설의 역사 수용 일양상 - 〈옥환기봉〉을 중심으로」, 『한국고전연구』 8, 한국고전연구학회, 2002)이 지적한 것처럼 광무제의 장안 유학 과정을 비롯한 한실 회복 이야기의 여러 부분에는 〈동한연의〉가 변용되어 있다. 〈동한연의〉와의 관계는 다음의 '제1부 2장 옥환기봉의 역사 수용 양상과 그 의미'에서 상세히 검토한다.

에 광무제가 돌아와 곽씨를 위로하지만 곽씨는 후일 남편이 다른 여인을 취할 것을 걱정하며 옥환을 달라고 떼를 쓰기도 한다.

군대를 이끌고 동분서주하던 광무제가 우연히 서기가 어려 있는 집을 보고 찾아간 것이 계기가 되어 광무제는 '지'자 옥환의 임자인 음여화(陰麗華)를 다시 아내로 맞이한다. 광무제는 천자에 즉위하자 음씨를 황후로 봉할 생각을 하면서 곽씨와 음씨 모두를 귀인으로 봉하지만 결국 태후의 뜻에 따라 곽씨를 황후로 삼는다.

이후 곽후의 보모 윤씨가 주인을 위한다는 명목 아래 광무제의 다른 후궁인 왕첩여와 함께 음귀인에 대한 모해를 주도해 나간다. 윤보모는 음귀인을 독살하려 하기도 하고, 곽후의 명을 가탁하여 밤중에 음귀인을 불러내 살해하려 하기도 하며, 붉은 물이 드는 약으로 음귀인의 얼굴을 망가뜨리려 하기도 한다. 윤보모는, 왕첩여가 곽후 소생 황자인 경왕을 살해하자 그것이 음귀인의 소행인 것처럼 꾸미기도 하고, 이 일로 음귀인이 귀양을 가게 되자 자객을 보내 음귀인을 살해하려 하기도 한다. 또 음귀인이 귀양 간 동안 태후가 보호하고 있던 음귀인의 자녀들을 해치려 하고, 음귀인이 해배되어 돌아온 다음에는 곽후를 격동하여 음귀인을 연못에 빠뜨려 죽이려 한다.

그러나 이러한 음모에도 불구하고 음귀인과 그 자녀들은 음귀인의 기지와 초월계의 도움으로 위기를 무사히 넘긴다. 그러다가 곽후가 음귀인의 아들인 동평왕(東平王) 창(蒼)을 매질하는 일이 일어나고, 이를 광무제에게 알린 경첩여를 곽후가 윤보모와 왕첩여를 시켜 죽인 사건이 벌어지는데 이것이 발각되어 마침내 윤보모와 왕첩여가 처형되고 곽후는 폐출된다. 이어 음귀인이 황후가 되고 곽후는 중산태후(中山太后)로 봉해져 둘째 아들 중산왕(中山王) 보(輔)의 봉토로 떠나게 된다. 곽후 소생인 태자 강(彊)이 태자위를 극구 사양하여 물러나고 음후의 아들 양이 태자가 되는데 태자는 마씨와 혼인하여 전생 숙연을 이룬다. 이후 곽후가 먼저 세상을 떠나고 이어 광무제, 음후가 차례로 세상을 떠난다.

광무제와 음후의 숙연 성취에 관한 위의 이야기는 이른바 처첩 갈등이 그 핵심을 이루고 있다. 그렇다면 곽후와 음후 사이에 실제 갈등이 있었는지, 있었다면 역사서에 그것은 어느 정도까지 기록되어 있는지 살펴보자.

> 그 후 [곽]후는 은총이 점점 쇠해지자 자주 원망하는 마음을 품었다. 17년 마침내 폐하여 중산왕태후로 삼았다. …… 논하노니 물(物)의 흥쇠와 정(情)의 기복은 이치가 본디 그러한 것이다. 그러하니 흥하고 쇠하며, 가고 오는 것이 오직 총애뿐이겠는가. 자리와 거처를 가까이하여 은총을 받을 때에는 험한 마음, 쓸데없는 행동이라도 덕이 아님이 없다. 뜻과 사랑이 옮겨가고, 아름답고 사사로운 것이 갈라짐에 이르러서는 비록 은혜로운 마음, 고운 형상이라도 갈수록 추함을 더하게 된다. 사랑이 무르익으면 천하도 족히 그 높음을 용납할 수 없고, 즐거움이 줄어들면 천하 사람 누구라도 그 운명에서 도망할 곳이 없다. 이는 진실로 뜻있는 선비가 빠지는 바요, 임금 된 사람이 부침하는 바이니 아직 여기에서 벗어난 사람은 없다. 곽후는 황제의 은총이 쇠하고 멀어져 폄척을 당하였다 여겨 성내고, 원망하여 허물을 이루었으나 오히려 은총이 별관에 가해지고 친척에게 은총이 더해졌으며, 동해로 물러남에 이르러서는 거취를 예로써 하여 후세 사람들로 하여금 후박과 진퇴의 간격을 보지 못하게 하였으니

또한 옛날에 비해 빛나지 아니한가.[22]

광무가 즉위하자 시중 부준으로 하여금 [음]후를 맞이하게 하고, 호양・영평공주를 비롯한 여러 궁인과 더불어 함께 낙양에 이르자 후를 귀인으로 삼았다. 황제는 후가 성품이 우아하고 어질어 황후로 삼고자 하였으나 후가 굳이 사양하고 곽씨에게 아들이 있는 것을 들어 끝내 감당하려 하지 않자 마침내 곽씨를 황후로 세웠다. …… 후는 위(位)에 있을 때 공검하고, 기완함이 적었고, 웃고 희롱하는 것을 좋아하지 않았다. 성품이 어질고 효성스러웠으며, 가엾게 여기는 마음과 자애로움이 많았다. 일곱 살에 아버지를 여의었는데 비록 수십 년이 지났어도 말이 미치면 일찍이 눈물을 흘리지 않음이 없었다. 황제가 보고 항상 탄식하였다.[23]

이는 앞의 이야기와 관련될 수 있는 기록을 『후한서』「황후기」에서 발췌한 것이다. 앞의 인용문에서는 곽후가 광무제의 은총이 쇠해지자 성내고 원망하다가 폐후가 되었고 광무제는 이러한 곽후를 끝까지 예우하였다는 사실을, 뒤의 인용문에서는 음후가 부덕

---

22) 其後 后以寵稍衰 數懷怨懟 十七年 遂廢爲中山王太后 …… 論曰 物之興衰 情之起伏 理有固然矣 而崇替去來之甚者 必唯寵惑乎 當其接牀第 承恩色 雖險情贅行 莫不德焉 及至移意愛 析嬿私 雖惠心妍狀 愈獻醜焉 愛升 則天下不足容其高 歡隊 故九服無所逃其命 斯誠志士之所沉溺 君人之所抑揚 未或違之者也 郭后以衰離見貶 恚怨成尤 而猶恩加別館 增寵黨戚 至乎東海逡巡 去就以禮 使後世不見隆薄進退之隙 不亦光於古乎.

23) 光武卽位 令侍中傅俊迎后 與胡陽寧平主諸宮人俱到洛陽 以后爲貴人 帝以后雅性寬仁 欲崇以尊位 后固辭 以郭氏有子 終不肯當 故遂立郭皇后 …… 后在位恭儉 少嗜玩 不喜笑謔 性仁孝 多矜慈 七歲失父 雖已數十年 言及未曾不流涕 帝見 常歎息.

을 구비한 현숙한 여인으로 황후의 자격을 갖춘 인물이라는 사실을 제시하고 있다. 그러나 곽후에 대한 광무제의 은총이 쇠해진 이유가 무엇이고, 또 곽후가 어떻게 원망했는지에 대해서는 구체적이고 명확하게 밝혀져 있지 않다.[24] 곧 이 부분은 역사 기록에 많은 부분이 공란으로 남아있는 것이다. 따라서 위에 제시한 곽후와 음후의 처첩갈등담은 이러한 역사 기록의 공란을 메우고 있다고 할 수 있다.

그런데 소설에는 이러한 역사 기록의 공란을 메우려 한 동기를 짐작하게 하는 서술이 있다.

> 종고 이ᄅᆡ로 셩녀현비ᄂᆞᆫ ᄃᆡ마다 흔치 아닐 ᄲᅮᆫ 아니라 쳔고를 역졈ᄒᆞ나 복과 덕이 겸젼ᄒᆞ고 ᄌᆞ손이 번셩ᄒᆞ여 친척의 니로히 어질며 츙의녈힝이 한 시의 ᄃᆡ두ᄒᆞ리 업ᄉᆞ미 광열황후 갓ᄒᆞ니ᄂᆞᆫ 젼쳔고 후만셰의 가히 쉽지 못ᄒᆞᆫ지라 우(후)인[25]이 젼을 지으니 일언반ᄉᆞ도 셤개만ᄒᆞᆫ 허언이 아니오 실젹이 아니미 업ᄂᆞᆫ지라 후의 지귀지ᄃᆡᄒᆞ심과 ᄇᆡᆨᄌᆞ쳔숀이 계〃창셩ᄒᆞ문 니르도 말고 온양겸공ᄒᆞ신 덕과 지효지셩ᄒᆞ시미 가히 님샤마즁으로 더부러 병구ᄒᆞᆯ 거시로ᄃᆡ 블힝이 몬져 ᄌᆞ식(식)으로 일흠을 어더 계신ᄃᆡ 오ᄅᆡ 후궁지녈의 거ᄒᆞ샤 광무황뎨의 은춍이 편벽ᄒᆞ고 과도ᄒᆞ신ᄃᆡ 다시 폐입ᄒᆞ시ᄂᆞᆫ 거조를 당ᄒᆞ샤 비혹(록) 초의 양위ᄒᆞ시ᄂᆞᆫ 덕이 만셰의 증안이 되여시나 하ᄌᆞ

24) 곽후 폐출시 광무제가 내린 조서에 곽후의 태도를 약간이나마 짐작할 수 있는 단서가 제시되어 있기는 하다. 이에 대해서는 '제1부 3장 〈옥환기봉〉의 인물 형상과 작가의식'에서 검토한다.

25) '우인'은 국립중앙도서관 소장본에는 '휴인'이라고 되어 있다. 따라서 '우인'은 '우인(愚人)'이나 '우인(友人)'이라기보다는 '후인(後人)'의 오기로 이해하는 것이 타당할 듯하다.

> ᄒᆞ리 업술 거시로ᄃᆡ 후셰의 그 덕을 니ᄅᆞᆫ 지 업고 그 ᄉᆡᆨ으로ᄡᅥ 광무의 총을 어더 혹음여화지식ᄒᆞ여 탈젹ᄌᆞ지위라 ᄒᆞ미 가탄ᄒᆞ염즉 ᄒᆞ더라(권29)

음후가 숙덕을 갖춘 성녀현비(聖女賢妃)로 처음 황후를 책봉할 때 그 자리를 사양하기도 했는데 후세 사람들이 그 덕은 일컫지 않고 자색으로 광무제의 총애를 입었고, 그래서 곽후 소생의 태자마저도 그 위(位)를 잃었다고 비난하니 가탄스럽다는 위의 말에서 이 작품의 창작 동기를 짐작할 수 있다. 곧 작자는 음후가 황후에 봉해진 것이 결코 아름다운 용모 때문이 아니라 숙덕 때문이라는 것을 확신하고, 이를 구체적으로 확인시켜 주고 싶었던 것이다. 이를 위해 작자는, 음후가 황후의 지위에 맞는 숙덕을 지니고 있었고 곽후가 폐후가 될 만한 허물이 있었다고 단편적으로 제시하고 있을 뿐인 역사 기록의 공란을 고전소설에서 유형화된 처첩갈등담을 수용하여 메우려 했던 것이다.

처첩갈등담은, 갈등의 당사자인 정실과 부실·첩 가운데 어느 한 쪽이 자신의 지위에 대해 위협을 느낀다거나 남편의 애정을 독점하고 싶다거나 하는 이유로 상대방을 모해하고, 상대방은 이를 묵묵히 감내하며 고초를 겪다가 마침내 모든 진실이 밝혀져 모해하던 쪽이 징치되든가 개과함으로써 안정이 다시 회복되는 것을 기본 줄거리로 하고 있는데 이러한 갈등에 직, 간접으로 개입하는 다른 인물들의 역할에 의해 작품의 의미가 달라지기도 한다.[26] 이

26) 이승복, 「처첩갈등을 통해서 본 가정소설과 가문소설의 관련 양상」, 서울대 박사논문, 1995. 2. 참고.

러한 처첩갈등담이 수용됨으로써 곽후가 '성내고 원망한' 대상과 '성내고 원망하여 허물을 이루는' 과정이 구체화될 수 있었던 것이다. 그러면서도 이 작품은 기존의 처첩갈등담을 단순히 차용하는데 그치지 않았다. 갈등에 관여하는 태후와 광무제의 역할을 통해 이를 살펴보자.

광무제의 어머니인 태후는 곽후와 음후의 갈등에 깊숙히 개입하고 있다. 그런데 태후의 기본적인 입장은 곽후를 적극적으로 옹호하고 두둔하는 것이다. 태후는 음씨가 시집올 때 불편해하면서 빙폐(聘幣)를 곽씨 때보다 한 등급 낮추고 곽씨와 음씨의 명분을 적절히 하라 하였다. 또 곽씨가 음씨와 마찬가지로 귀인에 봉해지자 이를 불쾌히 여기며, 광무제가 음씨를 황후로 삼으려 하자 광무제를 책하여 곽씨가 황후로 봉해지게 한다. 태후는 곽후가 '열녀효부가 될 수는 있으나 국모 될 국량(局量)은 아니'며, 음씨가 현숙하다는 사실을 잘 알고 있었다. 그러면서도 태후는 곽후가 문제를 야기할 때마다 타이르고 경계하면서 그 허물을 덮어주는 반면, 광무제를 애증이 고르지 않다며 꾸짖기도 하고, 음씨를 후원에 가두기도 한다. 이처럼 태후가 곽후를 옹호하는 것은 곽후가 정실이며 황후이기 때문이다. 이는 음씨가 아들을 낳을 때 상서로운 일들이 벌어지자 태후가 선후가 도착(倒錯)하는 일이 있으리라며 차탄하는 데에서 분명히 알 수 있다. 정실이 허물이 있고, 부실이 현숙하다 하더라도 선후가 도착하여 정실과 부실의 명분이 바뀔 수는 없다는 것이다. 이러한 정실 중시의 태도는 가부장적 질서의 확립과 유지를 위한 것이다.

그런데 이러한 태후의 모습이 낯설지 않다. 〈옥환기봉〉보다 먼저 창작된 것으로 보이는 〈소현성록〉의 양부인 역시 가부장적 질서의 확립과 유지를 위해 부실 며느리의 현숙함을 알면서도 허물이 있는 정실 며느리를 아끼고 사랑하는 모습을 보여준다. 그러나 태후와 양부인의 태도가 유사하다고 하더라도 그들이 추구하던 바의 실현 여부가 엇갈리면서 작품의 의미가 달라진다. 양부인의 뜻은 아들 소현성에 의해 받들어져 가부장적 질서가 확고하게 자리 잡히게 된다. 하지만 태후는 결국 곽후가 폐출되는 결과를 지켜볼 수밖에 없었다. 여기에는 광무제의 태도가 크게 작용하였다고 할 수 있다. 광무제는 곽후와 혼인하기 전부터 전생 숙연 성취에 골몰하고 있었고, 곽후를 위로하고 안심시키는 말을 하면서도 태후와 달리 곽후의 투기를 진정시키려는 노력을 쉽게 포기하고 음후를 선택한다. 음후와의 결연이 천정이고 음후가 숙덕을 지닌 인물이기 때문에 음후가 정궁이 됨으로써 결연이 완성되고 황실이 안정되었다고 할 수 있으나 황실의 안정은 결연 완성의 결과일 뿐이다. 결국 명분론에 입각한 가부장적 질서의 확립을 위한 태후의 노력과, 결연의 완성이라는 광무제의 소망이 서로 대립하다가 결연의 완성으로 결말이 지어진 것이다.

그렇기는 하지만 이를 가문의식이 약화된 후대적 면모가 반영된 것으로 보기는 어렵다. 작자가 보여주고자 한 것은, 곽후를 폐하고 음후를 황후로 세운 것이 정실을 중시하는 가부장적 질서 체계 내에서도 어쩔 수 없었던 것이라는 것이지 가부장적 질서보다 애정이 더 소중하다는 것은 아니었을 것이기 때문이다. 이는 작자가 광무제와 음후의 결연이 천정임을 내세우면서도 끊임없이 음후의 숙덕을 강조하고 있는 것에서도 짐작할 수 있다.

여기에서 광무제 당시에 가부장적 질서라는 것이 과연 어느 정도의 의미를 지니는 것이었는가 하는 것은 문제가 되지 않는다. 중요한 것은 유교적 명분론이 지배하고 가부장적 질서가 확고하게 자리 잡은 조선후기를 살고 있던 작자가 은총이 쇠하여 성내고 원망한다고 하여 정궁을 폐한 역사적 사실을 가부장적 질서와 관련지으면서 나름대로 해석하고 있다는 것이다.

작자가 명분론적 사고에서 벗어나 있지 않은 것은, 실제로는 음후가 곽후보다 먼저 광무제와 혼인하였음에도 불구하고 작품에서는 그 순서를 바꿔놓고 있는 데에서도 확인할 수 있다. 「황후기」에 의하면 광무제가 곽씨와 혼인한 것은 경시 2년(24) 봄이고, 음씨와 혼인한 것은 경시 원년(23) 6월이다. 음씨와의 혼인이 곽씨와의 혼인보다 1년 가까이 앞서는 것이다. 그럼에도 불구하고 작자는 곽씨와의 혼인이 먼저라고 하면서 곽씨를 혼인 초부터 고초를 같이 한 조강지처로 그렸다. 그렇다면 그 이유는 무엇인가. 그것은 곽씨가 황후가 된 사실에 대한 근거를 부여하기 위해서였을 것이다. 실제로는 먼저 혼인한 음씨가 황후가 되어야 함에도 불구하고 곽씨가 황후가 되었다는 역사적 사실은 유교적 명분론의 입장에서는 쉽게 납득하기 어려운 문제였을 것이다. 이에 작자는 곽씨를 음씨보다 먼저 혼인한 조강지처로 형상화함으로써 곽씨가 황후가 되었다는 역사적 사실에 명분론적 근거를 부여하고자 했던 것이다.

이와 같이 〈옥환기봉〉은 『후한서』에 제시된 역사적 사실을 생략・변용하거나, 허구적 내용을 추가하면서 광무제의 한실 중흥과, 광무제와 음후의 숙연 성취라는 두 이야기를 구성하여 이를 병치, 교차시켜 창작한 작품이다. 그리고 작자가 이 작품을 창작한 동기는 황후 폐립에 대해 역사서에 제시되어 있는 사실이 소루하고, 음후에 대한 세평이 불만족스럽기 때문이었다는 것을 확인할 수 있었다.

그런데 창작 동기가 음후의 숙덕을 구체화하는 것이라면 광무제의 한실 중흥 이야기는 무엇 때문에 필요했던 것일까 하는 것이 의문이다. 이에 대해서는 우선 이 작품에 대한 작자의 의식을 생각해 볼 수 있다. 앞에서 검토한 바와 같이 〈옥환기봉〉이 기전체와 유사한 서술 체계를 갖추고 있다는 점, 그리고 역사서의 소루함과 세평에 대한 불만에서 역사 기록의 공란을 메우기 위해 이 작품을 창작하였다는 점 등은 삼생의 기연이라는 허구적 기본 설정에도 불구하고 작자가 이 작품의 창작을 역사 서술에 준하는 것으로 인식하고 있음을 말해준다. 따라서 광무제 때의 사실을 기록하면서 광무제의 행적을 제외하고 허구가 중심이 된 곽후와 음후의 이야기만을 서술한다면 그 결과는 이러한 작자의 의도와는 거리가 먼 것이 될 수밖에 없을 것이다.

한실 중흥 이야기를 서술한 또 하나의 이유는 작자가 광무제라는 인물을 다면적으로 형상화하기 위해서라고 할 수 있다. 역사 기록보다 역사소설의 감염력이 월등하다고 할 때 살아 숨 쉬는 인간의 형상화는 그 중요한 원천의 하나일 것이다. 따라서 광무제의 영웅적 면모와, 부인들 간의 갈등을 심화시키기도 하는 평범한 남편으로서의 모습을 병치시키는 것은 광무제라는 인물을 생동감 있게 제시할 수 있는 효과적인 방식이었을 것이기 때문이다. 이 문제에 대해 좀 더 구체적으로 살펴보자.

2) 역사적 인물과 소설적 인물

역사 서술의 궁극적인 목적은 있는 그대로를 기록함으로써 감계의 원천으로 삼는 것인데 있는 그대로라는 것이 표면에 드러나는 사건이나 행적이 중심이 될 것이라는 것은 어렵지 않게 짐작할 수 있다. 「광무제기」만 하더라도 시간적 순서에 따라 광무제의 행적, 조칙과 신하들의 표, 그리고 당시에 일어났던 사건들이 요약적으로 서술되어 있다. 사정은 열전의 경우도 다르지 않다. 독자는 역사서를 읽으면서 이처럼 겉으로 드러난 사건이나 행적을 통해 해당 인물의 내면을 유추하고, 이를 다시 그의 행적과 연관 지어 반추함으로써 감동을 받을 수 있다. 역사가 감계의 원천이 되기 위해서는 이러한 역사 읽기가 필수적일 것이다.

그러나 그러한 역사 읽기라 하더라도 역사적 인물을 한 인간으로 읽어내는 데에는 한계가 있을 수밖에 없다. 그것은 그 인물의 일상적인 모습과 내면을 짐작할 수 있는 사소한 사건이나 행적이 역사 서술의 장에는 대체로 제외되어 있기 때문이다. 그렇기 때문에 독자는 『후한서』에서 한실을 회복한 영웅으로서의 광무제, 숙덕을 갖춘 어진 황후로서의 광렬음황후(光烈陰皇后), 허물을 지어 황후의 자격을 박탈당한 광무곽황후(光武郭皇后)라는 역사적 인물을 만나는 것이지 인간적인 체취를 느낄 수 있는 살아 숨 쉬는 인물을 만나기는 어렵다. 그러나 소설에는 광무제와 곽후, 음후의 인간적인 면모가 드러나 있다. 광무제는 영웅이기만 하지 않고, 곽후는 자격 미달의 허물만 있는 인물이 아니며, 음후 역시 요조숙녀이기만 하지 않다. 곧 그들은 소설적 인물로 재창조되어 있는 것이다.

우선 광무제를 살펴보자. 광무제는 혼인 초 고초를 겪는 곽씨에게 후일 용상에 앉게 해주겠다고 하기도 하고, 왕망에게 활을 쏘고 고향에 돌아와서는 소문을 듣고 노심초사하던 곽씨를 측은히 여겨 위로하기도 하며, 곽씨가 병이 들었을 때에는 극진히 간호하기도 한다. 또 신하 채준(祭遵)의 죽음을 몹시 슬퍼하는 광무제를 보고 곽후가 자기가 죽으면 광무제가 이처럼 슬퍼하지 않으리라며 눈물을 흘리자 광무제는 추연(惆然)해하며 곽후의 손을 잡고 위로하기도 한다. 그러면서도 그는 곽씨가 옥환을 달라고 고집을 부릴 때에는 곽씨가 자기의 배필이 아니니 어진 숙녀를 더디 구하지 않겠다고 하기도 하고, 나중에 곽후가 음귀인을 핍박할 때에는 곽후가 음귀인의 덕행에 미치지 못한다는 말을 서슴없이 하기도 한다. 음씨와 혼인할 때에는 곽씨에게 곤욕을 당할까 하여 방에 들어가지 못하고 밖에서 서성대기도 하며, 곽씨에게 떠밀려 넘어져 팔이 접질리기도 하고, 즉위 후에도 곽후에게 차여 고꾸라지기도 한다. 이처럼 곽후에 대해 광무제는 자상하기도 하지만 분을 참지 못해 험한 말을 입게 담기도 하고, 때로는 아내의 핍박을 받으면서 그것을 성가시게 여기거나 두려워하기도 하는 평범한 남편의 모습을 보여주고 있다.

음후에 대한 광무제의 태도는 곽후에 대한 그것과 대조된다. 광무제는 좀처럼 음귀인의 곁을 떠나려 하지 않고, 이를 걱정한 태후가 귀인을 후원에 가두자 광무제는 마침내 병을 얻어 위중한 상태가 되기도 하는데 이런 일이 두 번씩이나 반복된다. 광무제는 조섭을 구실로 남궁으로 거처를 옮겨 음귀인과 같이 지내기도 하고, 태후 앞에서 술에 취해 전생 숙연과 정궁 투기를 운운하기도 한다.

이처럼 음후에 대한 광무제의 태도에는 치기(稚氣)가 어려 있다고 할 수 있을 정도이다.

광무제는 한실을 회복한 영웅으로 소설에서도 역사적 사실을 변개하고 허구를 가미하면서까지 그의 영웅성을 강조하고 있다. 그러나 곽후와 음후의 이야기에 등장하는 광무제는 그러한 영웅성과는 거리가 먼 일상적이고 평범한 남편의 모습을 보여주고 있는 것이다.

곽후는 성격이 조협(躁狹)하고, 투기가 심한 여인으로 그려져 있다. 곽후는 혼인 후 남편에게 먼저 희첩 두지 말 것을 당부할 정도로 남편의 애정을 독점하고자 하는 욕구가 매우 강하였고, 그것이 위협받을 때에는 자신의 불만을 거침없이 드러낸다. 곽후는 시숙부인 광양왕(廣陽王) 유량(劉良)이 태후에게 허씨 여인을 광무제의 후궁으로 천거하자 광양왕을 면전에서 힐난하기도 하고 자기를 위로하는 태후전의 진상궁을 심하게 질책하기도 한다.

그러나 곽후는 음후를 모해하려고 계교를 짜내는 악인은 아니다. 음후에 대한 모해는 곽후에 의해서가 아니라 윤보모에 의해 집요하게 이루어지는데 그것은 곽후가 차츰 감동하여 음후를 용납하려 하자 윤보모가 대분대로하면서 스스로 모해를 주도했기 때문이다. 곽후는 윤보모가 광무제에게 먹이려던 요약을 잘못 먹고 본성이 변하기는 하지만 광무제가 출정한 후 날씨가 더워지자 광무제를 걱정하여 서늘한 바람을 쏘이지 않고, 좋은 음식을 물리치며, 음후를 핍박하지도 않는다. 또 곽후는 윤보모가 계교나 요약을 권해도 자기 스스로 음후를 제어할지언정 암휼(暗譎)로 행계(行計)하지는 않겠다거나 박명지인(薄命之人)이 될지라도 요음(妖淫)한 일을 행치 않겠다며 정색하여 물리친다. 그러면서도 곽후는 이러한 자신의 신념을 끝까지 지키지 못하여 윤보모의 모계(謀計)를 알면서도 그녀를 제어하지 못하고, 자신의 감정을 주체하지 못해 결국 폐출되고 말았다. 이후 곽후는 광무제를 원망하기도 하고 광무제의 편지에 눈물을 흘리기도 하다가 세상을 떠난다. 이와 같이 곽후는 완전한 악인도 아니고, 그렇다고 해서 부덕을 완비한 요조숙녀도 아니었다.

음후 역시 부덕의 권화(權化)이기만 하지 않다. 음후는 곽후의 핍박에도 불구하고 곽후를 정성으로 섬기면서 광무제와 곽후의 관계가 원만해지도록 애를 쓰고, 곽후가 폐출된 후에도 표를 세 차례나 올려 황후위를 사양하고, 황후가 된 후에는 곽후의 자녀들을 극진히 보살핀다. 그러나 음후는 곽후와 윤보모의 핍박과 모해를 감내하지만은 않는다. 윤보모가 음후를 죽이기 위해 곽후의 명을 빙자하여 후원으로 음후를 부르자 음후는 직접 나서서 윤보모의 음모를 밝히고 곽후에게 윤보모의 처단을 청하면서 전일 자신을 독살하려 했던 사실까지 밝힌다. 그러나 곽후가 윤보모의 말에 넘어가 일을 흐지부지해 버리자 음후는 윤보모에게 그 잘못을 지적하고 후일 심복들이 이탈하리라고 하면서 자리를 뜨고, 후환을 생각하여 윤보모를 도운 도사를 사람을 시켜 살해하도록 한다. 윤보모가 음후의 얼굴을 망가뜨리려고 세숫물에 몰래 약을 탔을 때에는 그 음모를 짐작하고 궁인 설씨에게 계교를 주어 도리어 윤보모의 얼굴을 망가뜨린다. 또 경왕을 죽인 것이 음후라는 윤보모의 말을 곧이들은 곽후가 음후를 불러 결박하여 태액지에 넣으라 하자 음후는 윤보모를 꾸짖어 물리치고, 곽후에게 경왕을 살해한 자는 왕첩여와 윤보모라면서 스스로 물에 뛰어든다. 이처럼 윤보모에 의해 자행되는 음모에 대해서는 적극적으로 대처할 뿐 아니라 곽후에게 윤보모의 처단을 직접 요구하기까지 하는 모습에서 음후가 고난을 감내하기만 하는 수동적 인물이 결코 아니라는 것을 확인할 수 있다.

이와 같이 광무제는 영웅이기만 하지 않고, 곽후는 투기를 일삼는 단순한 악인이 아니며, 음후는 수동적인 부덕의 권화이기만 하지 않다. 그렇기 때문에 독자들은 이들을 과거 역사 속의 인물이 아니라 살아 숨 쉬는 인간으로 느끼게 됨으로써 역사서에서는 좀처럼 느끼기 어려운 감동을 받을 수 있었을 것이다. 이러한 인물의 형상화는 작자가 애초부터 의도했든 그렇지 않든 간에 작자가 인물의 형상화가 중요한 과제인 소설이라는 장르를 선택한 이상 어느 정도 필연적인 결과였을 수 있다.

5. 맺음말

이 글은 역사서에 근거하여 창작된 장편소설 〈옥환기봉〉을 중심으로 고전소설이 역사와 어떠한 관련을 맺고 창작되었는가 하는 문제의 일단을 검토하는 것을 목적으로 하였다. 우선 〈옥환기봉〉과 같은 작품이 창작된 배경을 이해하기 위해 유자들의 역사와 역사소설에 대한 인식을 살핀 결과 그들은 선악과 시비를 직필하여 감계의 원천을 삼기 위해 역사를 기록하면서도 역사 기록에 대한 비교적 자유로운 비판을 용인하였고, 직필이라는 기준을 내세워 역사소설을 비판하면서도 그것이 지닌 감염력을 수긍하고 있었음을 확인하였다. 〈옥환기봉〉에 대한 검토를 통해서는 이 작품이 『후한서』에 바탕을 두고 창작되었고, 소설이면서도 독특하게 『후한서』와 같은 기전체의 서술방식을 취하고 있으며, 후한 광무제 때 곽후를 폐하고 음후를 세운 원인에 대한 역사 기록의 공백을 메운다는 뚜렷한 의식 아래 창작되었다는 사실을 확인하였다. 이어 이 작품이 광무제의 한실 회복과 광무제와 음후의 전생 숙연 성취라는 두 이야기로 구성되어 있는데 사건 서술과 그 이해의 효율성을 제고하거나 음후와 관련된 역사적 사실의 구체화를 위해 역사서의 기록을 생략, 변용, 보충하면서 역사적 사실을 나름대로 재해석하고 있으며, 중심 인물들을 역사 기록과 달리 살아 숨 쉬는 인간형으로 재창조하고 있음을 검토하였다.

이러한 논의를 통해 〈옥환기봉〉이라는 작품의 성격과 가치, 그리고 역사의 소설화 문제에 대한 이해가 보다 심화될 수 있기를 기대한다. 앞으로 2권 2책으로 된 〈옥환기봉〉의 이본과 역사서에 바탕을 두고 창작된 다른 작품들에 대한 검토를 통해 이러한 논의가 수정, 보완, 구체화되어야 할 것이다.

II. 〈옥환기봉〉의 역사 수용 양상과 그 의미

1. 머리말

18세기경에 창작된 것으로 추측되는[27] 〈옥환기봉(玉環奇逢)〉은 중국의 역사를 바탕으로 구성된 두 개의 이야기로 이루어져 있다. 하나는 광무제가 왕망에 의해 무너진 한나라를 회복하는 이야기이고, 다른 하나는 곽황후를 폐하고 음귀인을 황후로 세우는 황후 폐립에 관한 이야기이다. 한실 회복 이야기가 국가적 차원의 문제라면 황후 폐립 이야기는 황실 내부의 문제라고 할 수 있다. 한

27) 1786년에서 1790년 사이에 필사된 서울대 규장각 소장 〈옥원재합기연〉의 권14 표지 안쪽에 〈옥환기봉〉의 작품명이 제시되어 있어 이 작품이 늦어도 18세기경에는 창작되어 읽히고 있었음을 알 수 있다(심경호, 「낙선재본 소설의 선행본에 관한 일고찰 - 온양 정씨 필사본 〈옥원재합기연〉과 낙선재본 〈옥원중회연〉의 관계를 중심으로」, 『정신문화연구』 38, 한국정신문화연구원, 1990 참고).

실 회복 이야기에는 역사적 사건들이 적극적으로 수용되어 있다. 반면 황후 폐립 이야기는 곽후가 광무제의 은총이 쇠하자 자주 원망하는 마음을 품었다는 단편적인 역사 기록에 작자의 상상과 허구가 대폭 가미되어 구성되었다.[28] 현재까지의 연구는 허구와 상상을 통해 작자의 의식이 선명하게 드러나는 황후 폐립 이야기를 중심으로 이루어졌다. 이는 황후 폐립 이야기의 분량이 상대적으로 많을 뿐 아니라 부부 사이의 문제를 둘러싸고 후속 작품들이[29] 〈옥환기봉〉에 대해 제기한 비판의 성격을 구명하기 위해서는 무엇보다도 황후 폐립 이야기에 주목할 필요가 있기 때문일 것이다. 하지만 작품을 구성하는 두 축 가운데 하나인 한실 회복 이야기를 단순히 작품의 배경으로 취급하고 말 수는 없다. 한실 회복 이야기가 구체적으로 어떻게 역사를 수용하고 있으며, 그것이 황후 폐립 이야기와 어떻게 얽혀 작품을 구성하고 있는지를 살펴야 이 작품에 대한 정당한 이해에 도달할 수 있기 때문이다.

이런 점을 고려하여 이 글에서는 먼저 한실 회복 이야기를 중심으로 역사가 수용된 양상을 살핀 다음 이 이야기가 황후 폐립 이야기와 어떻게 얽혀 작품 전체의 구조를 이루고 있는지 검토하고자 한다. 이러한 작업은 비단 〈옥환기봉〉이라는 한 작품뿐 아니라 우리의 고전 장편소설에 흔히 보이는 중국 역사 수용의 방식에 대한 보다 폭넓은 이해를 가능하게 하리라 생각된다.

---

28) 이에 대해서는 이승복, 「〈옥환기봉〉의 인물 형상과 작가의식」, 『고전문학과 교육』 15, 한국고전문학교육학회, 2008. 2, 465~468면에서 자세하게 검토된 바 있다.

29) 속편인 〈한조삼성기봉〉과 파생작인 〈취미삼선록〉, 〈도앵행〉을 가리킨다.

〈옥환기봉〉의 중국 역사 수용에 대해서는 작품을 구성하는 두 이야기가 『후한서』의 내용을 바탕으로 구성되었다는 사실이 지적된 바 있다.[30] 이후 이 작품은 대체로 정보가 중심일 경우에는 『후한서』를, 극적이고 흥미로운 부분을 위해서는 〈동한연의〉를 이용하고 있다는 점이 논의되기도 하였다.[31] 이러한 기존 연구를 통해 이 작품이 『후한서』와 〈동한연의〉라는 두 가지 통로를 통해 역사를 수용하고 있다는 점이 확인되었다. 하지만 이 작품의 역사 수용 양상과 그 의미를 제대로 구명하기 위해서는 작품의 내용과 밀착하여 『후한서』와 〈동한연의〉가 어떤 부분에 어떻게 수용되고, 작자가 변개시킨 것은 무엇이며, 그러한 수용과 변개의 이유는 무엇인지에 대한 보다 치밀한 검토가 필요하다고 할 수 있다.

이제 이 글에서 중점적으로 살펴볼 한실 회복 이야기는 광무제가 장안 유학 후 군대를 일으켜 왕망, 왕랑 등과 전쟁을 치른 다음 황제에 즉위하고, 이어 적미를 비롯한 여러 세력들을 차례로 평정하여 마침내 한나라를 완전히 회복한다는 내용으로 이루어져 있다. 그런데 이 이야기를 구성하는 각각의 사건들은 일련의 인과적 계기에 의해 밀접하게 연결되기보다는 시간적 순서에 따른 삽화의 연속처럼 제시되어 있다. 그것은 무엇보다도 작자가 한실 회복의 역사적 과정 가운데 중요하다고 생각되는 사건들을 추려서 제시했기 때문일 것이다. 이제 이러한 사건들을 논의의 편의상 광무제의 장안 유학, 기병에서 즉위까지의 과정, 즉위 이후의 사건 등으로

30) 이승복, 「〈옥환기봉〉과 역사의 소설화」, 『선청어문』 28, 서울대, 2000. 3.
31) 임치균, 「18세기 고전소설의 역사 수용 일양상 - 〈옥환기봉〉을 중심으로」, 『한국고전연구』 8, 한국고전연구학회, 2002.

크게 나눠 어떤 사건이 어떠한 통로를 통해 어떻게 역사를 수용하고 있는지 검토하기로 한다.[32)]

2. 삽화적 수용 양상

1) 장안 유학

〈옥환기봉〉에서 광무제는 장안에서 3년 동안 『상서』를 공부하고 과장에 나아갔다가 분을 못 이겨 왕망에게 활을 쏘았지만 맞히지 못하고 고향으로 돌아온다. 『후한서』「광무제기(光武帝紀)」에는 광무제가 "천봉 연간에 장안에 가 『상서』를 공부하여 대략 큰

---

32) 〈옥환기봉〉은 규장각 소장 30권 15책본을, 〈동한연의〉는 최근 활자화된 국립중앙도서관 소장 번역본(『동한연의』, 박재연 외 교주, 학고방, 2007)을 대상으로 하였다. 현전하는 〈동한연의〉 가운데 가장 이른 판본은 1588년에 간행되었다고 하는데(위의 책, 머리말) 허균, 홍만종 등이 이 작품을 언급하고 있는 것으로 보아 일찍부터 조선에 수입되어 읽혔던 것으로 보인다(김종철, 「장편소설의 독자층과 그 성격」, 『고소설의 저작과 전파』, 한국고소설연구회 편, 아세아문화사, 1994 참고). 국립중앙도서관 소장 〈동한연의〉는 권1말에 "광무 칠년 셰지 계묘 밍츈의 시작ᄒᆞ여 계츈 그망 신말의 필셔ᄒᆞ노라"라는 필사기가 있어 1903년에 필사된 것임을 알 수 있다. 〈동한연의〉 한문본을 함께 검토하는 것이 타당하겠지만 한문본과 번역본이 큰 차이가 없기 때문에(『동한연의』, 머리말) 여기에서는 번거로움을 피하여 번역본만을 대상으로 하였다. 그리고 〈옥환기봉〉의 작자가 중국의 역사를 수용한 또 다른 통로로 당시 널리 읽히고 있던 『통감강목』이나 『통감절요』를 생각해볼 수 있으나 작자가 작품 속에서 직접 『후한서』를 언급하고 있기 때문에(이승복(2000), 168면 참고) 이 글에서 역사서는 『후한서』만을 대상으로 한다.

뜻을 통하였다"[33]라는 기록이 있어 실제 광무제가 장안에서 수학하였던 적이 있음을 알려주고 있다. 하지만 광무제의 장안 유학에 대한 『후한서』의 기록은 이것이 전부인 데 반해 〈옥환기봉〉에는 이 부분이 대폭 확대되어 있다. 이것은 〈옥환기봉〉이 〈동한연의〉의 관련 내용을 수용하였기 때문이다.[34]

〈동한연의〉에서 광무제는 매부 등신의 소개로 등우를, 등우의 소개로 엄광을 만나는데 엄광은 광무제에게 왕망이 설과(設科)하니 과거를 보라고 권하였다. 이에 이튿날 광무제는 엄광의 집에서 만난 풍이, 왕패, 그리고 등우와 함께 장안으로 올라갔다. 과장에 나아간 광무제는 왕망을 향해 활을 쏘려했으나 너무 힘껏 시위를 당기는 바람에 활이 부러져 쏘지 못하고 붙잡혔다. 우승상 두융의 덕으로 목숨을 구하기는 했지만 광무제의 몸에 금룡이 둘러있었다는 말을 들은 왕망이 광무제를 다시 붙잡으려 했기 때문에 광무제는 이집 저집을 옮겨 다니며 피신할 수밖에 없었고, 이후에도 수차 붙잡힐 위기에 빠졌다가 여러 사람들의 도움을 받아 간신히 고향으로 돌아올 수 있었다.

이러한 내용은 상당 부분 〈옥환기봉〉에 그대로 수용되어 있다. 하지만 세부적인 면에서는 많은 차이를 보이고 있다. 〈동한연의〉에서 광무제는 장안 저자 거리를 거닐다가 궁궐 문 앞에 이르러 큰 소리로 "조타 〃 〃 원슈 갑흘 날이 언제 이실고"[35]라고 외쳐댔

---

33) 王莽天鳳中 乃之長安 受尙書 略通大義(범엽(范曄) 찬(撰), 이현(李賢) 등주(等注), 『후한서(後漢書)』, 경인문화사, 1975, 1면. 이하 면수는 이 영인본의 면수를 따름).

34) 이러한 사실은 임치균이 확인한 바 있다(앞의 글, 137~9면).

다. 이로 인해 엄기라는 사람이 광무제로 오인되어 애매한 죽음을 당했다. 뿐만 아니라 광무제는 자기 부모를 죽인 소헌이라는 자가 지나가는 것을 보자 보검을 뽑아 원수를 갚으려 하기도 하였다. 등우가, 죽이지 말고 쏘지 말라고 한 엄광의 당부를 상기시켜 큰일이 벌어지지는 않았지만 광무제는 또 다시 엄광의 당부를 잊고 왕망에게 활을 쏘려다 제대로 쏘아보지도 못한 채 붙잡히고 말았다. 이어 우여곡절 끝에 간신히 고향에 돌아온 광무제는 "닉 이졔 남의 망녕된 말 고지 듯지 아니리라"[36]라며 농사짓는 데에만 힘을 쓴다.

이처럼 많은 사람들 앞에서 화를 자초하는 말과 행동을 서슴없이 하고, 한실 회복을 권한 다른 사람들의 말을 망령된 것으로 돌려버리는 광무제의 모습은, 그가 분별력이나 진정한 용기를 갖추고 있기보다는 무모하면서도 나약한 성격의 일면을 지닌 인물로 비쳐지게 한다. 하지만 〈옥환기봉〉에 제시된 광무제는 전혀 다른 모습을 보인다.

우선 〈옥환기봉〉에는 광무제가 궁궐 밖에서 큰 소리를 외치고, 길에서 소헌을 죽이려 했던 사건들이 모두 생략되어 있다. 또 〈동한연의〉에는 광무제가 왕망에게 활을 쏘려 했지만 활이 부러져 쏘지 못한 것으로 되어있는 데 반해 〈옥환기봉〉에서는 활이 부러지는 바람에 왕망을 제대로 맞추지는 못했지만 화살이 왕망의 평천관(平天冠) 위에 꽂혀 왕망이 실색하여 엎어지는 것으로 바꾸고,

35) 〈동한연의〉, 16면.

36) 위의 책, 27면.

엄기의 죽음도 이 일로 인한 것으로 바꿔놓았다. 그리고 〈동한연의〉에는 광무제가 집으로 오는 도중에 수차례의 위기를 겪고 그것을 여러 사람들의 도움으로 간신히 모면한 후 두 형을 만나 가까스로 고향에 돌아와 농사를 짓는 것으로 되어있다. 그런데 〈옥환기봉〉에서는 이러한 위기와 도움에 관한 이야기는 대부분 생략하고, 광무제가 집으로 오다가 큰형 유연을 만나 왕망을 죽이지 못한 것을 한하며 그간의 이야기를 하는 것으로 변개하였다.

이에 따라 〈옥환기봉〉에 제시된 광무제는 무모하거나, 다른 사람들에게 지나치게 의지하거나, 나약한 의지를 지닌 인물이 아니라 의분을 느끼며 한실 회복의 의지를 늦추지 않는 존재로 재창조되었다고 할 수 있다. 이는 〈옥환기봉〉의 작자가 〈동한연의〉에 제시된 광무제의 모습이 한실을 회복한 영웅의 그것으로는 부적절할 수 있다는 판단에서 광무제의 영웅성을 보다 부각시키는 방향으로 생략과 변개를 통해 내용을 수정했기 때문이다.

그렇다면 〈동한연의〉는 무슨 이유로 광무제가 장안에서 공부하였다는 역사서의 단편적인 언급을 대폭 확대하면서까지 광무제를 무모하고도 나약한 존재로 그렸을까 하는 의문이 남는다. 이는 장안 유학 부분이 〈동한연의〉와 〈옥환기봉〉에서 어떤 역할을 하는가 하는 문제와 관련된다. 〈동한연의〉에서 엄광은 천문을 보며 광무제를 상징하는 자미성을 이십팔수(二十八宿)가 보호한다고 하면서 광무제가 장안에 가더라도 이 별들이 떠나가지 않을 것이라 하였다. 여기에서 이십팔수는 광무제를 도와 대업을 이룰 장수들을 가리키리라는 것을 어렵지 않게 짐작할 수 있다. 실제 광무제의 장안 유학 부분에서는 앞으로 광무제를 도울 28명의 장수[37] 가운데 10여명과, 28수에 들지는 않지만 역시 광무제를 돕게 되는 여러 인물들이 등장한다. 그들은 광무제와 군신 관계를 맺으면서 광무제를 돕기도 하고, 광무제와 직접 관계를 맺지는 않지만 과장에서 무용을 발휘하기도 한다. 이런 점에서 〈동한연의〉의 장안 유학 부분은 광무제라는 인물의 제시보다는 광무제를 돕는 인물들의 소개를 위해 구성되었다고 할 수 있다. 이처럼 이야기의 초점이 광무제를 돕는 인물들의 제시에 있기 때문에 그들의 도움을 받는 광무제가 상대적으로 무모하고 나약한 존재로 그려지게 되었던 것으로 보인다.

그러면 〈옥환기봉〉에서는 어떠한가. 〈옥환기봉〉에서 광무제의 장모 곽주는 광무제에게 태학에서 공부하고, 도와줄 사람을 쉽게 만날 수 있도록 장안으로 갈 것을 권하였다.[38] 또 엄광은 장안에서의 길흉을 묻는 광무제에게 천하의 장사들이 광무제를 한번 보면 따를 것이라며 왕망이 설과한 것은 인재를 뽑아 주인을 만나게 하는 격이라고 하였다. 그리고 〈동한연의〉에서는 장수들이 광무

---

37) 〈동한연의〉와 〈옥환기봉〉에서 광무제를 도와 중흥의 공을 세운 28명의 장수들을 28수라고 지칭하고 있는데 이들이 하늘의 28수와 상응한다고 한 것은 당시부터 이야기되던 것이다(「주경왕두마유부견마열전(朱景王杜馬劉傅堅馬列傳)」 논평부, 『후한서』, 198면). 28수는 구체적으로 등우, 마성, 오한, 왕양, 가복, 진준, 경감, 두무, 구순, 부준, 잠팽, 견심, 풍이, 왕패, 주우, 임광, 채준, 이충, 경단, 만수, 합연, 비융, 요기, 유식, 경순, 장궁, 마무, 유융 등을 가리킨다(『통감절요』 4, 성백효 역주, 전통문화연구회, 2007, 19면 참고).

38) 〈동한연의〉에서는 엄광이 광무제에게 장안으로 갈 것을 권했지만 〈옥환기봉〉에서는 곽주가 권한 것으로 바꿔놓고 있다. 이 문제에 대해서는 다음 절에서 자세히 검토할 것이다.

제와 결교(結交)하는 경우가 많지 않고, 각각의 장수들이 급제를 하거나 장원 자리를 놓고 다투는 장면을 제시하는 데 비중을 두고 있는 데 반해 〈옥환기봉〉에서는 그러한 부분들을 생략하고, 광무제가 교장 문밖에서 그들과 결교하여 후일을 기약하였다고 함으로써 광무제가 지기상합(志氣相合)한 뛰어난 장수들을 얻게 되었다는 점을 분명하게 제시하고 있다.

요컨대 〈동한연의〉는 광무제의 장안 유학을 통해 광무제보다는 28수의 중요 인물들을 소개하는 데 비중을 둠으로써 광무제의 성격이 무모하고 나약하게 비쳐질 수 있도록 그렸다면 〈옥환기봉〉의 작자는 장안 유학 부분의 초점을 일관되게 광무제에 맞춰 한실을 회복한 영웅의 면모에 어울리도록 광무제의 성격을 형상화하면서 이 부분을 광무제가 후일 자신을 도와 대업을 이룰 장수들을 얻는 과정으로 구체화하였던 것이다. 이는 〈옥환기봉〉의 작자가 〈동한연의〉의 내용을 충분히 인지하고, 그것을 자신의 의도에 따라 변개하였음을 말해주는 것이다.

2) 기병에서 즉위까지의 과정

(1) 기병과 초기 전투

역사적으로 광무제는 이통이란 사람의 권유로 기병한다.[39] 처음에는 승리를 거두다가 소장안 전투에서 왕망군에게 대패한다.

---

39) 이통은 이후 광무제의 누이인 백희, 곧 영평공주의 남편이 된다(「이왕등래열전(李王鄧來列傳)」 중 〈이통전(李通傳)〉, 『후한서』, 144면). 하지만 〈옥환기봉〉에서는 영평공주를 태원처사 주당의 며느리로 설정하고 있다.

이후 다시 승리를 거두고 경시제를 추대하여 황제로 삼는다. 이러한 기병과 초기 전투의 과정에 대해 〈동한연의〉에서는 광무제가 군사를 모으고 이통의 도움으로 병장기를 마련하려다 위기에 빠지는 기병 과정과, 잠팽과 대결하며 극양성을 빼앗는 전투 과정을 비교적 자세하고 흥미롭게 제시하고 있다.

하지만 〈옥환기봉〉에는 이러한 내용들이 모두 생략되어 있다. 대신 기병 과정에서는 광무제의 큰형인 유연이 군사를 모으자 사람들이 "ᄇᆡᆨ승[유연의 자(字)]이 우리를 죽이려 ᄒᆞ는도다"[40]라며 숨었다가 광무제를 보고는 "한을 다시 흥ᄒᆞ리로다"[41]라며 투군(投軍)하였고, 승전을 해서 얻은 재물을 유씨 종족들이 모두 가져가 군사들이 불평하자 광무제가 그것을 다시 거둬 군사들에게 나눠주었다고 하였다. 그리고 극양성 전투도 "국양을 쳐셔 익긔고"[42]라는 한 마디 말로 제시하고 있다. 그런데 이러한 서술은 『후한서』「광무제기」의 내용을 그대로 수용한 것이다. 이는 이 부분에서 〈옥환기봉〉의 작자가 〈동한연의〉에 제시된 대결과 전투 장면의 흥미보다 역사 기록과 그 속에 부각되어 있는 광무제의 인품을 더 중요시했다는 것을 말해준다.[43]

---

40) 〈옥환기봉〉 권4, 13면.

41) 상동.

42) 〈옥환기봉〉 권4, 14면.

43) 이 부분에서 역사서의 내용을 적극 수용했다는 점은 광무제의 기병에 대한 숙부 유량의 태도에서도 확인된다. 실제 유량은 광무제가 기병한다는 사실을 고하자 대로하여 꾸짖었다(「종실사왕삼후열전(宗室四王三侯列傳)」 중 〈조효왕량전(趙孝王良傳)〉, 『후한서』, 140면). 〈옥환기봉〉에서는 이를 그대로 수용하고 있는데(권4, 13면) 〈동한연의〉에서 유량은 한실 강산을 회복할 사람이 없음을 서러워하는 강개지사로 제시되어 있다(권1, 11면).

소장안 전투는 초기에 승리를 거두던 광무제가 처음으로 패한 싸움이다. 『후한서』에는 이때 광무제의 누이인 유원과 중형인 유중이 해를 당했고, 종실 수십 명이 죽었다고 기술되어 있다.[44] 이를 바탕으로 〈동한연의〉에서는 광무제가 잠팽에게 패하여 달아나다 말이 화살에 맞아 거꾸러지자 유중이 자기 말에 광무제를 태워 보내고 자기는 전사하고 말았으며, 어렵게 전장을 벗어난 광무제는 숙부 유량을 만나 잠팽이 유씨 종족 삼백여 인을 죽였다며 크게 통곡하였다고 하였다.[45]

그런데 〈옥환기봉〉에서는 유중이 광무제에게 자기의 말을 타라고 하였으나 광무제가 굳이 사양하자 유중도 말을 타지 않고 싸우다가 죽은 것으로 바꾸고, 누이 유원은 이때 절을 지켜 우물에 몸을 던져 자결하였다고 하였다. 이는 유중이 말을 동생에게 양보하고 죽었다는 〈동한연의〉의 내용을 수용하되 형제간의 우애와 광무제의 인품을 드러내는 방향으로 내용을 변개하는 한편 『후한서』를 수용하여 누이 유원의 죽음을 함께 제시한 것이다.

이와 같이 〈옥환기봉〉에 나타난 광무제의 기병과 초기 전투에

---

44) 소장안 전투에서 유중과 유원이 죽은 사실은 「종실사왕삼후열전」 중 〈제무왕연전(齊武王縯傳)〉에 제시되어 있다.

45) 잠팽은 극양을 지키다가 한나라 군대에게 패배하고, 다시 완성을 지켰으나 식량이 떨어져 항복한 이후 광무제의 대업을 도운 인물인데(「풍잠가열전(馮岑賈列傳)」 중 〈잠팽전(岑彭傳)〉) 역사서에는 잠팽과 광무제의 대결에 대한 언급이 없다. 〈동한연의〉에서는 잠팽과 광무제의 대결을 자잘한 사건들을 거쳐 소장안 전투로까지 확대하고 있으나 〈옥환기봉〉에서는 이를 모두 생략하고 있다. 이는 작자가 이미 장안 유학 부분에서 광무제와 잠팽이 서로 결교하였다고 하고서 나중에 그들이 팽팽한 대결을 벌였다고 하는 것은 앞뒤가 맞지 않는다고 판단했기 때문일 것이다.

관한 부분은 〈동한연의〉를 참고하되 〈동한연의〉보다는 『후한서』의 내용을 적극적으로 수용하고 있음을 알 수 있다. 이는 〈옥환기봉〉의 작자가 〈동한연의〉에 제시된 전쟁 장면의 흥미보다는 역사적 사실 내지는 그것을 통한 광무제의 인품 제시를 더 중요하게 생각했음을 말해주는 것이라 할 수 있다.

(2) 곤양성 전투

광무제가 기병 초기의 어려운 상황에서 벗어나 그 위명(威名)을 결정적으로 높인 계기가 된 것이 곤양성 싸움이다. 이에 대해서는 「광무제기」에서도 자세한 기술을 하고 있는데 왕망의 대군이 곤양성으로 몰려오자 성 안에 있던 광무제가 위험을 무릅쓰고 직접 성 밖으로 나가 여러 곳에서 군사를 모아 돌아오면서 선봉에서 왕망의 군대를 공격하여 승리를 거두었다고 한다.

먼저 〈동한연의〉를 보면 왕망의 대군에게 포위된 채 식량이 떨어지자 광무제는 장수들을 거짓 항복하게 하여 위기를 극복하려 하기도 하고, 경시제와 적미에게 구원을 청하기도 하면서 요술을 부리는 왕망의 장수 거무패와 대결하여 일진일퇴한다. 광무제의 꿈에 어떤 부인이 상제가 보내는 양초(糧草)를 가져왔다고 한 것이 현실이 되어 군사들이 허기를 면할 수 있게 된 다음 광무제는 직접 성 밖으로 나가 구원병을 얻어오고, 또 마원을 청해 거무패의 요술을 깨뜨림으로써 왕망의 대군을 물리친다. 이처럼 〈동한연의〉는 광무제가 위기를 맞고 그것을 극복해가는 여러 사건들을 거듭 제시하고 전투 장면들을 간간이 삽입하면서 곤양성 전투를 상당히 구체적이고 흥미롭게 그려가고 있다.

그런데 〈옥환기봉〉에서는 본격적인 싸움이 전개되기에 앞서 왕망의 장수 엄우가 광무제가 재물을 취하지 않는다는 말을 듣고 광무제를 칭찬했다는 내용을 먼저 제시하고 있다. 이어 왕망의 대군을 두려워 한 여러 장수들이 처자를 생각하여 흩어지려 하자 광무제가 "이제 군ᄉᆞ와 냥최 적고 젹셰 강ᄃᆡᄒᆞ니 힘을 아올나 막으면 가히 셩공ᄒᆞ려니와 만일 분손코ᄌᆞ ᄒᆞ면 형셰 구젼치 못ᄒᆞ미 …… 이제 힘을 다ᄒᆞ여 ᄃᆡ공을 일우리라"[46]라며 장수들을 독려하였다고 하였다. 적장 엄우가 광무제를 칭찬하고, 광무제가 제장을 독려했다는 이 부분은 「광무제기」의 서술을 그대로 수용한 것이다. 이후 식량이 떨어져 상황이 위급해졌을 때 상제의 명을 받은 부인이 양식을 전하러왔다는 꿈이 현실이 되어 군사들이 기갈을 면할 수 있었다고 하고, 이어 왕망군의 거무패가 광무제의 장수인 질운과 대적하며 요술로 위기를 모면하는 장면을 제시하고 있다. 이 두 사건은 순서는 바뀌었지만 〈동한연의〉에 있는 내용을 받아들인 것이다.

질운과 거무패의 싸움에 이어 양진영이 서로 접전을 벌이게 되는데 광무제가 직접 나서서 적병 수십급을 베자 여러 장수들이 "뉴장군이 정(평)싱 쇼젹을 보면 겁ᄒᆞ더니 이제 큰 도젹을 보믜 날ᄂᆞ이 고히 ᄒᆞ다"[47]라고 하였다. 또 광무제는 왕망군이 점령하고 있던 완성이 함락되었다는 거짓 정보를 흘려 적병의 사기를 떨어뜨리기도 하였다. 이러한 광무제의 활약은 「광무제기」의 내용을

46) 〈옥환기봉〉 권4, 36~7면.

47) 〈옥환기봉〉 권5, 2면.

수용한 것이다. 이어 광무제는 엄광이 천거한 마원을 청해 거무패의 요술을 제압하여 마침내 대승을 거두었다고 하였는데 이 부분에서는 다시 〈동한연의〉의 내용을 수용하고 있다.

이처럼 〈옥환기봉〉의 곤양성 싸움에는 『후한서』 「광무제기」와 〈동한연의〉의 내용이 교대로 수용되어 있다. 그런데 「광무제기」의 내용은 거의 그대로 수용하여 적장이 광무제를 칭찬했다거나 형세를 정확히 판단하여 장수들을 독려했다거나 선봉에 서서 직접 적병을 무찔렀다거나 하는 사실들을 빠뜨리지 않고 제시하여 광무제의 인품과 능력을 드러내고 있다. 이에 비해 〈동한연의〉의 내용 가운데에서는 복잡한 여러 사건들은 제쳐놓고, 상제가 식량을 보내주었고 거무패의 요술을 마원을 청해 제압했다는 내용을 중점적으로 수용하고 있다. 이는 〈옥환기봉〉의 작자가 〈동한연의〉에 제시된 다양한 전략과 전투보다는 광무제가 천명을 받은 사람이라는 확인해주는 사건과, 앞으로 중요한 역할을 할 마원이라는 인물을[48] 부각시키는 일이 중요하다고 판단했기 때문일 것이다.

(3) 왕랑과의 대결

광무제가 곤양성에서 대승을 거두고 유연이 완성을 함락시켜 광무제 형제의 위명이 높아지자 이를 경계한 경시제가 유연을 죽인다. 하지만 광무제가 이에 대해 아무런 내색을 하지 않자 경시제는 광무제를 파로대장군에 무신후를 봉하고, 낙양의 궁부(宮府)를

48) 마원은 농우와 교지국을 평정하는 데 중요한 역할을 하고, 그 딸은 광무제의 며느리가 되어 후일 명덕마황후가 된다. 마원에 대해서는 농우와 교지국 평정을 다룰 때 자세히 언급될 것이다.

수리한 다음 하북을 진무(鎭撫)하도록 한다. 이 과정은 『후한서』, 〈동한연의〉, 〈옥환기봉〉 등에 대체로 비슷하게 제시되어 있다.[49]

이후 진행되는 하북 진무는 광무제가 나름의 세력을 규합하여 황제에 즉위할 수 있는 발판을 마련하는 계기가 되는데 이 과정에서 가장 주목할 만한 사건이 왕랑과의 대결이다. 먼저 『후한서』의 「광무제기」와 열전에 제시된 내용들을 종합하여 그 과정을 살펴보자.

광무제는 하북을 순행하면서 왕망의 가혹한 제도를 철폐하고 한나라의 관직을 회복하여 백성들의 환영을 받았다. 하지만 유림이 왕랑을 천자로 삼고 이에 동조하는 세력들이 나타나자 광무제는 길에서 먹고 자며 고생을 하였다. 무루정에서는 풍이가 올리는 두죽(豆粥)으로 허기를 달랬고, 요양에 이르러서는 관속들이 너무 굶주리자 거짓으로 왕랑의 사자라며 음식을 얻어먹다 의심을 받아 위기에 빠지기도 하였다. 왕랑의 군대에 쫓기면서 호타하에 이르렀을 때에는 마침 강에 얼음이 얼어 간신히 위기를 면할 수 있었고, 남궁에서 길가 빈집에 들었을 때에는 풍이가 섶을 가져오고, 등우가 불을 지피자 옷을 말리면서 풍이가 올리는 보리밥으로 요

49) 유연은 부장 유직을 힘써 구하다가 같이 죽음을 당했는데 『후한서』에서는 유직이 경시제가 내리는 관직을 받으려 하지 않아 죽게 되었다고 했고(「종실사왕삼후열전」 중 〈제무왕연전〉), 〈동한연의〉에서는 유직이 경시제의 신하들이 광무제를 참소하는 것을 보고 경시제를 꾸짖다 죽게 되었다고 했으며(권2, 67면), 〈옥환기봉〉에서는 광무제의 제장들이 광무제와 같은 영웅이 경시제에게 굽히는 것을 한한다는 소식을 들은 경시제가 유연의 부장인 유직을 죽이려 했다고 하여(권7, 1면) 세부적인 면에서는 서로 차이가 있다.

기를 하였다. 이어 하박성에 이르러 어디로 가야 할지 모를 때 지나던 백의노인의 지시에 따라 신도군에 가서 태수 임광의 도움으로 군사 사천여 인을 얻어 당양, 세현 등을 쳐 항복받음으로써 이러한 위기를 극복하였다. 이후 왕랑과 다시 대결을 벌여 마침내 왕랑을 잡아 처형하고, 사람들이 왕랑과 주고받은 문서를 모두 불살라 더 이상 문제 삼지 않았다.[50]

〈동한연의〉는 이러한 실제 역사적 전개 과정을 수용하면서도 허구적인 내용들을 덧붙이고 있다. 곧 광무제가 하북 진무 전에 장안을 공격하여 왕망을 붙잡아 처형하였다고 하고, 경시제 측에서 광무제가 하북을 진무하기 전에 가짜 광무제를 먼저 보내 인심을 잃게 하였을 뿐 아니라 경시제가 낙양태수에게 밀명을 내려 광무제를 살해하려 했다고 하였다. 또 광무제가 왕랑이 성제의 아들이 아니라며 유림을 설득하려다 실패한 다음 왕랑군과 일진일퇴하는 과정을 구체적으로 제시하고 있다. 그리고 광무제가 굶주림과 추위로 인한 고난을 겪고 나서 왕랑과 전투를 치를 때 밤에 공중에 한 여인이 나타나 자기가 호타하 신령이라며 왕랑을 추격하지 말라고 하자 요기가 활을 쏘아 잡고 보니 왕랑의 부인이었다고도 하였다. 그러면서도 신도군에 간 것이 백의노인의 지시에 따른 것이라는 「광무제기」의 내용은 생략하고 있다.

〈옥환기봉〉에서는 우선 왕망이 전쟁에서 패한 후 술만 마시고 정사를 전폐하자 장안 인근의 호걸들이 왕망을 죽였다고 하여 왕

50) 무루정에서 풍이가 두죽을 올리고, 남궁에서 풍이가 다시 보리밥을 올렸다는 사실은 「풍잠가열전」 중 〈풍이전(馮異傳)〉에 제시되어 있으며, 나머지 다른 내용은 「광무제기」에 있다.

망의 몰락과 죽음을 〈동한연의〉와 달리 역사적 사실에 부합하도록 기술하고 있다. 하지만 이어 경시제측에서 가짜 광무제를 미리 하북에 보냈다거나 자객을 보내 살해하려 했다는[51] 〈동한연의〉의 내용은 그대로 수용하고 있다. 그러면서도 뒤를 이어 〈동한연의〉에 제시된 왕랑과 일진일퇴하던 전쟁 과정은 모두 생략하고 있다. 이후 요양에서 밥을 얻어먹다가 의심을 받아 위기에 빠질 뻔했던 일은 〈동한연의〉와 「광무제기」 모두에 제시되어 있으나 광무제가 위기 상황에서도 여유를 잃지 않는 모습을 보였다는 「광무제기」의 내용을 수용하고 있다.[52] 그리고 풍이가 올린 보리밥을 반만 먹고 남은 것으로 장수들을 요기하도록 했다는 부분은 〈동한연의〉와 같다. 이어 「광무제기」를 수용하여 백의노인의 지시로 신도군에 도착하여 군사 사천 인을 얻어 당양과 세현을 항복받았다고 하였고, 왕랑을 물리치는 과정에서는 〈동한연의〉를 수용하여 환술을 부리는 왕랑 부인을 잡아 처형하였다고 하였다.

이처럼 〈옥환기봉〉은 〈동한연의〉에 제시된 광무제의 왕망 처형과 같은 역사적 사실의 왜곡을 거부하고 『후한서』에 제시된 역사

51) 〈옥환기봉〉의 이 부분에는 장의 차착과 누락이 있어 경시제 측에서 광무제를 해치려 한 내용이 분명하게 드러나 있지 않으나 권7에 제시된 광무제와 자객의 대화를 보면 〈동한연의〉에 제시된, 광무제를 해하려 한 경시제 측의 음모가 〈옥환기봉〉에 수용되어 있음을 알 수 있다.

52) 〈동한연의〉에서는 광무제와 그 관속들이 밥을 먹다가 요양 현관 고호에게 쫓겨 황망히 달아난 것으로 서술되어 있다. 하지만 「광무제기」와 〈옥환기봉〉에는 요양 아전들이 광무제가 왕랑의 사자가 아닌 줄 짐작하고 북을 치며 거짓으로 왕랑의 장군이 온다고 떠들자 광무제가 급히 달아나려다가 다시 천천히 돌아와 왕랑의 장군을 청한다며 한참 동안 그곳에 있다가 떠났다고 기술되어 있다.

적 사실을 충실히 수용하고 있다. 그러면서도 〈동한연의〉에 제시된 경시제 측의 살해 음모를 수용하여 광무제가 후일 경시제가 있음에도 불구하고 황제에 즉위한 것이 정당한 일이었다는 것을 보여주고, 또 광무제가 왕랑 부인의 환술을 깨뜨린 부분을 받아들여 광무제의 영웅성을 부각시키려 했다고 할 수 있다. 하지만 〈동한연의〉에 보이는 왕랑군과의 전투 장면들을 대거 생략한 것을 보면 작자가 그러한 장면들에는 큰 관심을 갖고 있지 않았다고 할 수 있다.

(4) 황제 즉위

먼저 「광무제기」에 제시된 광무제의 즉위 과정을 살펴보자. 광무제가 왕랑을 토벌하자 경시제는 광무제를 소왕으로 봉하면서 군대를 해산하고 장안으로 돌아오라고 명하였다. 하지만 광무제는 하북이 미처 평정되지 않았다는 구실로 경시제의 명을 받들지 않았고, 이를 계기로 광무제와 경시제는 서로 대립 관계에 놓이게 되었다. 이후 광무제가 동마를 비롯한 여러 세력들을 정벌하고 경시제의 공격을 물리치자 마무가 앞장서서 황제에 즉위할 것을 상주하였지만 광무제는 참하겠다며 완강히 거절하였다. 이어 중산에 이르렀을 때 제장이 재차 즉위를 청하였으나 듣지 않았고, 남평극에 도착하였을 때 제장이 또 다시 청하고 경순이 극간하자 생각해 보겠다고 하였다. 이후 호에 이르렀을 때 강화가 광무제의 즉위를 암시하는 예언서인 적복부(赤伏符)를 받들어 올리고 신하들이 다시 주청하자 광무제가 마침내 황제에 즉위하였다.

〈동한연의〉의 경우 광무제가 수차에 걸쳐 즉위 요청을 거절한 것은 「광무제기」와 마찬가지이지만 그 시기나 과정은 사뭇 다르다. 우선 광무제가 장안을 공격하여 왕망을 처형하였을 때, 그리고 왕랑을 거의 궤멸 상태로 몰아넣었을 때 장수들이 거듭 광무제를 황제로 삼으려 했다고 하였다. 이어 이러한 사실을 알게 된 경시제가 군대를 보내자 광무제는 스스로 손을 묶고 갑옷을 벗은 채 죄를 청하려 하기도 하고, 경시제가 다시 조서와 사약을 보내 조정에 들어오든지 약을 마시고 죽든지 하라고 하자 약을 마시려 하기도 하였다. 이후 경순이 즉위를 권하는 표를 올리는 등 제장이 다시 즉위를 요청하자 광무제는 왕랑을 파한 후 즉위하더라도 무엇이 늦겠느냐고 하였다. 하지만 광무제는 제장들이 몰래 즉위식을 준비한다는 것을 알고는 혼자 군중을 빠져나와 경시제가 있는 장안으로 가다가 광무제를 황제 삼는다는 말을 하는 두 사람을 칼로 치고 보니 석인(石人)이었다. 쫓아온 장수들의 권유로 되돌아가 왕랑을 완전히 토벌하자 경시제가 광무제를 소왕으로 봉하며 돌아오라 하였다. 이때 제장들이 다시 즉위를 권하자 사방이 편해진 후 즉위해도 더디지 않다고 하면서 경시제에게는 하북을 다 평정한 후에 돌아가겠다고 회보하였다. 이후 동마를 정벌하고, 경시제군과 전투를 벌인 후에 제장들이 다시 즉위를 청하고, 경순과 풍이가 나서서 또 다시 청하였으나 듣지 않다가 강화가 적복부를 받들어 올리고 군신이 청하자 마침내 황제에 즉위하였다.

이를 보면 〈동한연의〉는 실제보다 제장들의 즉위 요청 시기를 훨씬 앞당기고, 광무제가 그렇게 오래 동안 반복된 즉위 요청들을 거절하면서 경시제에 대해 신하의 예를 다하려는 모습을 강조하고 있으며, 석인이 즉위 운운했다는 초월적인 현상을 들어 광무제의 즉위가 천정에 의한 것임을 밝히고 있다. 결국 〈동한연의〉는 광무제가 황제 되기에 충분한 인품을 지니고 있으며, 그의 즉위가 천명에 따른 필연적인 것임을 강조하는 방향으로 즉위 과정을 형상화하고 있다고 할 수 있다.

〈옥환기봉〉에서도 광무제는 제장들의 수차에 걸친 즉위 요청을 거절하다가 결국 적복부로 인해 황제에 즉위한다. 하지만 그 과정을 자세히 들여다보면 「광무제기」에서와 같이 광무제가 경시제군을 물리쳤을 때 처음 제장들이 즉위를 청하였다고 하면서 이때 즉위를 요청하는 마무의 말을 「광무제기」에서 그대로 인용하고 있다.[53] 이후 중산과 남평극에서 제장이 다시 즉위를 청하였다고 하여 〈동한연의〉가 아닌 「광무제기」에 제시된 실제 역사적 사실을 마찬가지로 수용하고 있다. 그러면서도 〈옥환기봉〉은 〈동한연의〉의 관련 내용을 아울러 수용하고 있다. 곧 제장들이 천추대를 쌓고 광무제 모르게 황제 추대를 준비한다는 병졸들의 말을 듣고 피신하다 석인을 칼로 쳤다거나, 경시제가 군대를 보내자 청죄하려 했다거나, 경시제가 들어와 조회하든지 죽든지 하라며 짐주(鴆酒)를 보내자 그것을 마시려 했다거나 하는 내용들이 수용되어 있는

---

53) "마뮈 먼져 나아와 왈 천하의 님군이 업ᄉᆞ니 만일 셩인 잇셔 셰로 니러나면 비록 즁이 정승이 되고 손ᄌᆡ 장슈 되여도 오히려 능ᄒᆞ미 업셔 더욱 반홀가 져히ᄒᆞᄂᆞ니 ᄃᆡ장이 비록 겸퇴로 웃듬ᄒᆞ시ᄂᆞ 죵묘와 ᄉᆞ직을 어이 ᄒᆞ실인이잇가 맛당이 셰(계)로 도라와 놉흔 위의 즉ᄒᆞ시고 정별을 의논홀 거시여놀 이졔 엇지 도젹 도로 셤기오리니가(권6, 52~3면)"는 「광무제기」의 "馬武先進曰 天下無主 如有聖人承敝而起 雖仲尼爲相 孫子爲將 猶恐無能有益 反水不收 後悔無及 大王雖執謙退 柰宗廟社稷何 宜且還薊卽尊位 乃議征伐 今此誰賊而馳鶩擊之乎(『후한서』, 6면)"를 번역한 것이다.

것이다.[54] 이처럼 〈옥환기봉〉은 「광무제기」에 바탕을 두면서 광무제의 인품과 자질을 보여주는 〈동한연의〉의 내용들을 부분적으로 수용하고 있다. 그러면서 〈옥환기봉〉은 광무제가 경시제 생존시에는 즉위하지 않을 생각이었다는 설명을 추가하여 이러한 광무제의 면모를 부각시키기도 하였다.

3) 즉위 이후의 사건

광무제는 황제 즉위 후 낙양성을 지키고 있던 경시제의 장수인 주유의 항복을 받아 도읍까지 정했지만 금방 모든 세력을 규합하여 안정을 회복할 수는 없었다. 황제를 칭하거나 한 지방에 웅거하며 나름의 세력을 갖춘 존재들이 여전히 광무제를 위협하고 있었다. 광무제가 완전한 한실 회복을 이루기 위해서는 즉위 이후에도 거쳐야 할 난관이 많이 남아있었던 것이다. 〈옥환기봉〉에서 다루고 있는 즉위 이후의 중요 사건들로는 적미군 진압, 농우 평정, 서촉 평정, 교지국과 무릉 평정 등을 들 수 있는데 이것들을 순서대로 살펴보기로 한다.

적미는 왕망에 대항하여 일어난 농민 반란군으로 눈썹을 붉게 물들였기 때문에 적미라고 불렸던 집단이다. 이들은 유분자를 황제로 추대하고 장안에 두 번씩이나 들어와 약탈을 일삼았다. 광무제는 등우를 보내 이들을 막다가 마침내 친정(親征)하여 항복받았

---

54) 규장각본 〈옥환기봉〉은 이 부분에 장의 차착이 있어 이 사건들의 순서가 〈동한연의〉와 같지 않다.

다. 〈동한연의〉는 이러한 과정을 『후한서』의 〈유분자전〉과 〈등우전〉에 제시된 역사적 사실들을 재구성하여 구체적으로 형상화하고 있다.

그런데 〈동한연의〉와 〈옥환기봉〉에는 경시제가 적미군에 쫓겨 촌락에 유리할 때 광무제가 경시제에게 회양왕을 봉한다며 내린, 서로 같은 내용의 조서가 삽입되어 있는데 이 조서가 『후한서』에는 보이지 않는다. 또 〈옥환기봉〉의 적미군 진압 이야기 끝에 제시된 "졔 젹미 귀항ᄒᆞᄆᆡ 몬져 위엄으로쎠 뵈시고 후의 어질물 뵈시니 만여 인이 감복ᄒᆞ여 후환이 업더라"[55]라는 서술 역시 〈동한연의〉에는 제시되어 있으나 『후한서』에는 보이지 않는다. 이런 점들을 감안할 때 〈옥환기봉〉은 『후한서』보다는 〈동한연의〉에 근거하여 적미군 진압 이야기의 내용을 구성했던 것으로 보인다. 하지만 〈옥환기봉〉에서는 〈동한연의〉에 제시된 대화나 장면들을 대부분 서술자의 간략한 설명으로 대체하고, 광무제의 친정 사실도 생략하고 있다는 점에 차이가 있다.

적미군 진압에 이은 농우 평정 역시 광무제가 한실의 완전한 회복을 위해 해결해야 했던 문제의 하나이다. 〈동한연의〉에 따르면 농우에 웅거하고 있던 외효는 마원의 권유에 따라 광무제를 섬기기로 하고 자기의 아들을 광무제에게 볼모로 보낸다. 하지만 외효는 스스로 천하의 주인이 되고 싶은 욕망을 버리지 못하고 반표에게 이러한 뜻을 은근히 내비친다. 반표가 만류하였지만 외효가 듣지 않자 반표는 두융에게 가서 광무제를 섬기라고 권하고, 두융은

55) 〈옥환기봉〉 권9, 15면.

그 말을 받아들여 광무제에게 자기의 의사를 전달한다. 이후 외효가 군사를 일으키자 두융의 요청으로 광무제가 마원과 함께 출정하여 승리를 거둠으로써 마침내 농우가 평정된다. 이러한 〈동한연의〉의 농우 평정 과정은 『후한서』의 〈마원전〉, 〈반표전〉, 〈두융전〉, 〈외효전〉 등에 제시된 내용들을 종합하여 구성한 것이다.

그런데 같은 내용이기는 하지만 〈옥환기봉〉에 제시된 농우 평정 과정은 『후한서』가 아닌 〈동한연의〉의 그것을 직접 수용한 것으로 보인다. 그것은 문장 표현에는 차이가 있으나 세부적인 사건의 경과와 내용 등이 서로 부합할 뿐 아니라 〈외효전〉에서는 외효의 장수 우감을 왕준이 회유하여 귀순하게 하였다고 하였는데[56] 〈동한연의〉와 〈옥환기봉〉에는 모두 채준이 회유한 것으로 되어 있기 때문이다. 왕준(王遵)이 채준(祭遵)으로 바뀐 것은 〈외효전〉에 우감을 설득하기 위해 '준(遵)'이 편지를 보냈다고 기술되어 있는데 〈동한연의〉에서는 앞뒤 문맥을 고려하지 않고 이를 왕준이 아닌 채준으로 오인하였고, 〈옥환기봉〉에서는 이러한 오류를 그대로 수용하였던 것이다.

농우를 평정한 광무제는 서촉에 웅거하고 있던 공손술을 정벌한다. 〈동한연의〉에 따르면 잠팽이 공손술의 군대와 싸워 이기지 못하자 광무제는 오한을 보내 잠팽과 합세하도록 한다. 이에 오한과 잠팽이 수전(水戰)에서 공손술의 군대를 물리치지만 광무제의 장수 내흡이 공손술의 자객에게 피살되고, 성도 가까이 진격하던 잠

56) 「외효공손술열전(隗囂公孫述列傳)」 중 〈외효전(隗囂傳)〉, 『후한서』, 133면.

팽 역시 자객에게 피살되고 만다. 한편 오한은 광무제의 지시를 따르지 않고 무리하게 진격하다가 패배하였으나 이내 승리를 거두고, 공손술은 창에 찔려 죽는다. 이후 광무제는 오한과 유상을 꾸짖어 노략질을 중지시키고, 공손술에게 신하가 되기를 거부하고 절을 지킨 촉의 선비들을 위해 사당을 짓고 치제(致祭)토록 한다. 〈동한연의〉에 제시된 이러한 서촉 정벌 과정 역시 『후한서』 열전에[57] 제시된 내용들을 종합하여 재구성한 것으로 역사적 사실을 충실히 반영하고 있다.

〈옥환기봉〉에 제시된 서촉 평정 이야기는 작자가 직접 『후한서』를 통해 구성하기보다는 〈동한연의〉의 관련 내용을 그대로 수용한 것으로 보인다. 그것은 대화나 표문의 내용을 줄이고 일부 세부적인 사건을 생략하기는 하였지만[58] 제시된 사건의 세부적인 경과와 내용이 〈동한연의〉와 부합하기 때문이다. 하지만 〈옥환기봉〉에서는 『후한서』나 〈동한연의〉와 달리 광무제가 서촉 평정을 위해 직접 출정한 것으로 설정하고 있어 차이가 있다.[59] 곧 잠팽이 자객에게 죽음을 당한 후 광무제가 제장이 쉽게 촉을 파하지 못하는 것을 보고 친정했다는 것이다. 이에 따라 오한이 광무제의

57) 「풍잠가열전」 중 〈잠팽전〉, 「외효공손술열전」 중 〈공손술전(公孫述傳)〉, 「오개진장열전(吳蓋陳臧列傳)」 중 〈오한전(吳漢傳)〉, 「이왕등래열전」 중 〈내흡전(內歙傳)〉 등.

58) 공손술의 대화와 내흡의 표문을 축약하거나 일부 생략하고 있다. 또 오한과 공손술 장수 사풍이 접전하는 장면, 오한이 공손술의 장수 연잠과 대전하다 위기에 빠지는 사건, 연잠이 항복하는 과정 등에 관한 내용이 생략되어 있다.

59) 그 이유에 대해서는 다음 절에서 검토한다.

조서 내용을 받들지 않고 무리를 하다가 패한 후 광무제에게 직접 나아가 사죄하였다고 하였고, 오한이 공손술의 수급을 광무제가 있는 군영에 보냈다고 했으며, 또 촉의 선비를 위해 광무제가 직접 제문을 짓고 친림하여 제사를 지냈다고 하였다.

이후 광무제는 교지국과 무릉의 반란을 평정하도록 한다. 이 또한 광무제가 천하를 안정시키는 과정에서 겪어야 했던 사건들이다. 그런데 그 일들은 모두 마원에 의해 주도되기 때문에 마원이라는 인물이 집중적으로 소개되는 계기가 되기도 한다. 〈동한연의〉의 관련 내용을 요약하면 다음과 같다.

교지국 여자 징측이 동생 징이와 반란을 일으키고 칭왕(稱王)하자 광무제는 두융의 천거에 따라 마원을 복파장군으로 봉해 출정하도록 한다. 마원은 낭박 전투에서 승리를 거두고, 금계성에서 성문을 열고 도주하는 징측을 생포하여 처형한다. 이어 마원은 남은 무리를 모두 진압하고 구리 기둥을 세워 한나라의 경계를 표시하고 돌아온다. 교지국을 평정하고 돌아온 마원은 자기를 찾아온 맹기에게 "ᄉᆞ나ᄒᆡ 맛당이 변방의 가 말 가족으로 죽엄을 ᄡᆞᆯ디니 ……"[60]라며 직접 나서서 북방을 요란하게 하는 흉노를 칠 의사를 밝히기도 한다. 이후 무릉의 만족이 반란을 일으켜 마원이 자원 출정하려 하자 광무제가 마원이 나이가 많다고 하여 허락하지 않

---

60) 〈동한연의〉, 151면. 마원의 이 말은 〈마원전(馬援傳)〉에 그대로 제시되어 있는데(『후한서』, 211면) 이른바 '마혁과시(馬革裹屍)'라는 고사성어가 여기에서 유래하였다. 〈옥환기봉〉에는 이밖에도 조강지처(糟糠之妻), 거안제미(擧案齊眉) 등에 얽힌 고사가 삽화처럼 제시되어 있는데 이 역시 〈동한연의〉의 영향을 받은 것으로 보인다.

는다. 그러자 마원은 갑옷을 입고 말에 올라 두루 달려서 아직 건장하다는 것을 확인시켜 출정을 허락받는다. 마원은 만족을 크게 파한 후 남은 적을 추격하면서 빠르지만 험한 길을 택하여 고생하다가 결국 병들어 죽고 만다. 광무제가 보낸 양송이 군대를 살피고 돌아와 마원을 참소하자 광무제는 마원에게 내렸던 작록을 거둔다. 이후 주발이 마원의 애매함을 상소하자 광무제가 탄식하며 자신의 처사를 뉘우친다.

이러한 〈동한연의〉의 내용은 『후한서』 〈마원전〉의 내용을 충실히 수용하고 부분적으로 허구적인 전투 장면을 가미하여 구성한 것이다. 〈옥환기봉〉에는 〈동한연의〉에 제시된 사건의 경과와 내용뿐 아니라 『후한서』에 보이지 않는 이러한 전투 장면까지 제시되어 있는 것을 보면 〈옥환기봉〉은 『후한서』보다는 〈동한연의〉의 관련 내용을 수용한 것으로 보인다. 물론 차이점은 있다. 〈옥환기봉〉에는 〈동한연의〉에 제시된 대화나 편지, 그리고 삽입된 글의 내용이 요약, 혹은 생략되기도 하고, 서술자의 간략한 설명으로 대체되기도 하였다. 또 장수와 군사들의 출정에 대한 세부적인 설명이 일부 생략되기도 하였다. 이러한 변개는 물론 번거로움을 피하기 위한 것일 것이다. 반면 〈옥환기봉〉에서는 마원이 징측과 처음 대적하는 장면에서 징측의 미모를 두드러지게 강조하고 있다. 이는 나중에 징측이 붙잡혔을 때 마원을 유혹하여 죽음을 면하려 했던 일에 그럴듯한 근거를 부여하기 위한 것이라 할 수 있다.

이상에서 〈옥환기봉〉의 작자는 광무제가 즉위 후 천하를 통일하고 안정을 회복해가는 과정에서 겪었던 사건들을 『후한서』보다는 〈동한연의〉를 직접 수용하여 제시하고 있는데 그러면서도 〈동한연의〉의 모든 서술 내용을 그대로 수용하지 않고 적절한 축약과 생략을 통해 번거로움을 덜기도 하고, 새로운 내용을 첨가하여 뒤에 이어지는 내용과의 긴밀성을 제고하려 하기도 했다는 것을 알 수 있다.

3. 구조화 양상

앞에서 〈옥환기봉〉의 한실 회복 이야기를 구성하는 각 사건들이 어떠한 통로를 통해 어떻게 역사를 수용하고 있는지 살펴보았다. 그런데 이러한 사건들은 한실 회복의 과정을 단계적으로 보여주면서 한편으로는 황후 폐립 이야기를 구성하는 사건들과 직, 간접으로 연결되어 있다. 이에 따라 한실 회복 이야기는 황후 폐립 이야기와 서로 밀접한 관련을 맺으면서 작품의 구조를 이루는 두 축의 구실을 하게 된다. 이제 두 이야기의 관련 양상을 검토하기 위해 황후 폐립 이야기의 대체적인 내용부터 간추려보면 다음과 같다.

광무제와 혼인한 곽씨는 가난으로 고생을 하면서도 남편과 시어머니를 극진히 섬긴다. 곽씨는 남편의 애정을 독점하고 싶어 하지만 일찍이 꿈속에서 음씨와의 전생 숙연을 확인한 광무제는 음씨를 다시 아내로 맞이한다. 황제에 즉위한 광무제는 곽씨와 음씨를 모두 귀인에 봉하고, 이어 음귀인을 황후로 삼으려 하지만 음귀인이 사양하고 태후가 반대하여 결국 곽귀인을 황후로 책봉한다. 이후 곽후가 미혼약에 본성을 잃은 상태에서 그 보모 윤씨가 음귀인을 갖가지로 모해하여 귀양까지 보낸다. 하지만 결국 곽후의 실덕과 윤보모의 음모가 드러나 곽후가 폐출되고 음귀인이 황후가 된다.

그러면 광무제의 장안 유학 이야기가 이러한 황후 폐립 이야기와 맺고 있는 관련 양상부터 살펴보자. 앞에서 확인한 바와 같이 〈옥환기봉〉의 장안 유학 이야기는 〈동한연의〉의 관련 내용을 광무제의 인품과 능력을 부각시키는 방향으로 변개하여 수용하고 있다. 그런데 작자는 거기에 더하여 광무제에게 장안으로 가라고 권한 사람을 엄광이 아닌 장모 곽주로 바꾸고, 장안 유학과 관련된 아내 곽씨의 태도와 행동을 제시하고 있다.

곽주는 농사를 짓던 광무제에게 태학에서 공부하고, 천하 호걸들을 사귀라면서 장안 유학을 권유한다. 그러면서 형 유연이 한실 회복의 대의를 생각하고 있는데 형제가 어찌 뜻을 달리하겠느냐며 한실 회복의 큰 뜻을 품도록 광무제를 격려한다. 뿐만 아니라 곽주는 유학 경비와 광무제가 없는 동안 집안 살림을 꾸려갈 재물까지 제공한다. 반면 곽씨는 남편이 장안으로 떠날 때 반나절을 울고, 이후에는 장안에 있는 남편을 주야로 걱정하여 숙식도 제대로 하지 못하며, 남편이 왕망에게 활을 쏘고 붙잡혔다고도 하고 도피하였다고도 하는 소식을 들었을 때에는 자결하려 하기도 한다.

〈옥환기봉〉에서 곽주가 장안 유학을 권유하고 지원하도록 한 것은 광무제가 왕랑을 격파하는 과정에서 실제 처가의 도움을 받기도 하였다는 사실과[61] 곽주가 황실의 후예이고 왕가의 딸이지만 예를 좋아하고 검소하여 덕이 있었다는 역사 기록을[62] 아울러

61) 광무제는 진정왕 유양의 도움으로 왕랑을 격파하고, 이로 인해 그 생질인 곽씨와 혼인하였다(「임이만비유경열전(任李萬邳劉耿列傳)」 중 〈유식전(劉植傳)〉, 『후한서』, 191면).

고려한 설정으로 보인다. 그리고 곽씨의 태도를 통해 그녀가 남편에 대한 관심과 애정을 그 어떤 것보다 소중하게 생각하는 인물임을 밝힌 것은 후일 남편의 애정을 독점하고자 하는 욕망 때문에 폐출된 데 대한 근거를 미리 제시하기 위한 것이라 할 수 있다. 그런데 이는 결과적으로 광무제가 한실 회복의 대의를 품고 그 기틀을 마련하는 데 처가의 많은 도움을 받았으면서도 다소의 허물이 있다고 해서 조강지처인 곽후를 폐출하는 것이 과연 온당한 처사인가 하는 논란이 속편과 파생작에서 벌어지게 한 빌미가 되기도 하였다.[63]

어쨌든 이를 통해 〈옥환기봉〉의 작자가 〈동한연의〉의 내용을 바탕으로 광무제의 장안 유학 이야기를 구성하면서도 그것을 한실 회복을 위한 하나의 과정으로만 그리지 않고 황후 폐립 이야기 내에서도 나름의 의미를 갖도록 변용하고 있음을 알 수 있다.

이러한 양상은 소장안 전투에서도 확인된다. 작자는 〈동한연의〉의 내용을 변개하여 이때 광무제가 자기 중형과 말 한 필을 두고 서로 사양하였다고 하였는데 작자는 거기에 더하여 광무제의 어머니 번부인, 누이 백희, 그리고 곽씨 사이에도 이와 유사한 상

62) 「황후기(皇后紀)」, 『후한서』, 101면.

63) 예를 들어 속편인 〈한조삼성기봉〉의 서술자는 곽후가 가난 속에서 시어머니를 극진히 섬겼을 뿐 아니라 친정의 재산까지 기울여 내조했는데도 남편에게 버림을 받았다며 광무제에 대한 비판적 시각을 드러내고 있다. 이에 따라 〈한조삼성기봉〉은 광무제와 곽후가 다시 성별을 바꿔 환생하여 곽후가 전생에 당했던 고통을 광무제가 겪도록 하는 내용으로 이루어져 있다(이승복, 「〈한조삼성기봉〉의 구조와 성격 - 전편 〈옥환기봉〉과의 관계를 중심으로」, 『고전문학과 교육』 3, 청관고전문학회, 2001. 6 참고).

황이 벌어진 것으로 그리고 있다. 곧 광무제가 내어준 소 한 필밖에 없는 상황에서 곽씨는 시어머니와 시누이가 함께 타고 먼저 가라 하고 번부인은 그렇게 할 수 없다고 하자 곽씨가 스스로 목숨을 끊어 시어머니를 위기에서 벗어나게 하려 하였다는 것이다. 자기의 목숨을 던져서까지 시어머니를 구하려 하는 곽씨의 모습은 그녀가 부덕에 충실한 인물이라는 사실을 말해주는 것이다. 이처럼 소장안 전투는 광무제가 한실 회복 과정에서 겪는 고난을 제시하는 한편 곽씨의 부덕을 구체화하여 보여주고 있다.

소장안 전투에 이은 곤양성 싸움은 음씨와 연관되어 있다. 성안에 갇혀 식량 때문에 어려움을 겪던 광무제의 꿈에 나타나 상제가 보내는 식량을 가져왔다고 한 부인이 바로 예전에 광무제에게 현몽하여 음씨와의 전생 숙연을 알려준 노고(老姑)였다는 것이다. 이는 광무제가 천명을 받은 영웅이라는 것을 제시하는 동시에 광무제와 음씨와의 전생 숙연을 다시 한 번 환기함으로써 나중에 광무제가 곽후를 폐출하고 음씨를 황후로 세운 것이 천정에 따른 필연적인 것이었다는 것을 강조하려 한 것이라 할 수 있다.

왕랑과의 대결 역시 황후 폐립 이야기와 무관하지 않다. 광무제는 왕랑을 쳐 승리를 거둔 후 곧바로 위의를 갖춰 친정에 가 있던 곽씨를 찾아보고는 다시 군무(軍務)에 돌아갈 뜻이 없는 듯했다고 하였다. 따라서 이 경우는 왕랑과의 대결 과정 자체를 변개한 것이 아니라 거기에 광무제와 곽씨의 관계에 대한 이야기를 덧붙인 것이다. 당시 곽씨는 광무제가 음씨와 혼인하는 과정에서 투기를 하여 허물을 지은 상태에서 병을 얻어 친정에 가 있었다. 곽씨는 자기를 찾아온 광무제에게 지난 잘못을 사과하였고, 광무제는 곽씨를 용서하고 군대의 호위 속에 시가로 돌아가도록 하였다. 이 이야기는 왕랑을 격파한 광무제가 진정에 이르러 곽씨와 혼인하여 총애가 있었다는 『후한서』의 기록을 근거로 구성된 것이다.[64] 그런데 작품 속에서는 이미 혼인한 상태에서 친정에 가 있던 곽씨를 광무제가 찾은 것으로 설정하고, 서술자는 "왕낭 치고 도라올 딕 진정의 드러 곽후롤 만나 총 잇던 쥬롤 유젼훈 빅 되니라"[65]라고 하여 이 일을 통해 광무제가 곽씨를 총애하였다는 것을 부각시키고 있다. 이는 곽씨에 대한 광무제의 마음이 예사롭지 않았다는 것이고, 그렇기 때문에 후일 곽후의 폐출이 전적으로 광무제의 탓만이 아니라는 의미를 내포하는 것이라 할 수 있다.

이와 같이 광무제 즉위 이전의 한실 회복을 위한 여러 사건들은 때로는 곽씨와, 때로는 음씨와 결부되면서 곽씨의 성격과 그 친정의 도움, 광무제와 음씨의 숙연, 곽씨에 대한 광무제의 태도 등을 구체화하는 데 기여하고 있다. 그런데 광무제 즉위 후 전개되는 천하의 통일과 안정을 향한 여러 사건들은 친정에 가 있던 곽씨와 음씨가 돌아와 황후와 귀인으로 함께 궁중에 있게 되면서 본격화되는 그들의 갈등과 관련된다.

먼저 적미 진압의 경우 광무제가 성 밖에 나아가 그들의 항복을 받고 돌아오는 광경을 태후가 곽후, 음귀인과 함께 구경하다가 두 사람에게 이비(二妃)를 본받아 결의형제할 것을 권유하였지만 곽후가 거절하였다고 하였다. 따라서 이 경우도 왕랑 격파 후 곽씨

64) 光武擊王郎 至眞定 因納后 有寵(「황후기」, 『후한서』, 101면).

65) 〈옥환기봉〉 권6, 46면.

를 찾은 경우와 마찬가지로 적미 진압 이야기 자체를 변개한 것은 아니고 그것에 덧붙여 곽후와 음귀인의 갈등을 형상화한 것이다. 하지만 이러한 삽화를 굳이 광무제의 귀환을 구경하는 자리에 배치한 것은 작자가 한실 회복 이야기와 황후 폐립 이야기가 될 수 있는 대로 연관되도록 배려하고 있음을 말해준다고 할 수 있다.

광무제의 농우 평정은 황후 폐립 이야기와 보다 밀접하게 관련되어 있다. 우선 중간에 음귀인과 관련된 이야기가 삽입되어 있다. 어느 날 광무제가 외효와 두융의 세력을 근심하며 음귀인과 누이인 영평공주[백희]에게 소견을 말해보라고 하지만 정사에 간여할 수 없고 또 알지도 못한다며 둘 다 대답하지 않는다. 광무제가 나간 후 영평이 음귀인에게 각자 소견을 말하여 후일 맞나 보자고 하자 음귀인은 외효가 반할 것이며 광무제가 두융과 협력하여 마원과 함께 친정하면 농우를 평정하리라고 하였는데 이후 이러한 음귀인의 예견대로 모든 일이 이루어진다. 따라서 이 삽화는 음귀인이 부덕과 지혜를 갖추고 있어 황후의 자격이 충분한 인물이라는 것을 보여주기 위한 것이라 할 수 있다.

한편 광무제의 농우 평정은 음귀인의 시련이 본격화되는 계기로 작용하기도 한다. 곽후는 광무제가 출정한 동안 날씨가 점점 더워지자 광무제를 걱정하여 서늘한 바람을 쏘이지 않고 맛있는 음식을 물리치며 음귀인을 핍박하려 하지도 않는다. 이는 곽후가 미혼약에 본성을 잃은 상태에서도 현숙한 성품의 일단은 유지하고 있다는 것을 말해준다.[66] 이에 따라 음귀인에 대한 모해는 곽후의

66) 〈옥환기봉〉의 작자는 곽후의 폐출과 음귀인의 황후 책립이라는 역사적 사

보모 윤씨의 주도로 이루어지게 되는데 음귀인의 예상대로 광무제가 출정한 동안 그것이 본격화되었던 것이다. 윤보모는 음귀인을 해치자고 곽후를 졸랐으나 곽후가 듣지 않자 자기가 직접 나서서 음귀인을 독살하려 하기도 하고, 곽후의 명을 가탁하여 음귀인을 불러내 해치려 하기도 하고, 또 요약(妖藥)을 사용하여 음귀인의 얼굴을 망가뜨리려 하기도 하였다. 가장이 없는 동안 처첩간의 갈등이 본격화되는 경우를 고전소설에서 흔히 볼 수 있는데 〈옥환기봉〉에서도 광무제의 농우 친정은 곽후와 음귀인의 갈등이 윤보모에 의해 본격화되는 계기가 된 것이다.

〈옥환기봉〉에 제시된 농우 평정은 〈동한연의〉를 수용하여 구성되었지만 이와 같이 음귀인의 덕과 지혜를 보여주는 삽화가 삽입되고, 곽후의 성격에 대한 서술이 제시되고, 또 음귀인에 대해 거듭되는 모해의 과정이 병치됨으로써 황후 폐립 이야기와 연결되고 있다.

다음 서촉 평정 과정은 앞에서 살폈듯이 〈옥환기봉〉에서는 〈동한연의〉의 내용을 수용하되 광무제가 직접 출정한 것으로 바꾸고 있는데 이는 이 사건과 황후 폐립 이야기를 연결 짓기 위한 것이다. 당시 음귀인은 곽후 소생의 황자인 경왕을 독살한 혐의로 태후에 의해 형주에 유배되어 있었는데[67] 태후가 음귀인을 해배하

실이 그들의 전생 숙연에 의한 필연적인 것이었음을 보여주면서도 곽후를 극악한 인물로 그려 문제를 선악의 대립으로 단순화하려 하지 않았다. 이에 대해서는 이승복, 「〈옥환기봉〉의 인물 형상과 작가의식」, 『고전문학과 교육』 15, 한국고전문학교육학회, 2008 참고.

67) 광무제가 영천의 도적을 정벌하러 출정하였기 때문에 태후가 경왕 살해 사건을 처리하여 음귀인을 유배 보냈었다. 광무제의 영천 출정은 실제 있

자 광무제가 서촉을 평정하고 돌아오는 길에 직접 음귀인을 찾아 함께 돌아왔던 것이다. 곧 음귀인을 염려하고 걱정하는 광무제의 마음을 구체화하기 위해 광무제가 서촉에 친정한 것으로 변개했던 것이다.

그리고 농우 평정 때와 마찬가지로 서촉 평정은 음귀인 자녀들에 대한 윤보모의 모해가 이루어지는 기회가 되기도 한다. 광무제가 없는 사이 윤보모는 음귀인의 자녀들을 독살하려 하기도 하고, 자객을 보내 살해하려 하기도 하였는데 윤보모는 광무제가 돌아오면 이러한 일들이 모두 발각이 될까 두려워 곽후를 충동질해 옥에 갇힌 자객을 살해하기까지 하였다.

이처럼 광무제의 서촉 평정 과정은 〈동한연의〉의 관련 내용을 수용하되 광무제가 친정하였다가 음귀인의 해배 길에 동행한다고 내용을 변개하고, 이를 음귀인 자녀들에 대한 살해 기도 사건과 병치함으로써 황후 폐립 이야기와 연결하고 있다.

교지국과 무릉의 반란 평정의 경우 마원이 서술의 중심에 놓여 있기 때문에 황후 폐립 이야기와 밀접한 관련은 없다. 하지만 그 중 무릉 평정 과정에 나타난 마원과 양송의 관계는 이 사건을 간접적으로나마 황후 폐립 이야기와 연관시키고 있다. 무릉을 평정하다가 마원이 고생 끝에 죽자 광무제는 양송으로 하여금 사정을 조사하도록 하였는데 양송은 예전에 자기가 마원을 문병할 때 마원이 친구의 아들이라 하여 답례를 하지 않은 것에 앙심을 품고

었던 역사적 사실인데 작품에서는 이 사건도 이와 같이 황후 폐립 이야기와 관련짓고 있다.

있다가[68] 이때에 이르러 마원을 참소하여 장례마저 제대로 치르지 못하게 하였다. 그런데 바로 이러한 양송이 폐출된 곽후의 장녀인 무양공주와 혼인하게 되는 것이다. 음후는 그런 인물로 부마를 삼게 된 것을 탐탁찮게 여기는데 양송은 광무제가 찾을 때 주루에서 만취해 있기도 하고, 광무제가 부운루에서 관등하며 잔치할 때 풍악이 울리는 가운데 궁녀들이 춤을 추는 광경을 보고는 발을 구르고 손을 춤추며 만승(萬乘)의 부귀를 부러워하기도 한다. 이는 무양공주가 결코 행복한 삶을 살고 있지 못하다는 것을 보여주며,[69] 그것은 그 어머니 곽후의 불행과 시련을 연상시킨다.[70] 따라서 무릉 평정 사건은 양송이라는 인물을 매개로 황후 폐립 이야기와 연결되어 있다고 할 수 있다.

이와 같이 작자는 한실 회복 이야기를 구성하는 사건의 일부 내용을 변개하기도 하고, 거기에 황후 폐립 이야기와 관련된 새로운 삽화를 첨가하거나 삽입하기도 하고, 한실 회복 이야기의 사건을 황후 폐립 이야기를 구성하는 사건과 병치시키기도 하고, 또 두 이야기를 매개하는 인물을 등장시키기도 하여 한실 회복 이야기와

---

68) 이는 『후한서』 〈마원전〉에 기록되어 있는 역사적 사실로 〈동한연의〉에도 보인다.

69) 〈옥환기봉〉에는 곽후 소생의 무양, 관도, 여읍 세 공주가 모두 부족한 남편을 만나 불우한 삶을 살고, 여읍공주는 남편에 의해 죽음까지 당했다고 하였다. 부운루 관등 놀이에서도 남편들의 태도를 바라보는 세 공주는 옥안이 처연하여 장탄식하고, 이후 여읍은 무양과 관도에게 "아등이 모후를 원별ᄒᆞ고 신세 긔구ᄒᆞ미 ᄇᆡᆨ년 의탁을 져ᄇᆞ려시니 인간의 긔약ᄒᆞᆯ 거시 업(권27, 29~30면)"다며 살거나 죽거나 서로 함께 모여 의지하자고 한다.

70) 이런 점을 고려하여 〈옥환기봉〉의 파생작인 〈취미삼선록〉은 곽후의 세 공주와 곽후의 불행을 중첩시켜 집중적으로 다루고 있다.

황후 폐립 이야기를 서로 연결 짓고 있다.

4. 역사 수용 양상의 의미

주지하다시피 고전 장편소설의 여러 작품에는 중국의 역사가 수용되어 있다. 중국의 역사적 인물이 등장하거나 중국의 역사가 작품의 배경이 되는 수준을 넘어 경우에 따라서는 중국의 역사적 사건이 작품의 중요한 모티프로 작용하기도 한다. 이에 따라 기존 연구에서는 어느 한 작품을 대상으로 중국의 역사가 수용된 구체적인 양상을 구명하여 창작 방법을 밝히거나[71] 그렇게 수용된 역사가 작중 인물의 삶의 방식이나 운명과 어떻게 연관되는지를 분석하기도 하고,[72] 동일한 역사적 사건이 여러 작품에 달리 수용되는 양상을 살피고 그것이 서술의식, 서사세계 등의 차이와 밀접한 관련이 있음을 검토하기도 하고,[73] 역사 수용 방식에 대한 유형 분류를 시도하기도 하였다.[74]

이러한 연구들은 대개 작품에 수용된 중국의 역사를 정사(正史)

---

71) 김탁환, 「〈쌍천기봉〉의 창작방법 연구」, 『관악어문연구』 18, 서울대, 1993.

72) 지연숙, 「〈옥원재합기연〉의 역사소설적 성격」, 『고소설연구』 12, 한국고소설학회, 2001.

73) 박영희, 「장편가문소설의 명사 수용과 의미 - 정난지변을 중심으로」, 『한국고전연구』 6, 한국고전연구학회, 2000. 12.; 조광국, 「고전소설에서의 사적 모델링, 서술의식 및 서사구조의 관련 양상 - 〈옥호빙심〉 〈쌍렬옥소삼봉〉 〈성현공숙렬기〉 〈쌍천기봉〉을 중심으로」, 『한국문화』 28, 서울대 한국문화연구소, 2001.

74) 임치균, 앞의 글, 154~5면.

를 중심으로 검토하면서 실제 작품 창작 과정에서는 연의소설류와 같은 자료들이 역사 수용의 통로로 작용하였을 가능성을 제기하고 있다. 그런데 〈옥환기봉〉은 역사서뿐 아니라 연의소설을 역사 수용의 통로로 삼으면서 경우에 따른 선별적인 수용을 하고 있다. 이는 이 작품의 역사 수용에 대한 검토가 이 작품뿐 아니라 고전 장편소설의 역사 수용 방식을 이해하는 데 중요한 기여를 할 수 있음을 말해주는 것이다. 이제 이러한 점을 고려하면서 이 작품의 역사 수용 양상에 담긴 의미를 살피기로 한다.

우선 이 작품의 역사 수용 양상에는 역사적 사실에 충실하고자 하는 작자의 태도가 반영되어 있다고 할 수 있다. 그것은 〈옥환기봉〉의 작자가 〈동한연의〉의 허구적 내용보다는 『후한서』의 사실 기록을 최대한 수용하려 한 데에서 확인할 수 있다. 앞에서 살핀 기병과 초기 전투의 과정만 보더라도 〈동한연의〉에서는 광무제가 큰 잔치를 열어 사람을 모으고, 병장기를 마련하려다 위기에 빠지고, 기병 직후 극양성을 빼앗는 등의 과정이 상당히 자세하게 서술되어 있으나 〈옥환기봉〉에서는 이러한 허구적 내용을 모두 생략하고, 도주했던 군사들이 광무제를 보고 투군했다거나 광무제가 승전을 해서 얻은 재물을 군사들에게 나눠주었다는 『후한서』의 기록을 그대로 따르고 있다. 또 〈동한연의〉에는 광무제의 숙부 유량이 한실 회복을 바라는 강개지사로 제시된 데 비해 〈옥환기봉〉에서는 『후한서』의 기록을 받아들여 유량이 광무제의 기병에 대해 비판적인 태도를 보였다고 하였다. 곤양성 전투에서도 광무제가 등우의 말을 듣지 않고 적정(敵情)을 살피러 성 밖으로 나갔다가 위기에 빠졌다거나 포위된 상황에서 장수를 거짓으로 항복을 하게 하여 위기를 모면하려 했다는 〈동한연의〉의 서술 대신 〈옥환기봉〉은 적장 엄우가 광무제를 칭찬하고, 광무제가 제장을 독려했다는 『후한서』의 기록을 수용하고 있다. 이처럼 역사 기록을 중시하는 작자의 서술 태도는 이후의 하북 진무나 황제 즉위 과정에서도 마찬가지로 확인할 수 있다.[75]

그런데 즉위 이후의 적미군 진압, 농우와 서촉 평정, 교지와 무릉 평정 등의 사건은 『후한서』보다는 〈동한연의〉를 수용하여 제시하고 있다. 그렇다고 해서 이 부분에 이르러 작자의 서술 태도가 변했다고 할 수는 없다. 그것은 그 사건들에 대한 〈동한연의〉의 내용이 『후한서』를 충실히 반영하여 구성하고 있기 때문에 작자로서는 굳이 『후한서』를 별도로 수용할 필요가 없었기 때문이다.

물론 작자가 아무리 역사 기록에 충실하고자 해도 〈옥환기봉〉 자체가 이미 허구에 바탕을 둔 소설이고, 또 『후한서』뿐 아니라 소설인 〈동한연의〉를 아울러 수용하고 있기 때문에 역사 기록에 대한 충실성이라는 것은 일정한 한계를 지닐 수밖에 없다. 하지만 한실 회복 관련 사건들의 『후한서』 기록을 최대한 수용하여 그와 관련된 〈동한연의〉의 허구적 내용을 대체하고 있는 점, 〈동한연의〉에 제시된, 독자의 흥미나 관심을 자극할 만한 허구적인 전략이나 전투 장면들에 별다른 관심을 보이지 않고 그것들을 생략하

---

75) 〈동한연의〉에서 광무제가 직접 왕망을 처형하였다거나, 제장들의 즉위 요청 시기를 앞당기면서 그 횟수를 빈번하게 제시하려 한 것은 광무제의 영웅성과 인품을 부각시킬 수 있는 내용들임에도 불구하고 〈옥환기봉〉에서 그러한 서술 대신 「광무제기」의 역사적 사실을 수용하고 있는 경우들을 그 예로 들 수 있다.

거나 대폭 약화시키고 있는 점, 그리고 변개를 가해서라도 실제 있었던 역사적 사실을 어떻게든 수용하고자 한 점[76] 등을 고려할 때 작자가 역사 기록을 존중하여 그것을 최대한 반영하려 했다는 것을 알 수 있다.

그런데 사실 이러한 작자의 태도는 비단 한실 회복 이야기뿐 아니라 작품 전체에 대한 작자의 기본적인 서술 태도라고 할 수 있다. 작자는, 곽후는 실덕을 한 반면 음후는 황후가 될 만한 자질과 숙덕을 충분히 지니고 있었다는 『후한서』의 단편적인 기록을[77] 허구와 상상을 통해 구체화한 황후 폐립 이야기를 길게 제시한 후 음후가 자색으로 광무제의 총애를 입어 황후가 되었고, 그래서 곽후 소생의 태자도 그 위를 잃었다고 세상에서 비난하니 가탄스럽다는 서술을 첨부하고 하였다.[78] 이는 작자가 세상의 통념을 비판하고 황후 폐립과 그에 대한 광무제의 처사를 긍정적으로 바라보는 『후한서』의 시각을 받아들여 역사 기록에 공란으로 남아있는 황후 폐립의 경과를 상상과 허구를 통해 보충하려 했다는 것을 말

---

76) 광무제가 왕랑을 파한 후 곽씨와 혼인하였다는 역사적 사실에 주목하여 그것을 광무제가 왕랑에게 승리한 후 병으로 친정에 가 있던 곽씨를 찾아가 위로하고 정을 나누었다는 삽화를 제시해서라도 반영하려고 했다는 점을 예로 들 수 있다.

77) 『후한서』「황후기」에서는 곽후에 대해 광무제의 은총이 점점 쇠해지자 자주 원망하는 마음을 품다가 폐출되었다고 하였고, 음후에 대해서는 광무제가 처음 황후를 정할 때 곽씨에게 아들이 있음을 들어 사양하였던 사실과 함께 그 성품을 상당히 긍정적으로 기술하고 있다. 또 논찬을 통해서는 광무제가 곽후를 폐한 후에도 예로 대접하고, 그 친척에게까지 은총을 더했다 하여 황후 폐립에 대한 광무제의 처사가 결코 부당하지 않았다는 점을 강조하고 있다(「황후기」, 『후한서』, 101~2면 참고).

78) 〈옥환기봉〉 권29, 40면.

해준다.[79] 곧 황후 폐립 이야기와 관련된 작품의 창작 동기 자체가 역사 기록의 보충과 구체화에 있었던 것이다.

뿐만 아니라 작자는 작품의 서술 체제를 마치 기전체(紀傳體)의 역사 서술 방식처럼 구성하고 있다. 곧 작품의 본문 내용이 마무리된 다음 음후와 그 친정 형제, 그리고 광무제의 자녀들에 관한 전(傳)을 뒤에 첨부하고 있는 것이다. 이는 작품의 내용을 본기(本紀)처럼 인식하였다는 것으로 작자가 이 작품의 창작을 또 하나의 역사 서술처럼 생각하고 있었다는 것을 말해주는 것이라 할 수 있다.[80]

작자가 이처럼 기존의 역사 기록을 보충하는 또 하나의 역사 서술을 한다는 입장에서 황후 폐립 이야기와 작품 전체의 서술 체제를 구성하였기 때문에 한실 회복 이야기에 있어서도 역사 기록을 중시하려는 작자의 서술 태도가 드러나는 것은 필연적이었다고 할 수 있다.

그렇다면 이처럼 역사 기록을 충실히 반영하려 하면서도 작자는 무엇 때문에 다시 〈동한연의〉를 수용한 것일까. 우선 생각할 수 있는 이유는 역사 기록 자체가 전체는 물론 각 사건별로도 완결된 서사성을 띠기 어렵기 때문에 서사적 완결성을 갖춘 〈동한연의〉를 참고할 필요가 있었기 때문일 것이다. 그런데 〈동한연의〉를 참고하여 수용한 부분들을 살펴보면 그 이외에 다른 이유가 있는 듯

79) 이승복(2000), 175면 참고.

80) 위의 글, 168면 참고. 규장각본의 경우에는 '권지이십구 종'이라는 제목을 권수에 붙여 권29에서 작품의 본문 내용을 마무리한 다음 끝 권인 권30에 음후를 비롯한 여러 인물들의 전을 수록하고 있다.

하다. 여기에서 한실 회복 이야기의 역사 수용이 지닌 또 하나의 의미를 찾을 수 있는데 그것은 바로 광무제의 인품과 영웅성의 부각이라 할 수 있다.

광무제의 인품과 영웅성 부각은 무엇보다 『후한서』의 기록을 적극 수용하는 가운데 어느 정도 이루어질 수 있었다. 그것은 『후한서』가 한실을 회복한 영웅이라는 긍정적 시각에서 광무제의 태도와 행위를 기술하고 있기 때문이다.[81] 이러한 광무제의 인품과 영웅성 부각은 〈동한연의〉의 수용에서 보다 분명히 확인된다. 그것은 〈옥환기봉〉의 작자가 〈동한연의〉의 한실 회복 과정에 제시된 복잡한 사건과 다양한 전술과 전략, 그리고 수다한 전투 장면 등을 대거 생략하면서도 광무제의 인품과 영웅적 면모를 부각시킬 수 있는 내용들은 대부분 그대로 수용하거나 변용하고 있기 때문이다.

예를 들어 장안 유학 이야기에서는 〈동한연의〉에 제시된 광무제의 성격을 영웅적 면모에 어울리도록 바꾸고, 소장안 전투에서는 〈동한연의〉에 제시된 삽화를 형제간의 우애와 광무제의 인품을 부각시키는 방향으로 변용하였으며, 곤양성 싸움에서는 〈동한연의〉의 복잡한 여러 사건들을 대거 생략하면서도 상제가 식량을 보내주었다는 삽화는 그대로 수용하여 광무제가 천명을 받은 존재라는 점을 부각시키고 있다. 이외의 하북 진무와 왕랑과의 대결, 황제 즉위 등의 과정에서도 같은 양상을 확인할 수 있다.

---

81) 이런 점을 고려할 때 작자가 『후한서』를 적극 수용한 데에는 역사적 사실에 대한 존중뿐 아니라 광무제의 인품과 영웅성 부각에 대한 의도도 함께 작용하였던 것으로 생각된다.

요컨대 작자는 『후한서』와 〈동한연의〉를 바탕으로 한실 회복 이야기를 구성하면서 역사적 사실을 존중하는 한편 광무제의 인품과 영웅성을 드러내는 서술이나 삽화를 집중적으로 수용함으로써 광무제의 긍정적인 면모를 부각시키려 했던 것이다. 이런 점에서 〈옥환기봉〉의 역사 수용에는 정보가 중심일 때에는 『후한서』를, 극적이고 흥미로운 부분을 위해서는 〈동한연의〉를 이용하는 것[82] 이상의 의미가 담겨 있다는 것을 알 수 있다.

그렇다면 작자는 무엇 때문에 광무제의 모습을 그렇게 그리려고 하였던 것일까. 광무제는 작품의 중심 인물 가운데 한 사람이다. 하지만 그런 이유만으로 광무제를 긍정적으로 그렸다고 하는 것은 너무 단순하다. 작자는 광무제가 곽후를 폐하고 음귀인을 황후로 세운 것이 세상의 통념처럼 광무제가 음귀인의 자색에 미혹되었기 때문이 아니라는 것을 보여주고자 하였다. 이처럼 황후 폐립이 단순히 음귀인에게 미혹된 광무제의 횡포 때문에 빚어진 일이 아니라는 것을 보여주기 위해서는 광무제가 너그러운 인품을 지닌 영웅이라는 점을 보여줄 필요가 있었던 것이다. 이를 위해 작자가 황후 폐립 이야기의 구성에 많은 공을 들이면서도 광무제의 한실 회복 이야기를 별도로 구성하여 그것을 단순한 시대 배경으로 처리하지 않고 그것을 통해 광무제의 인품과 영웅성을 부각시키려 했던 것이라 할 수 있다.[83]

82) 임치균, 앞의 글, 144면.

83) 광무제의 인품과 영웅성을 부각하여 황후 폐립의 정당성을 제시하려는 작자의 의도가 작품에 그대로 반영되어 있다고 하기에는 곤란한 점이 없지 않다. 이에 대해서는 다음 장에서 검토한다.

역사 기록에 대한 충실성, 광무제의 인품과 영웅성 부각 이외에 이 작품의 역사 수용 양상에 담긴 또 하나의 의미는 작자의 창작 역량이 결코 적지 않다는 것이다. 〈옥환기봉〉에서는 한실 회복 이야기와 황후 폐립 이야기가 서로 교체되면서 작품을 이끌어가다가 한실 회복이 어느 정도 이루어진 다음에는 무게 중심이 황후 폐립 이야기 쪽으로 기울어진다. 또 세상의 통념을 비판하면서 음후가 황후가 될 만한 충분한 자격을 갖추고 있었다는 작자의 진술은 이 작품의 일차적인 창작 동기가 황후 폐립 이야기의 구성에 있었다는 것을 말해준다. 하지만 그렇다고 하더라도 한실 회복 이야기를 작품의 시대 배경으로 보기에는 그 비중이 너무 크다. 따라서 이 작품은 한실 회복 이야기와 황후 폐립 이야기라는 두 개의 축으로 구성되어 있다고 할 수밖에 없다.

그런데 그 두 이야기는 광무제 때 있었던 역사적 사건들을 두루 포괄하는 데 그치지 않는다. 앞에서 살핀 것처럼 역사적 사실에 충실하면서도 광무제의 인품과 영웅성을 부각시킨 한실 회복 이야기는, 전체적으로는『후한서』의 시각에 입각하여 작자가 나름으로 구성한 황후 폐립 이야기에 정당성을 제공하고 있으며, 부분적으로는 황후 폐립 이야기와 밀접하게 관련되면서 곽후의 성격과 그녀에 대한 광무제의 태도, 음후의 성품과 지혜, 윤보모를 매개로 한 곽후와 음후의 갈등 등 황후 폐립 이야기의 전개에 필요한 조건과 여건을 마련해주고 있다. 이로 인해 〈옥환기봉〉은 단순한 두 이야기의 조합에 머물지 않고 두 이야기가 유기적으로 결합된 탄탄한 작품 구조를 가지게 되었던 것이다.

이는 결과적으로 역사적 사건을 나름대로 재해석하면서 역사 기록을 보충하겠다는 작자의 의식도 문제적이지만 그것을 구성하는 작자의 능력 또한 평범하지 않았다는 것을 말해준다. 작자는 중국의 역사를 수용하였지만 그것을 단순히 차용하는 데 그치지 않고 자신의 의도와 역량에 따라 탄탄한 구조를 갖춘 새로운 작품으로 창조해 내었던 것이다. 이는 18세기 우리 고전 장편소설의 창작 수준을 말해주는 것이기도 하다.

5. 맺음말

18세기경에 창작된 것으로 보이는 장편소설 〈옥환기봉〉은 광무제의 한실 회복 이야기와, 곽황후가 폐출되고 음귀인이 황후가 되는 황후 폐립 이야기로 구성되어 있다. 이처럼 이 작품이 중국의 역사를 바탕으로 창작되었기 때문에 이 글에서는 먼저 역사가 적극적으로 수용된 한실 회복 이야기를 대상으로 역사 수용 양상을 살피고, 그것이 황후 폐립 이야기와 어떻게 얽혀 작품의 구조를 형성하고 있는지 검토하였다. 그 결과를 요약하면 다음과 같다.

우선 한실 회복 이야기를 이루는 각 사건들은 시간적 순서에 따른 삽화의 연속처럼 제시되어 있는데 기병에서부터 황제 즉위까지의 사건들은 주로 『후한서』와 〈동한연의〉를, 즉위 이후의 사건들은 대부분 〈동한연의〉를 통해 중국의 역사를 수용하고 있다. 그리고 각각의 사건들은 일부의 내용을 변개하거나 새로운 삽화를 삽입, 혹은 첨가하거나 매개 인물을 통하거나 또는 시간적으로 병치하거나 함으로써 황후 폐립 이야기와 직, 간접으로 연관되고 있다.

이러한 역사 수용 양상에 대한 검토를 통해 우선 작자가 역사 기록에 충실하고자 했다는 사실을 확인할 수 있다. 이는 작자가 한실 회복 이야기를 구성하면서 『후한서』의 기록을 최대한 수용하려 했다거나 〈동한연의〉만의 허구적인 전략이나 전투 장면을 대폭 생략하고 있다거나 작품에 미리 설정된 상황 때문에 역사적 사실을 그대로 반영할 수 없는 경우에는 변개를 가해서라도 그것을 수용하려 했다거나 하는 점 등 여러 가지 근거들을 통해 확인할 수 있다. 그런데 이러한 태도는 황후 폐립 이야기와 관련된 작품의 창작 동기라든지 기전체와 같은 작품의 서술 체제를 볼 때 작품 전체에 대한 작자의 기본적인 서술 태도라고 할 수 있을 것이다.

역사 수용 양상에 담긴 또 다른 의미는 작자가 광무제의 인품과 영웅성의 부각에 많은 노력을 기울였다는 것이다. 이는 그러한 시각에 입각해 기술된 『후한서』를 적극적으로 반영하고 있을 뿐 아니라 〈동한연의〉 가운데에서도 그러한 성격을 지닌 삽화나 서술을 집중적으로 수용하고 있다는 점에서 알 수 있다. 그런데 이렇게 형성된 광무제의 긍정적인 면모는 결국 황후 폐립 이야기와 결부되어 황후 폐립과 관련된 광무제의 태도와 처사를 정당화하는 역할을 한다고 할 수 있다.

그리고 작자의 창작 역량 또한 역사 수용 양상에 대한 검토를 통해 확인할 수 있는 또 하나의 중요한 사실이다. 위에서 언급한 바와 같이 한실 회복 이야기는, 전체적으로는 『후한서』의 시각에 입각하여 작자가 나름으로 구성한 황후 폐립 이야기에 정당성을 제공하고 있으며, 부분적으로는 황후 폐립 이야기와 밀접하게 연결되면서 인물들의 성격, 태도, 갈등 등 황후 폐립 이야기의 전개에 필요한 조건과 여건을 마련해주고 있다. 이로 인해 〈옥환기봉〉은 두 이야기가 유기적으로 결합된 탄탄한 작품 구조를 가지게 되었다. 이는 결과적으로 역사를 수용하여 작품화하는 작자의 능력이 결코 평범하지 않았다는 것을 말해주는 것으로 이를 통해 작자의 창작 역량은 물론 당시 고전 장편소설의 창작 수준과 역사 수용 방식을 가늠할 수 있을 듯하다.

Ⅲ. 〈옥환기봉〉의 인물 형상과 작가의식

1. 머리말

고전 장편소설 〈옥환기봉〉은 후한 광무제가 무너진 한실을 회복하는 과정과, 정실인 곽황후를 폐하고 음귀인을 황후로 세우는 과정을 그리고 있다. 이 두 이야기는 서로 병치되면서 전개되다가 한실 회복이 어느 정도 이루어진 다음에는 황후 폐립에 관한 이야기가 작품의 중심을 이룬다. 이처럼 〈옥환기봉〉은 실재했던 중국의 역사적 사건을 다루고 있지만 우리 소설사에 간과할 수는 없는 파문을 남겼다. 곧 이 작품이 출현한 이후 그 뒤를 잇는 속편과 파생작들이 연이어 산출되었던 것이다. 물론 고전 장편소설의 경우 속편이나 파생작의 존재가 새삼스러울 것은 없다. 하지만 〈옥환기봉〉 연작의 경우에는 그러한 작품들이 원작에 대한 뚜렷한 비판의식을 담고 있다는 점에서 문제적이라고 할 수 있다.[84]

지금까지 〈옥환기봉〉에 대해서는 역사적 사실의 소설화 양상에 대한 검토,[85] 작품에 제시된 갈등의 성격에 대한 분석[86] 등이 이루어졌다. 이러한 기존 연구에 의해 〈옥환기봉〉의 내용과 성격에 대한 기본적인 이해가 가능할 수 있었다. 하지만 곧 이어 속편과 파생작의 존재를 확인하고, 그 작품들의 성격을 구명하는 방향으로 관심의 폭이 확대되면서 정작 〈옥환기봉〉 자체에 대해서는 더 이상의 심도 있는 연구가 이루어지지 못하였다. 이에 이 글에서는 〈옥환기봉〉에 등장하는 주요 인물들의 인물 형상과 그들 간에 빚어지는 갈등의 성격을 살피고, 이를 바탕으로 작가의식을 검토함으로써 작품에 대한 이해를 보다 심화하고자 한다.

소설의 여러 요소 가운데 굳이 인물에 주목하는 이유는 이 작품이 역사적 사건의 큰 틀 속에 허구적인 자잘한 사건들을 설정하고 그것을 매개로 맺어진 인물간의 관계를 통해 인물의 성격을 창조하는 데 큰 비중을 두고 있다고 판단되기 때문이다. 이러한 점을 고려할 때 인물 관계 속에서 각각의 인물이 어떻게 형상화되고 있는가를 살피는 이 글의 작업은 인물 형상 자체는 물론 인물 관계에 내포된 갈등의 성격, 나아가 황후 폐립과 관련된 작품의 의미와 작가의식을 구명하는 효과적인 방법이 될 수 있으리라 기대한다.

〈옥환기봉〉의 인물 형상에 대해서는 곽후를 비롯한 이 작품의

84) 여기에서 속편은 〈한조삼성기봉〉을, 파생작은 〈취미삼선록〉과 〈도앵행〉을 가리킨다. 이 작품들에 대해서는 제2부에서 검토한다.

85) 이승복, 「〈옥환기봉〉과 역사의 소설화」, 『선청어문』 28, 서울대, 2000. 3. 임치균, 「18세기 고전 소설의 역사 수용 일양상 - 〈옥환기봉〉을 중심으로」, 『한국고전연구』 8, 한국고전연구학회, 2002.

86) 임치균, 「〈옥환기봉〉 연구」, 『한국사상과 문화』 18, 2002. 12.

주요 인물들이 역사 기록에 제시된 것과 달리 살아 숨 쉬는 인간으로 재창조되어 있다는 사실이 지적된 바 있다. 곧 광무제는 영웅이기만 하지 않고, 곽후는 투기를 일삼는 단순한 악인이 아니며, 음후는 수동적인 부덕의 권화(權化)이기만 하지 않다는 것이다.[87] 작품에 제시된 세 사람은 분명 이러한 면모를 지니고 있다. 하지만 인물에 대한 검토가 갈등의 성격과 작가의식에 대한 이해로 이어지기 위해서는 작품의 내용과 밀착된 좀 더 구체적인 논의가 요청된다고 할 수 있다. 역사 기록 속에 제시된 인물의 모습을 먼저 살피고, 인물 관계에 따른 인물 형상과 갈등의 성격을 검토하기로 한다.[88]

2. 인물 형상과 갈등의 성격

1) 인물들에 대한 역사 기록

곽후와 음후에 대한 『후한서』의 기록은 대단히 소략하다. 『후한서』 「황후기(皇后紀)」에 따르면, 곽후는 이름이 성통(聖通)인데 왕랑과 전쟁을 치르던 광무제가 곽후의 고향인 진정에 이르렀을

87) 이승복, 앞의 글, 182면.

88) 이 글에서는 황후 폐립 사건을 중점적으로 다룬다. 그것은 한실 회복보다 황후 폐립이 작품에서 차지하는 비중이 클 뿐 아니라 작품의 성격을 규정할 수 있는 핵심 사건이기 때문이다. 대상 자료는 서울대학교 규장각 소장 30권 15책의 국문필사본 〈옥환기봉〉으로 하였다. 이 규장각본은 오자가 많고 장의 차착이 있어 선본이라 하기는 어려우나 현재로서는 유일한 완질본으로 보인다.

때 광무제와 혼인하였다고 한다. 혼인 후 곽후는 광무제의 총애를 받았는데 광무제가 천자에 즉위하자 귀인에 봉해졌고, 그 해에 황자 강(疆)을 낳고, 이듬해 황후가 되었다. 이후 광무제의 은총이 식었다 하여 자주 원망하는 마음을 품다가 마침내 폐출되어 둘째 아들인 중산왕의 번국(藩國)으로 물러가 중산왕태후가 되고, 중산왕이 패왕으로 옮겨 봉해지자 패태후가 되었다가 세상을 떠나 북망산에 묻혔다. 그리고 작품에도 등장하는 그 어머니 곽주(郭主)는 황실의 후예이고 왕가의 딸이지만 예를 좋아하고 검소하여 어머니로서 갖춰야 할 덕을 지니고 있었다 한다.[89]

음후는 이름이 여화(麗華)이다. 작품에도 제시되어 있지만 일찍이 광무제가 음후의 고향인 신야를 지나다가 음후가 대단히 아름답다는 소문을 들은 적이 있었는데 후일 장안에 이르러 집금오의 행차가 매우 화려한 것을 보자 '벼슬을 하려면 마땅히 집금오를 해야 하고 아내를 얻으려면 당연히 음여화를 얻어야 한다(仕宦當作執金吾 娶妻當得陰麗華)'고 하였다 한다. 음후는 혼인 후 친정에가 있었는데 광무제 즉위 후 귀인이 되었다. 이어 광무제가 황후를 삼으려 했지만 곽후에게 아들이 있음을 들어 굳이 사양하였기 때문에 곽후가 황후가 되었다. 광무제가 팽총을 정벌할 때 따라갔다가 현종을 낳았고, 이후 곽후의 뒤를 이어 황후가 되었다. 음후는 공손하고 검소하였으며, 웃고 희롱하는 것을 좋아하지 않았다. 또 어질고 효성스럽고 자애로웠으며, 일곱 살에 아버지를 여의었

89) 범엽(范曄) 찬(撰), 이현(李賢) 등주(等注), 『후한서(後漢書)』, 경인문화사, 1975, 101면 참고.

는데 수십 년이 지났어도 말이 아버지에 이르면 눈물을 흘리지 않음이 없었다고 한다.[90]

이상에서 곽후는 처음에는 광무제의 사랑을 받았지만 차츰 사랑이 식었다고 남편을 자주 원망하다가 폐출되었고, 음후는 광무제가 그 미모에 끌려 혼인하였으나 부덕을 온전히 갖추고 있어[91] 곽후의 뒤를 이어 황후가 되었다는 것을 알 수 있다. 기록이 소략하기 때문에 광무제, 곽후, 음후의 관계가 구체적으로 어떠했는지 확인하기 곤란하다. 작품과 관련하여 가장 궁금한 것은 곽후가 광무제의 애정이 식었다고 느낀 이유는 무엇이고, 또 어떻게 원망했기에 폐출까지 되었는가 하는 것이다. 이에 대한 자세한 기록을 찾을 수 없지만 광무제가 곽후를 폐할 때 내린 조서에서 약간의 단서를 얻을 수는 있다.

광무제는 조서에서 "황후가 고집스럽게 원망하고, 자주 교령(敎令)을 어겼으며, 다른 자식들을 어루만져 사랑하지 못하여 다른 곳에서 가르치고 길렀다. 궐내에서는 사나운 매를 보듯이 하여 이미 관저(關雎)의 덕이 없고 여(呂)·곽(霍)의 풍이 있으니 어찌 어리고 외로운 자식들을 맡기고, 제사를 받들게 할 수 있겠는가?"[92]

---

90) 위의 책, 102면 참고.

91) 음후의 어머니와 아우가 도적에게 살해되었을 때 광무제가 내린 조서 가운데 있는, '음후가 모의(母儀)의 아름다움이 있어 황후를 삼으려 했으나 감당할 수 없다고 사양한 것을 아름답게 여겼다(以貴人有母儀之美 宜立爲后 而固辭弗敢當 列於媵妾 朕嘉其義讓)'는 말에서도 광무제가 그 덕을 높이 평가하고 있었음을 알 수 있다(위의 책, 같은 곳 참고). 음후의 어머니와 아우가 도적의 해를 입은 사건은 작품 속에도 제시되어 있는데 작품에서는 이때 음후의 기지로 어머니는 화를 피한 것으로 바꿔놓고 있다.

92) 皇后懷執怨懟 數違教令 不能撫循它子 訓長異室 宮闈之內 若見鷹鸇

라고 하였다. 여기에서 곽후가 광무제를 원망했을 뿐 아니라 광무제의 영을 자주 어겼고, 다른 후궁이 낳은 자식들을 사랑하지 않았으며, 궁중의 여러 사람들을 매섭게 대했다는 좀 더 자세한 정보를 얻을 수 있다.

그런데 이 조서에서 보다 주목해 볼 것은 곽후에게 여후(呂后)와 곽후(霍后)의 풍모가 있다고 한 것이다. 주지하다시피 한 고조의 황후인 여후는 남편이 죽은 후 남편의 총애를 받던 척희(戚姬)에게 철저한 보복을 하였다. 먼저 그 아들을 독살하고 척희는 수족을 자르고, 눈을 빼고, 귀를 불로 지지고, 벙어리가 되는 약을 먹여 측간에 살도록 했다. 고조와 여후 사이가 척희로 인해 소원해졌고, 척희가 여후의 아들을 내치고 자기 아들로 태자를 삼으려 했던 데 대해 여후가 섬뜩할 정도의 보복을 했던 것이다.[93] 그리고 한 선제의 황후인 곽후(霍后)는 그 어머니가 선제의 원비인 허후를 독살한 다음 당시의 실권자인 남편 곽광을 충동질하여 마침내 황후가 된 인물이다. 곽후(霍后)는 자기 어머니의 지시에 따라 태자인 허후의 아들을 독살하려다 실패하였는데 이후 허후 살해의 전모가 밝혀지자 폐후가 되어 자살하고 말았다.[94]

결국 여후와 곽후(霍后)는 그들로 인해 남편의 다른 부인과 그

既無關雎之德 而有呂霍之風 豈可託以幼孤 恭承明祀(위의 책, 102면). 작품에 제시된 폐출 조서에도 '곽후가 원망을 품어 교령을 자주 어겼고 궁중이 보기를 매 같이 하며 여후의 풍이 있으니 어찌 종묘를 받들 수 있겠느냐'는 서술이 들어있다(권17, 12~3면).

93) 『사기』「여태후본기」 참고.

94) 『한서』「곽광김일제전(霍光金日磾傳)」, 『중문대사전』 곽후조(霍后條) 참고.

아들이 해를 당하거나 당할 뻔했다는 공통점을 지니고 있는 인물들이라 할 수 있다. 따라서 광무제가 곽후에게 여후와 곽후(霍后)의 풍모가 있다고 한 것은 곽후가 다른 후궁과 갈등이 심했고, 다른 후궁이 낳은 자식들을 모질게 대하거나 해하려 했기 때문이 아닌가 하는 추측을 가능하게 한다.

요컨대 『후한서』의 기록을 통해 곽후는 온화하거나 너그럽지 못한 반면 음후는 미모와 부덕을 겸비하고 있었으며, 또 곽후가 남편의 애정에 대한 욕구가 강하여 다른 후궁과 갈등하면서 그 자식들을 미워하고 나아가서는 해하려 했을 가능성이 있다는 것을 알 수 있다.[95] 〈옥환기봉〉의 작자는 바로 이러한 역사 기록과 그것을 통해 유추할 수 있는 사실들에 허구와 상상을 대거 가미하여 소설 작품으로 구체화했던 것이다. 이제 인물 관계에 따른 인물 형상과 갈등의 성격을 검토하여 작자가 작품을 통해 역사적 사실을 어떻게 재해석하고 있는지 다소 번거롭더라도 작품의 내용 소개를 겸하여 구체적으로 살펴보기로 한다.

2) 인물 관계를 통해 본 인물 형상과 갈등의 성격

(1) 광무제와 곽후

처음 광무제와 곽후는 서로 아끼고 존중하는 사이였다. 하지만 점차 음후로 인해 갈등이 심화・증폭되다가 결국 두 사람 사이는

95) 물론 『후한서』가 폐출된 곽후보다는 음후를 긍정적으로 제시했을 수 있다. 하지만 그런 점을 감안하더라도 곽후와 음후에 관한 이러한 사실들이 어느 정도 실재했을 가능성은 크다고 할 수 있다.

더 이상 회복되기 어려운 상태로 악화되고 만다. 그런데 이러한 과정에서 독자의 주목을 끄는 존재는 광무제보다는 곽후이다. 사실 곽후는 〈옥환기봉〉의 인물 가운데 가장 정채 나는 존재라고 할 수 있다. 그것은, 앞으로 자세히 검토하겠지만 작자가 곽후 폐출이라는 역사적 사건을 단순한 선악 대립으로 공식화하기를 거부하고 새로운 시각에서 재해석하고 구체화하려 한 이상 당사자인 곽후의 성격 창조에 많은 공을 들이지 않을 수 없었던 데 기인한다. 이에 여기에서는 광무제보다는 곽후에 초점을 맞춰 두 사람의 인물 형상과 갈등의 성격을 검토한다.

가난한 집에서 농사를 짓고 있던 유수(劉秀), 곧 광무제는 그 비범함을 알아본 장모 곽주의 구혼으로 곽씨와 혼인하였다. 부귀한 집에서 성장한 곽씨는 용모가 뛰어나고 천성이 총명하였는데 혼인 후에는 시집의 가난을 감내하며 조금도 교만한 태도를 보이지 않았다. 시어머니와 남편을 정성으로 섬기고 시누이와 화목하여 시어머니의 사랑과 향당의 칭찬을 받았으며, 남편과의 금슬도 범연치 않았다. 직접 깁 짜고, 나물 뜯고, 농사일로 손이 부르트면서도 자기 혼자만 편할 수 없다며 친정 나들이도 거의 하지 않았다. 집이 좁아 바깥에서 더위를 피하고 있는 곽씨에게 광무제가 넓은 돌을 갖다 주며 타일 당당이 이런 용상에 앉게 해주겠다고 한 것도 광무제가 이러한 곽씨의 태도에 감동하고 고마움을 느꼈기 때문일 것이다. 곽씨의 이러한 모습은 그녀가 부덕에 충실한 인물이었다는 것을 보여준다.

그렇지만 곽씨는 결코 유한정정(幽閑靜貞)한 인물은 아니었다. 곽씨는 남편에 대해 지나친 걱정을 하면서 그러한 속마음을 서슴

없이 겉으로 드러내기도 하였다. 곽씨의 어머니 곽주는 광무제로 하여금 장안에 가서 수학하도록 하고, 그 동안 광무제 집안의 살림을 도왔다. 그런데 곽씨는 장안에 있는 남편을 걱정하여 옥안이 점점 초췌해졌고, 광무제가 과장에 나아갔다가 왕망에게 활을 쏘고 붙잡혔다고도 하고 도망하기도 했다는 소식이 전해졌을 때에는 스스로 목숨을 끊으려 하였다. 자기와 마찬가지로 마음 졸이고 있을 시어머니의 마음을 헤아리고 위로하기보다 남편에 대한 걱정이 앞서 무턱대고 자결하려 하는 것을 보면 그녀가 부덕에 충실하기는 하지만 그렇다고 부덕의 화신(化身)은 아니었다는 것을 알 수 있다. 이것은 결국 곽씨에게는 남편에 대한 관심과 애정이 부덕을 온전히 닦고 지키는 일보다 훨씬 더 소중하고 절박한 문제였다는 것을 말해주는 것이다.

곽씨의 이러한 마음은 남편의 애정을 독점하고 싶은 욕망과 자연스럽게 연결된다. 어느 날 광무제는 곽씨에게 오늘의 고생과 정성을 후일 무엇으로 갚을 수 있겠느냐고 물었다. 그러자 곽씨는 빈천곤궁(貧賤困窮)은 백년이라도 감심(甘心)할 것이고 부귀는 진실로 원치 않는다며 타일 광무제가 뜻을 얻은 후 자기에 대한 마음이 변할까 두려우니 종신토록 희첩을 두지 말라고 하였다. 남편의 애정만 있다면 어떤 고난도 이겨낼 수 있다면서 그 애정을 자기만이 독점하고 싶다고 한 것이다. 사실 이러한 마음과 욕망은 모든 여성들에게 보편적일 수 있는 것으로 곽씨만이 갖고 있는 독특한 면모는 아닐 것이다. 그리고 후일의 보답 운운한 남편의 물음에 대해 곽씨가 그러한 욕망을 피력한 데에서 볼 수 있듯 애정을 독점할 수 있게 해달라는 곽씨의 요구는 자기의 초년 고생에 대한 보상의 의미를 지니는 정당한 것일 수 있다.

하지만 일찌감치 꿈속에서 음후와의 전생 숙연을 확인하고 신물(信物)인 옥환(玉環)까지 얻은 광무제로서는 선뜻 곽씨의 요구를 받아들일 수 없었다. 그러자 곽씨는 성을 내며 눈물을 흘리기도 하고, 남편의 거취를 살피며 마음을 졸이다가 옥환을 달라고 조르기도 하였다. 남편의 관심과 애정을 독점하고 싶은 욕망이 좌절될 수 있다는 두려움은 곽씨의 속을 태우며 그녀를 괴롭혔던 것이다. 하지만 결국 광무제가 음씨를 맞이함으로써 그 두려움은 마침내 현실이 되고 말았다.

시어머니에게서 투기하지 말라는 경계를 들을 때에는 하염없이 눈물을 흘렸고, 남편이 옥환 연분 운운하며 달랠 때에는 분을 못 이겨 자기 옷을 찢기도 하였다. 음씨와 처음 대면하는 자리에서는 여러 사람들 앞에서 음씨를 직접 비난하여 분하고 괴로운 심정을 드러내고, 처소로 돌아와서는 음씨의 색덕(色德)과 광무제의 흔연(欣然)해하던 모습을 생각하고 자기의 앞일을 짐작하며 눈물을 흘렸다. 곽씨는 그 동안 우려하던 것이 눈앞의 현실로 다가오자 분함과 서글픔이 엇갈리는 심정을 억누르기 어려웠던 것이다.

하지만 곽씨는 자신의 그러한 감정을 비밀한 음모나 강압적인 폭력으로 해소하려 하지 않았다. 수일 후 곽씨는 광무제와 음씨가 마주 서있는 것을 보고 몰래 음씨를 광무제 쪽으로 밀쳐 광무제가 넘어져 팔이 접질리게 하였다. 곽씨는 이에 대해 광무제와 음씨가 여러 사람들 앞에서 함께 안고 뒹구는 모양을 보려했다고 하였다. 자기의 감정을 솔직히 표현하면서 눈물을 흘리기도 하고, 분을 참지 못해 자기 옷을 찢기도 하는 곽씨이지만 그 성품이 교활하거나 간악한 것과 거리가 멀고 오히려 순수한 일면을 지니고 있다는 것을 이 삽화에서 짐작할 수 있다.

그러나 상황은 곽씨의 고통을 점점 가중시키는 방향으로 전개되었다. 광무제는 즉위 후 곽씨를 귀인으로 봉한다. 그리고 친정에 가있던 음씨가 돌아와 거처할 전각의 규모를 곽씨가 머무는 전각과 같게 한다. 이를 본 곽씨는 광무제가 음씨를 귀인으로 봉했다가 황후를 삼을 것이라 짐작하고 눈물을 흘리며 남편을 원망하였다.

> 곽시 ᄃᆡ언 왈 …… ᄂᆡ 비록 비야ᄒᆞ나 황후 되기를 구ᄒᆞ미 아야 나를 후궁을 삼아 존쳡위쳐 ᄒᆞ려 ᄒᆞ믈 보ᄆᆡ ᄂᆡ ᄉᆞ족지녀로 아시의 ᄇᆡᆨ낭빙네로 마ᄌᆞ 십여 년 조강 간고와 환난 즁상을 갓쵸 지ᄂᆡ고 병잉시셕 ᄉᆞ이의 만ᄉᆞ여ᄉᆡᆼ으로 비록 봉ᄒᆞᆫ ᄇᆡ 본졍이 아니나 상원부인 즉쳡과 정궁왕후로 즁외 다 아다가 이졔 귀인이 되어 어ᄂᆡ 면목으로 쳔ᄒᆞ ᄉᆞ람을 ᄃᆡᄒᆞ리요 ᄂᆡ 스ᄉᆞ로 명나의 ᄶᅥ러져 상의 실덕이 되지 아니케 ᄒᆞ리라 음씨 자ᄉᆡᆨ을 췌ᄒᆞ여 비록 제와 쥬야 상취ᄒᆞ시고 나를 면목을 아니 보셔도 결단ᄒᆞ여 위호와 ᄃᆡ졉은 나와 갓치 ᄒᆞ시미 그르거날 명현젼으로 이 젼과 갓치 ᄒᆞ니 반다시 드러오는 날 갓치 귀인을 봉ᄒᆞᆯ 거시니 ᄎᆞ〃 더ᄒᆞ난 위를 져를 쥬실지니 어이 후궁이 되어 져를 정궁으로 셤기고 인셰간의 투ᄉᆡᆼᄒᆞ리요[96]

곽씨는 가난과 전란의 고초를 두루 겪은 조강지처인 자기가 후궁이 되어 정궁 음씨를 섬긴다는 것을 도저히 용납할 수 없었다. 곽씨는 태후와 친정어머니의 경계를 듣고는 광무제가 자기를 음씨

---

96) 〈옥환기봉〉 권7, 33~5면. 이하 권수와 면수만 제시.

의 궁녀를 삼을지라도 참고 견디겠다고 하였다. 하지만 짐작했던 대로 광무제가 음씨를 황후로 삼으려다 음씨가 사양하여 마지못해 곽씨를 황후로 봉하는 사태가 벌어지자 곽씨의 눈물은 마를 사이가 없었다. 두 시누이가 울면서 곽씨를 개유(開諭)하고, 태후의 질책을 들은 광무제가 간신히 달래 대례를 거행하기는 했지만 광무제의 태도는 곽씨에게 고통과 서글픔을 가중시키고 있었다.

처음 광무제는 가난 때문에 고생하는 곽씨를 안스럽고 고맙게 생각하였다. 하지만 곽씨의 욕망을 확인한 광무제는 그것을 전혀 용납하려 하지 않았다. 희첩을 두지 말라는 요청이 선뜻 받아들여지지 않아 곽씨가 밥그릇을 박차며 성을 내자 광무제는 봉황이 오작을 낳았다며 곽씨가 친정어머니의 현숙함을 닮지 않았다고 힐난하였다. 또 곽씨가 옥환을 달라고 조르자 투기를 하면 자기의 마음이 변할 것이고 그때에는 뉘우쳐도 소용이 없다면서 곽씨가 자기의 배필감이 아니니 다른 숙녀를 어찌 더디 구하겠느냐고 어깃장을 놓기도 하였다. 그런 가운데에서도 광무제는 자기가 곽씨를 버리는 일이 없을 것이라며 슬퍼하는 곽씨를 위로하기도 하고, 전란의 와중에서 곽씨가 무사히 살아 돌아온 것을 보고 기뻐하기도 하였다. 이를 통해 광무제가 곽씨의 욕망은 결코 용납하려 하지 않았지만 그렇다고 해서 곽씨에 대한 신의나 정을 완전히 저버리려 하지는 않았음을 알 수 있다.

그렇지만 광무제는 음씨와의 숙연을 곽씨에 대한 신의나 정보다 더 소중하게 생각하였다. 광무제는 이 두 문제 사이에서 갈등하지 않았다. 그것은 곽씨와 혼인하기 전 꿈속에서 음씨와의 전생 숙연을 확인하고 옥환을 얻은 광무제는 음씨가 환생한 옥환의 임자를 자기의 진정한 배필로 생각하고 있었기 때문이다. 즉위 후 친정에 있던 음씨가 입궐하자 귀인을 봉한 다음 곽씨가 낳은 아들을 데려다가 안으라고 하고는 능히 어미를 알아보겠느냐며 마치 음씨의 아들인 것처럼 아이를 어르기도 하고, 아무런 주저 없이 음씨를 정궁으로 책봉하려 했던 데에는 근본적으로 광무제의 그러한 생각이 크게 작용하고 있었다고 할 수 있다. 바로 이러한 광무제의 인식과 태도가 곽씨에게 많은 고통을 요구하고 있었던 것이다.

황후가 된 곽씨는 얼마 되지 않아 음귀인과 서로 화합한다. 하지만 광무제에 대해서는 냉랭한 태도를 누그러뜨리지 않는다. 섭섭함과 원망이 그만큼 컸던 것이다. 그런데 곧 이어 미혼약(迷魂藥) 때문에 곽후가 본성을 잃음으로써 곽후와 광무제의 관계는 되돌리기 어려운 상태로 치닫고 만다. 곽후의 보모 윤씨가 음귀인에 대한 광무제의 마음이 변하도록 광무제의 음식에 요약(妖藥)을 섞었는데 이것을 곽후가 먹었던 것이다.

이에 따라 곽후는 갖가지로 음귀인을 핍박하게 되고, 광무제는 이러한 곽후의 태도와 행동을 심하게 질책함으로써 두 사람 사이의 갈등은 점차 심화된다. 예를 들어 곽후가 문안 온 음귀인을 요얼(妖孼)이라 꾸짖으며 하루 종일 뜰에 세워놓자 광무제는 곽후에게 칠거지악 운운하면서 모자가 조심하여 보전할 것을 생각하라고 하여 태자까지 폐할 수 있다고 하였고, 곽후가 음귀인에게 독약을 마시라고 강요하였을 때에는 음귀인에게 곽후 폐할 뜻을 비치기도 하였다.

그런데 곽후는 요약으로 본성을 잃은 동안에도 출정한 광무제를 걱정하여 근신하기도 하고, 음귀인을 해치려는 윤보모의 계교를 물리치기도 하였다. 그 동안 광무제 또한 분노를 삭이지 못해 곽후에게 모진 말을 하기는 하지만 본정을 생각해 어떤 때에는 곽후의 포악을 참고 견디기도 하고, 곽후가 자기의 신세를 생각하며 슬퍼할 때에는 “후는 무슴 실덕ᄒᆞ미 잇셔 위를 보젼치 못ᄒᆞᆯ가 념녀ᄒᆞ며 언어간에 ᄆᆡ양 짐을 ᄂᆡ외ᄒᆞ미 여ᄎᆞ히 심ᄒᆞ뇨”97)라며 위로하기도 하였다.

하지만 곽후는 자기의 본성을 되찾지 못하고 보모의 흉계 속에서 헤매다가 마침내 폐출되고 만다. 왕첩여가 곽후 소생의 경왕을 독살했을 때에는 음귀인의 애매함을 짐작하면서도 보모의 흉계에 따라 음귀인을 범인으로 지목하여 귀양가게 하였고, 보모가 자객을 보내 음귀인의 아들들을 살해하려다 실패했을 때에는 보모를 위해 자객을 죽이기도 하였으며, 음귀인이 경왕의 원수라는 보모의 충동질에 음귀인을 물에 빠뜨려 죽이려 하기도 하였다. 이러한 과정에서 광무제는 곽후를 폐할 뜻을 점차 굳히게 되고, 곽후의 편을 들던 태후도 곽후가 다른 후궁이나 귀인의 자녀를 해친다면 폐하는 것을 막을 수 없다고 하기에 이르렀다. 그러던 차에 곽후가 음귀인의 아들인 동평왕을 심하게 매질하고, 이 일을 광무제에게 알린 경첩여를 살해하게 되는데 이 일로 인해 곽후는 결국 폐출되고 만다.98) 곽후는 남편의 애정을 독점하고 싶은 욕망 때문에 광무제와 갈등하면서 많은 고통을 겪다가 자기의 본성이나 의지를

---

97) 권14, 2면.

98) 이처럼 곽후가 음귀인 소생의 동평왕을 매질한 사건이 폐후의 계기가 되도록 설정한 것은 곽후가 다른 후궁이 낳은 자식들을 사랑하지 않았다는 폐후 조서의 내용을 작품으로 형상화하고자 했기 때문이다.

왜곡하는 외적 요인에 의해 광무제와의 관계를 파탄으로 이끌고 말았던 것이다.

폐출된 곽후는 중산태후가 되어 둘째 아들 중산왕의 번국으로 떠나게 된다. 폐출 직후 광무제는 친정에 나가 있는 곽후를 직접 찾아가 보기도 하고, 떠나지 말고 별궁에서 거처하라는 말을 전하기도 한다. 자기가 폐출시키기는 하였지만 옛일과 옛정은 광무제의 한쪽 마음을 아프게 하였던 것이다. 하지만 곧 동평왕의 상처가 덧나자 곽후를 안스러워하던 광무제의 마음은 이내 담담해져서 어린 막내딸을 데려가고 싶다는 곽후의 청과, 번국까지 배행하겠다는 곽후 딸들의 청을 모두 거절한다. 이후 곽후 소생의 태자가 태자위를 사양하고 동해왕이 되어 곽후와 함께 지내게 된다.

폐출 후 곽후는 지난 일을 돌이켜 후회하기도 하고, 남편에 대한 원망을 토로하기도 하기도 하지만 광무제가 병으로 위중하다는 소식을 듣자 만일 광무제가 죽으면 자기도 세상을 버리겠다고 마음먹는다. 남편에 대한 원망과 섭섭함을 떨칠 수 없지만 마음 깊숙한 곳에는 남편에 대한 관심과 애정이 여전히 자리 잡고 있었던 것이다.

이후 곽후는 자기를 아끼고 걱정해주던 태후가 세상을 떠나자 지나치게 슬퍼하다 병이 들고, 이를 알게 된 광무제는 위로의 편지와 약을 보낸다. 그러나 곽후는, 스스로를 출부(出婦)로 자처하지 않았기에 광무제를 원망하는 마음은 없지만 광무제가 자기를 생각해주는 것은 원치 않아 구차한 혼백은 되지 않겠다며 편지를 보지 않는다. 또 동평왕이 광무제가 곽후의 기품과 병근을 알아 약을 지어 보냈다고 하자 곽후는 웃음직 하다며 광무제가 멀리 있는 자기의 기품과 병근을 어이 알겠느냐며 약을 물리친다. 수일 후 곽후는 광무제가 원망스럽다며 광무제의 편지를 본 다음 눈물을 흘리고, 이날 밤 한 마디 탄식을 하고 세상을 떠났다.

곽후는 광무제를 원망하지 않는다고 했다가 원망한다고도 했다. 구차한 혼백이 되지 않겠다며 광무제의 편지를 보지 않겠다고 했다가 편지를 보고 눈물을 흘리기도 했다. 남편의 위로를 동정으로 여겨 거절하면서도 한편으로는 그러한 남편의 마음을 확인하고 싶기도 했던 것이다. 이와 같이 곽후의 마음 속에는 남편에 대한 원망과 애정이 계속 교차하고 있었다. 세상을 떠날 때 내뱉은 한 마디 탄식은 이처럼 무어라 표현하기 어려운 혼란스럽고 착잡한 심정과 깊은 회한을 상징적으로 드러낸다고 할 수 있다.

결국 곽후는 남편의 애정과 관심을 독점하고 싶은 욕망으로 인해 남편과 갈등을 빚다가 마침내 남편에 대한 애증이 교차하는 심정을 안고 고통 속에서 삶을 마감한 인물이라 할 수 있다. 그녀는 부덕에 얽매여 스스로를 억압하기보다는 남편에 대한 애정을 숨기지 않으면서 남편의 애정과 관심을 갈구했던 평범한 여인이었던 것이다. 이에 비해 광무제는 곽후에 대한 신의와 정을 완전히 저버리려 하지는 않았지만 곽후의 욕망을 부덕이란 이름으로 억압하면서 음후와의 숙연 성취를 더 중요하게 생각하였다. 그는 때때로 곽후를 위로하면서 버리지 않겠다고 하였다. 하지만 곽후에 대한 신의와 음후와의 숙연 사이에서 갈등하지 않았다. 그에게 음후와의 숙연 성취는 고민이 필요 없을 정도로 절대적이었던 것이다.

(2) 광무제와 음후

앞에서 살펴보았듯이 광무제는 곽후에 대한 신의보다 음후와의 숙연을 더 소중하게 생각하고 있었다. 그렇다면 숙연으로 맺어진 광무제와 음후의 관계가 어떠한 모습으로 구체화되어 있고, 또 그 관계를 통해 확인할 수 있는 인물 형상은 어떤지 살펴야 할 것이다. 그래야 광무제가 조강지처에 대한 신의보다 소중하게 여겼던 숙연의 실상이 제대로 드러날 것이다.

곽후와 혼인하기 전 광무제는 꿈속에서 음후와의 전생 숙연을 확인하였다. 광무제는 본래 한 무제 때 역모의 누명을 쓰고 죽은 태자이고 음후는 그 일로 옥에 갇혔다가 자결한 태자비인데 그들이 광무제와 음후로 다시 환생하여 전생의 미진한 연분을 이어가도록 예정되어 있다는 것이다. 그런데 작품 후반부에 무제 때의 태자와 태자비는 본디 천상의 선관, 선녀였는데 서로 눈이 맞아 사사로이 만날 것을 약속하였다가 상제의 진노를 사 인간 세상에 적강한 인물들이었다는 사실이 제시되어 있다. 요컨대 광무제와 음후의 결연은 삼생에 걸친 숙연의 성취 과정이었던 것이다.

어쨌든 꿈속의 체험을 통해 무제 때의 전생 숙연을 확인하고 '천(天)'자가 새겨진 옥환을 얻은 광무제는 '지(地)'자 옥환의 임자를 진정한 배필로 생각하고 있었으며, 아버지의 꿈을 통해 '지'자 옥환을 얻은 음씨는 '천'자 옥환을 지닌 천정의 배필을 기다리고 있었다. 이에 따라 두 사람의 혼인은 음씨의 용모와 자태에 마음이 끌린 광무제의 청혼에서 비롯되어 차츰 서로가 옥환의 임자라는 사실이 드러나면서 그들의 전생 숙연이 확인되는 과정으로 제시되었다. 이처럼 광무제와 음후의 전생 숙연은 두 사람의 관계를 결정

짓는 기본 전제라 할 수 있다. 그렇다면 두 사람의 관계는 실제 어떠한 모습으로 구체화되고 있는가.

광무제는 친정에 가 있던 음씨가 입궐하자 곽씨와 마찬가지로 귀인으로 봉하고 입궐한 그 날부터 좀처럼 음귀인의 곁을 떠나려 하지 않았다. 나아가 광무제는 음귀인이 곽귀인을 극진히 섬기는 것을 불쾌히 여기는데 이에 대해 음귀인이 원비(元妃)에 대한 명분을 들어 간하자 이후 음귀인에 대해 '말마다 옳게 여겨 은정이 흡족하고 일마다 아름답게 여겨 매양 바라보고 웃었으며', 그 관인(寬仁)함을 아름답게 여겨 황후를 삼으려 하였다. 여기에서 우선 두 사람의 전생 숙연이 음귀인의 성품과 부덕을 아름답게 여겨 음귀인을 애중하는 광무제의 태도로 구체화되고 있음을 볼 수 있다. 음귀인의 뛰어난 자색뿐 아니라 인품과 부덕이 광무제와 음귀인의 관계에 빠질 수 없는 중요한 요소였던 것이다. 그런데 차츰 이들의 관계에서 애정이 큰 비중으로 부각된다.

> 상이 ᄐᆡ후를 정젼의 뫼시고 …… 무제 젹의 ᄐᆡᄌᆞ 화상 뫼신 젼의 다〃르이 …… 상이 츄연 ᄌᆞ상ᄒᆞ시이 귀인이 역감ᄒᆞ여 쥬뤼 연낙ᄒᆞᄂᆞᆫ지라 ᄐᆡ휘 의려ᄒᆞ시더니 이윽고 상니 나오ᄉᆞ 뫼시이 ᄐᆡ휘 왈 짐이 궁즁의셔 심식 울젹ᄒᆞ여 츈식을 보미러이 상이 비쳑ᄒᆞ미 과도ᄒᆞ고 귀인이 역연ᄒᆞ니 이를 의아ᄒᆞ노라 …… 상이 쑤러 쥬왈 신의 슬허ᄒᆞ문 션조 젹 원통지식 여ᄎᆞᄒᆞ물 감동ᄒᆞ미로소이다 귀인은 다만 묵연 쳥죄ᄒᆞ더라 상이 좌우를 명ᄒᆞᄉᆞ 원즁을 슈쇄ᄒᆞ시고 슈졍염과 슈장을 치고 옥탑 금상을 갓초와 ᄉᆞ시로 졔하시며 셕ᄉᆞ를 회감ᄒᆞ물 마지 아이시고 음시 총ᄋᆡ 날노 더으시이 귀인은 은권을 구취 아니ᄒᆞ나 즁졍의 상을 위ᄒᆞᄂᆞᆫ 졍셩인 즉 범상ᄒᆞ리오 금슬화합은 귀쳔이 업시이

> 원앙이 녹슈의 놀고 봉황이 즈락ᄒᆞ나 엇지 상과 귀인게 비ᄒᆞ리오 정은 ᄊᆡᆨ〃로 싀롭고 총권은 날노 깁흐니 황후의 한은 장문부 짓기의 밋쳣고 육궁의 원은 음시의게 잇더라[99)]

광무제와 음귀인이 무제 때 태자 부부의 화상을 모신 전각에서 자기들의 전생 숙연을 다시 확인하게 되면서부터 두 사람의 애정이 보다 뚜렷하게 부각되는 것이다. 이후 광무제는 “귀인의 웃는 거동을 보신 즉 갓치 우으시고 눈물 나리믈 보신 즉 스ᄉᆞ로 알파 읍간ᄒᆞ신 즉 아니 듯는 비 업”[100)]었다. 광무제는 음귀인의 청으로 곽후를 찾기도 하였지만 음귀인을 보지 못하면 하루를 삼추같이 여겨 곽후를 찾는 발길이 자연 뜸해질 수밖에 없었다.

이처럼 음귀인에 몰입하는 광무제의 태도를 염려한 태후는 광무제를 대책하고 음귀인을 후원에 가두기도 하였다. 하지만 광무제가 음귀인을 그리워하다 병이 들자 태후는 하는 수 없이 음귀인을 돌려보냈고, 광무제는 병 조리를 구실로 음귀인과 별궁에서 몇 달을 머물며 돌아갈 생각을 하지 않았다. 뿐만 아니라 태후가 광무제의 병이 나은 것을 축하하기 위해 잔치를 열었을 때 광무제는 대취하여 여러 사람들 앞에서 삼생 숙연과 곽후의 칠거지악 운운하며 음귀인을 태후가 보호해달라고까지 하였다.

이후 광무제는 음귀인이 칭병하자 귀인의 처소 옆으로 거처를 옮겨 수시로 찾아와 보기도 하고, 음귀인이 은자(隱者) 엄자릉[엄광(嚴光)]을 칭찬하자 그를 아무리 부러워한들 어찌 자기에게서

---

99) 권9, 33~5면.
100) 권10, 1면.

벗어나겠느냐며 희롱하기도 하였다. 음귀인이 황후가 된 후 그 친정어머니인 등태부인이 입궐하여 모녀가 같이 있을 때에는 수차 공주들을 보내 음후를 불러내기도 하고, 병이 들자 음후에게 처소를 옮겨 자기를 구완해달라며 "짐의 병은 휘 겻희 잇시면 의약의셔 나으니 비록 졍ᄉ는 폐홀지라도 후는 ᄯᅥ나지 못ᄒᆞ리로다"[101]라고 하기도 하였다. 이처럼 음후에 대한 광무제의 애정은 거의 맹목적이다시피 하여 음후를 대하면 참고자 해도 웃음이 저절로 나올 정도였다.

음후는 자기에 대한 광무제의 편벽된 애정을 송구스러워하기도 하고, 그러한 광무제의 태도가 자기에게 해가 될 수도 있다는 생각에 칭병하기도 하고, 태후의 명에 따라 처소를 옮겨 숨기도 하고, 경왕 살해의 누명을 쓰고 귀양 갔을 때에는 광무제의 편벽된 은총에서 벗어나 있는 것을 편하게 여기기도 하였다. 또 광무제가 자꾸 공주들을 시켜 부를 때에는 아미를 찡그리며 내세에는 남자 되어 부모를 시봉하고 싶다고 하고, 광무제가 옥환 이야기를 꺼내면 우스운 소리와 옛이야기도 지루하다며 핀잔을 하기도 하였다.

그렇다고 해서 음후가 광무제에 대해 애정이 없다거나 자기에 대한 광무제의 애정을 거부하려 했다고 할 수는 없다. 그것은 음후가 평생 옥환을 손에서 뺀 적이 없고, 자신이 죽으면 옥환을 같이 묻으라는 유언을 남기기도 하고, 광무제의 무덤 앞에서 통곡하고 피를 토하는 것을 보아서도 알 수 있다. 음후는 다만 자기에 대한 광무제의 편벽된 애정이 곽후와 그 자녀들을 고통스럽게 하고,

101) 권22, 23~4면.

그것을 바라보는 자기 또한 아픔을 느낄 수밖에 없었던 것을 힘들어했던 것이다.

그런데 광무제와 음후의 숙연이 이처럼 애정으로 구체화된 데에는 근거가 있다. 앞에서도 언급한 바와 같이 광무제는 원래 상제를 가까이에서 모시는 한유진군이고,[102] 음후는 태음성이었는데 진군이 조회하는 태음성의 자색에 이끌려 파조(罷朝) 후 서로 만나기를 언약하자 상제가 그들을 인간 세상에 적강하여 묵은 업을 풀게 하였었다. 이에 따라 진군은 한 무제의 태자로, 태음성은 태자비로 환생하여 부부가 되었지만 역모의 누명을 쓰고 맺힌 업을 풀지 못한 채 서로 타생에 다시 만날 것을 언약하고 죽자 상제가 후세에 부귀와 환락을 누릴 수 있도록 광무제와 음후로 환생하게 하였던 것이다. 곧 진군과 태음성이 인간 세상에 환생하여 애정의 성취를 통해 묵은 업을 소멸하려 했으나 그것이 제대로 이루어지지 않아 다시 광무제와 음후로 환생했던 것이다.

따라서 광무제와 음후의 관계에서 애정이 가장 중요한 요소로 부각된 것은 이처럼 그들의 전생 숙연이라는 것이 실은 애정 성취를 위한 환생의 반복이었기 때문이다. 이는 음후를 통해 불법의 존재를 중국에 알리려 한 세존이 "져의 금슬은 옥황도 막지 못ᄒᆞ여 계시니 …… 져의 종고낙ᄉᆞ를 어이 금하리오"[103]라고 하는 데

102) 국립중앙도서관본에는 '천유진군'으로 되어 있다.

103) 권23, 9~10면. 이는, 세존이 불법을 중국에 알리기 위해 서역에서 중국으로 가는 방물 속에 음후가 입을 상용의를 넣어 보내자 가섭이 부부가 상친상밀하는 더러운 곳에 그것을 보내는 것이 욕되지 않겠느냐고 하였을 때 세존이 대답한 말이다.

에서도 분명하게 확인할 수 있다.

결국 광무제와 음후의 관계를 결정짓는 기본 전제로서의 삼생 숙연은 완벽한 애정의 추구를 의미하며, 음후의 자색과 부덕은 그러한 애정 성취를 위한 필요조건이었다고 할 수 있다. 애정 추구 과정에서 광무제는 조강지처에 대한 신의는 물론 천자로서의 위엄이나 아버지로서의 권위를 돌아보지 않고 음후에 몰입하였다. 곧 애정 성취를 위해 모든 허울을 벗어던진 인물로 제시되어 있는 것이다. 반면 음후는 광무제의 애정을 거부하거나 부정하지 않지만 자기를 향한 광무제의 편벽된 애정으로 인해 빚어지는 부정적인 현실에 가슴 아파하면서 광무제와 갈등을 벌이기도 하였다. 그런데 이러한 음후의 고통은 단순히 곽후나 그 자녀들의 처지에 공감하고 가슴 아파하는, 그래서 그녀의 부덕과 성품을 형상화하고 장식하는 데 머물지 않는다. 그것은 곽후의 경우에 못 미치기는 하지만 사실 남성 지배 아래에서 여자이기 때문에 겪어야 했던 고통이기도 했던 것이다.

(3) 곽후와 음후

곽후와 음후는 광무제를 사이에 두고 서로 갈등 관계에 있는 인물들이다. 이러한 경우를 다루는 많은 고전소설들이, 어느 한 쪽이 다른 쪽을 일방적으로 괴롭히는 양상으로 갈등 관계를 제시하고 있듯이 이 작품에서도 곽후가 일방적으로 음후를 괴롭히고 해를 가하는 모습을 띠고 있다.

그런데 이것 역시 전생 숙연에 의해 미리 예정된 것이었다. 무제 때 자식을 두지 못한 태자비는 양제(良娣) 사씨의 아들을 양자로 삼아 길렀고 사씨는 자기가 황태손을 낳았는데도 지위가 태자비만 못함을 한하고 섭섭하게 여겼었기 때문에 현세에서는 사씨가 환생한 곽후가, 태자비가 환생한 음후에게 시련을 가하게 되었다는 것이다. 태자비가 그 전세에 태음성이라는 선녀였던 것처럼 사씨 역시 본래 낭원선자라는 선녀로 진군과 인연이 있어 태자의 양제가 된 인물이었다. 그런데 음후의 시련은 무제 때 일뿐 아니라 그 전세의 사건과도 관련되어 있다. 곧 상제가 태음성이 부녀의 몸으로 진군의 뜻을 맞춘 죄가 더 중하다 해서 태음성이 재차 환생한 음후로 하여금 십년 고초를 겪게 했던 것이다.

이처럼 곽후와 음후의 갈등, 그리고 그로 인한 음후의 시련은 초월적 원리에 의해 예정되어 있었다. 하지만 작품을 통해 구체화된 그들의 갈등을 초월적 원리의 구현으로 간단히 규정하고 말 수는 없다. 그것은 그 이면에 담긴 의미가 단순하지 않기 때문이다.

앞에서 살핀 것처럼 남편에게 전생 연분이 있는 다른 여인이 있다는 것을 안 곽씨는 노심초사하였지만 남편이 음씨와 혼인하는 것을 막을 수 없었다. 곽씨는 음씨를 처음 대면하는 자리에서 음씨가 얼굴을 드러내 외간남자와 상접하여 혼인길을 열었다며 음씨를 비난하기도 하였고, 자기의 앞일을 생각하며 눈물을 흘리기도 하였으며, 음씨를 밀쳐 광무제와 함께 넘어지는 모습을 보려하기도 하였다. 우여곡절 끝에 황후가 된 뒤에도 음귀인의 문안을 제대로 받지 않았고, 태후가 이비(二妃)를 거론하며 결의형제를 권하자 자기의 부덕(不德)을 일컬으며 사양하였다. 자기 감정에 충실한 곽후가 자기의 욕망을 좌절시킨 음귀인에 대해 밉고, 불편한 감정을 노골적으로 드러내었던 것이다.

반면 음귀인은 이러한 곽후의 태도에도 불구하고 전연 동요하지 않고 선후의 명분을 들어 곽후를 섬겼다. 같이 귀인으로 있을 때에는 후궁으로 자처하며 곽씨를 정궁으로 섬겼고, 광무제가 황후를 봉하려 하자 식음을 전폐하고 극구 사양하였다. 곽후는 차츰 이러한 음귀인의 태도에 감동하여 마침내 다음과 같이 말하며 음귀인과 화합한다.

> 황상의 편벽ᄒᆞᆫ 쳐분이 ᄆᆡ양 녀ᄌᆞ의 분을 도〃시이 심홰 귀인게 연읍ᄒᆞ미라 짐의 번졍은 귀인을 뮈워ᄒᆞ미 아니이라 짐은 여ᄌᆞ의 마음이ᄋᆞ 돌부체라도 도안ᄂᆞᆫ ᄇᆡ이 귀인를 ᄃᆡᄒᆞᆫ 즉 ᄉᆞ랑ᄒᆞᄂᆞᆫ 마음이 유츌하이 허물며 숨싱 발원ᄒᆞ신 황상을 이르리오 짐이 초의 귀인의 위인을 모르고 상니 당초의 여어보고 황홀ᄒᆞ여 취ᄒᆞ시이 힝ᄉᆞ를 의심ᄒᆞ고 다시 그 얼골을 보ᄆᆡ 고금의 셩(경)셩경국의 슉네 잇스물 듯지 못ᄒᆞ고 ᄆᆡ달과 셔ᄌᆞ 비연니 경국지식이 아이니 업시이 스ᄉᆞ로 엄동ᄒᆞ고 ᄃᆡ할 의 업셔 종녀 동열노 ᄃᆡ접할 뜻이 업더이 오릐 두고 보ᄆᆡ 용익의 좌거흠과 그 덕를 짐이 밋지 못ᄒᆞᆯ지라 날노 탄복ᄒᆞ고 뉘웃ᄂᆞᆫ 이 ᄉᆞ체의 구ᄋᆡᄒᆞ미 업슬진ᄃᆡ 일당의 상ᄃᆡᄒᆞ여 ᄐᆡ낭〃 하교와 ᄀᆞᆺ치 여형약제할 거시로ᄃᆡ 황상 거죄 ᄒᆡ연ᄒᆞ미 필경 ᄒᆡ가 만흐리니 짐의 고체ᄒᆞ무로 보물 감심치 못할지라 귀인니 총를 깃거 아잇ᄂᆞᆫ 쥴 ᄯᅩᄒᆞᆫ 아나니 녀ᄌᆞ 되미 괴롭지 아니랴[104]

곽후는 자신을 '여자'라고 하였다. 남편의 편벽된 처사와 애정에 속을 끓이고, 그 분을 음귀인에게 풀려고 한 '여자'라는 것이다. 처

---

104) 권9, 21~2면.

음에는 음귀인의 행실을 의심하고 경성경국(傾城傾國)의 미모를 근심하였지만 차차 그 덕에 탄복하게 되었다고 하였다. 또 그렇더라도 자기는 너그럽지 못한 성품 때문에 음귀인에 대한 광무제의 태도를 감심하기 어렵다며 당사자인 음귀인 역시 광무제의 편벽된 애정을 좋아하지 않으니 여자 됨이 괴롭지 않겠느냐고 하였다. 곧 곽후가 음귀인을 용납하고 화합하게 된 것은 음귀인의 덕에 탄복하고, 또 남편의 편벽된 애정 때문에 괴로워하는 같은 처지의 여자라는 동류의식을 느꼈기 때문이다.

그러나 곧 이어 곽후가 미혼약에 본성을 잃고 음귀인을 핍박하게 됨으로써 곽후와 음귀인의 화합은 오래 지속되지 못하였다. 굳이 요약에 의해 곽후가 본성을 잃도록 설정한 것은, 곽후라는 인물을 생래적인 악인으로 형상화하지 않으면서 역사서에 자세하게 기록되어 있지 않은 곽후 폐출의 동기와 근거를 상상을 통해 보충하기 위해서일 것이다.

곽후는 문안 온 음귀인을 하루 종일 밖에 세워놓기도 하였다. 또 무제 때 태자 부부의 화상을 모신 전각에서 광무제와 음귀인이 전생 숙연을 확인하고 눈물을 흘리자 다음날 음귀인에게 독약을 먹으라고 강요하였고, 음귀인이 태후에 의해 후원에 갇혀있을 때에도 음귀인을 해치려 하였다. 음귀인이 별궁에서 광무제와 함께 지내다 돌아오자 음귀인의 문안을 대신하는 궁녀를 사약을 내려 죽였으며, 광무제의 누이 회양공주가[105] 왕첩여를 후궁으로 천거

105) 실제는 '호양공주(胡陽公主)'인데 작품에는 줄곧 '회양공주'로 제시되어 있다.

하자 음귀인의 총애를 앗을 생각에 허락하기도 하였다. 요약에 의해 본성을 잃은 곽후에게 음귀인은 하루라도 빨리 제거해야 할 존재로 인식되고 있었던 것이다.

그러나 곽후는 보모가 흉계를 권하면 "닉 스스로 져를 졔어홀지언정 암휼노써 힝셰(계)ᄒᆞ믄 나의 뜻이 아니라"[106]라고 하거나 "ᄎᆞ라리 장신궁 박명지인이 될지언정 요음ᄒᆞᆫ 일은 힝치 아니리라"[107]라며 물리치기도 하였다. 본성을 잃기는 하였으나 일말의 곧은 성품이 남아 있었던 것이다. 곽후는 보모의 음모를 알면서도 보모의 말에 현혹되어 일을 얼버무리기도 하고, 보모의 충동질에 감정을 억제하지 못해 음귀인을 해치려 하기도 하였다. 하지만 그럴 때에도 "귀인의 위인과 총셰 진실노 닉 몸을 망홀 쥴 아르딕 졔 진실노 덕이 잇고 죄 업ᄉᆞ이 닉 참아 힉치 못ᄒᆞ리로다"[108]라고 하기도 하고, 또 눈앞에서 음귀인이 스스로 물에 뛰어들었을 때에는 참혹하게 여겨 눈물을 하염없이 흘리기도 하였다. 본성을 잃었지만 상대의 인품을 인정하고, 그 죽음을 슬퍼할 줄 아는 일말의 양심도 남아있었던 것이다.

한편 음귀인은 자기를 핍박하고 해치려는 곽후의 행동이 본성에서 나온 것이 아님을 알아 곽후를 원망하지 않으면서 광무제와 곽후의 관계가 나아지도록 많은 애를 썼다. 폐후 운운하는 광무제를 울면서 만류하기도 하고, 자기가 곽후에게 욕을 당하는 것을 광무제가 알지 못하도록 하면서 곽후에 대한 광무제의 마음이 누그러지

106) 권13, 1면.
107) 상동.
108) 권12, 24면.

도록 간하기도 하였으며, 곽후가 폐출되었을 때에는 광무제에게 광무제와 곽후의 지난 내력을 소상히 적은 편지를 보내 이에 감동한 광무제가 곽부에 나아가 곽후를 찾아보게 하기도 하였다.

그러면서도 음귀인은 윤보모의 음모를 파헤쳐 곽후에게 처리를 요구하거나 사실을 밝히기도 하고, 때로는 보모로 하여금 자기가 판 함정에 스스로 빠지도록 하기도 한다. 곧 수동적으로 모든 핍박을 감내하기보다는 문제를 해결하려는 적극적인 태도를 보이기도 하는 것이다. 하지만 음귀인의 모든 노력에도 불구하고 곽후는 윤보모를 통제하지 못하고, 솟구치는 자기의 감정을 주체하지 못해 결국 폐후가 되고 말았다.

황후가 된 음귀인은 곽후의 자녀들을 자기가 낳은 자식보다 소중하게 여기며 사랑하는데 특히 태자 자리에서 물러난 동해왕과, 자기가 직접 기른 곽후의 막내딸 여읍공주를 애틋하고 각별하게 여겼다. 동해왕이 태자 자리에서 물러나자 눈물을 흘리며 동해왕에게 사죄하였고, 동해왕이 병들었을 때에는 사자를 보내 산천과 북두에 빌도록 하고 친히 글을 지어 곽후의 사당에 고하게 하였으며, 동해왕이 세상을 떠나자 원억(冤抑)하고 참혹하다며 광무제가 죽었을 때보다 더 슬퍼하였다. 그리고 여읍공주가 남편과 화합하지 못하다가 불행히 세상을 떠나자 식음을 전폐하기까지 하였다. 이후 음후는 죽을 때까지 이 두 사람을 생각하며 눈물을 흘리곤 하였다. 이처럼 음후가 곽후의 자녀를 정성껏 돌본 것은 무엇보다도 곽후에 대한 미안함 때문이었을 것이다. 곧 음후는 자기에 대한 남편의 편벽된 애정 때문에 고통을 겪다가 버림을 받은 곽후와 그 자녀들의 고통에 같이 가슴 아파하였고, 그러한 마음을 곽후 자녀들에 대한 정성으로 표현하였던 것이다.

곽후는 폐출된 후 이내 본성을 되찾았다. 하지만 곽후는 동해왕이 음후의 덕을 일컫자 음후가 아니면 자기가 어찌 이곳에 이르고 무죄한 태자가 공연히 폐해졌겠느냐며 그런 말을 하지 말라고 한다. 본성을 회복하기는 했지만 그렇다고 해서 음후의 덕에 감동하여 서로 화합했던, 본성을 잃기 전의 상태로 되돌아갈 수는 없었다. 자기의 폐출과 태자의 교체라는 상황 변화가 음후에 대한 미움을 쉽게 가라앉힐 수 없도록 했던 것이다. 이후 곽후는 음후가 곽주의 회갑에 어찰과 물품을 보낸 것을 사례하는 편지에서 자기 어머니를 후대하고 자기 자녀들을 길러 혼인시킨 것을 먼저 사례하고, 음후의 덕과 자기의 지난 잘못을 일컬었다. 이어 서로 어린 나이에 만나 화목하지 못했던 것을 한하지만 이제 자기가 폐후가 되었다 해서 음후에게 굽힐 수는 없으니 다시 화합하는 것이 불가능하다며 그러한 자기의 마음을 알아 달라고 하였다. 이제 음후에 대한 미움이 사라지고 옛날처럼 그 덕에 감동하고는 있지만 상황이 음후와의 화합을 용납하지 않고 있었던 것이다. 곽후는 숨을 거두기 전 자기와 음후가 서로 적국(敵國)이고 자기가 음후에게 잘못한 일이 많으나 생각건대 서로 오래된 사이로 '자매의 의'가 있고 음후가 자기의 자식을 어루만져 사랑해주었으니 정이 없다고 할 수 있겠느냐고 하면서 둘 사이의 관계를 정해진 운명이라고 하였다. 곽후는 죽음을 마주하자 음후에 대한 감정을 추스르는 데에서 한 걸음 더 나아가 음후와 자기의 관계를 새롭게 인식하고 재정립하게 되었던 것이다.

곽후와 음후의 갈등은 전생의 인연에 따라 예정된 것이었다. 그러나 그것은 단순히 초월적 원리를 구현하는 데 그치지 않는다. 두 사람이 갈등과 화해를 반복하는 과정은 한 남자를 사이에 두고 서로 고통 받고 가슴 아파하다가 마침내 같은 여자로서의 동류의식을 확인하는 과정이었던 것이다. 이 과정에서 곽후는 한때 본성을 잃기도 하고 감정을 주체하지 못하기도 하였지만 차츰 고통을 내면화하여 극복해나가고 있는 모습을 보여주고 있으며, 음후는 때로는 상황에 적극적으로 대처하면서도 곽후를 이해하고 그 고통에 마음 아파하는 모습을 보여주고 있다.

3. 작가의식과 그 이면의 문제

작자는 작품 말미에서[109] 음후는 덕을 갖춘 성녀현비(聖女賢妃)인데 후세에 그 덕은 일컫지 않으면서 자색(姿色)으로 광무제의 은총을 얻었고 그리하여 곽후 소생의 태자마저도 그 지위를 잃었다고 하니 가탄스럽다고 하였다. 이를 통해 이 작품의 창작 동기가 자색이 아닌 숙덕 때문에 음후가 황후가 되었다는 것을 독자들에게 확인시키는 데 있었고, 그것을 위해 단편적으로만 언급되어 있는 황후 폐립에 대한 역사 기록의 공란을 작자가 상상을 통해 메우려 했었다는 것을 알 수 있다.[110] 이는 다음과 같은 서술에서

109) 정확히 말하면 규장각본 권29의 말미이다. 작품의 내용은 권29에서 끝나고 마지막 권인 권30에는 음후와 그 형제, 그리고 광무제 자녀 각각에 대한 전이 수록되어 있다.

110) 이승복, 앞의 글, 176면 참고.

도 분명하게 확인할 수 있다.

> 폐입 됴셔ᄂᆞᆫ 만ᄃᆡ 유젼ᄒᆞᆯ 글이오 후셰 시비 이실 큰 정ᄉᆡ어ᄂᆞᆯ 후의 죄를 모호히 쓰리쳐 허물을 ᄌᆞ랑ᄒᆞ시고 젼후의 군신을 ᄃᆡ하여 후의 ᄑᆡ악을 ᄒᆞᆫ 번 니르지 아니시니 ᄉᆞ히 ᄇᆡᆨ셩이 폐후ᄒᆞᆫ 고졀을 알 니 업ᄉᆞᆫ지라 이 ᄯᅩᄒᆞᆫ 셩인의 덕이오 음후ᄂᆞᆫ 듀국 삼모의 셩덕이 〃 시ᄃᆡ ᄯᅩᄒᆞᆫ 표장치 아니시니 후셰의 반ᄃᆞ시 반ᄃᆞ시 상이 호ᄉᆡᆨᄒᆞ시ᄂᆞᆫ 군왕으로 알가 앗시ᄂᆞ니 ……[111]

> 문덕이 겸비ᄒᆞ시미 고제기 더으신지라 연고로 공신을 다 능히 보젼ᄒᆞ샤 이십팔슈의 십이신장을 거ᄂᆞ리ᄉᆞ ᄒᆞᄂᆞ도 상희오니 업ᄉᆞ시이 곽(음)휘의 ᄌᆞ식 은총으로 ᄃᆡ위을 밧고미 이시리오 음후의 옥환긔봉이 삼ᄉᆡᆼ 연분이 긔특ᄒᆞ실 ᄲᅮᆫ 안야 양후의 덕이 ᄂᆡ도ᄒᆞ므로 이에 이르미로ᄃᆡ 음후에 쳔지국ᄉᆡᆨ이 쳔하의 유명ᄒᆞ여 당초에 상이 그 셩화을 흠모ᄒᆞ여 구ᄒᆞ든 문제 뉴명한 고로 후세에 시비 잇시이 곽쥬에 ᄎᆞ탄한 말이 진실노 진실노 올치 아니리오[112]

앞의 인용문은 곽후가 폐출되어 둘째 아들의 번국으로 갈 때 그 어머니 곽주가 한 말이다. 광무제가 곽후 폐출 조서에 정작 곽후의 죄를 모호하게 기록하였고, 군신들에게는 곽후의 패악을 일컫지 않았으며, 또 음후에게 덕이 있으나 그것을 드러내 밝히지 않았으니 사람들은 곡절을 잘 알지 못한 채 광무제가 호색하여 황후를 음후로 바꿨다고 할 것이라는 것이다. 이는 광무제가 음후의 자색

111) 권18, 35면.
112) 권19, 12면.

에 이끌려 곽후를 폐했다는 세상의 통념이 잘못된 것이라는 작자 나름의 판단을, 다른 사람이 아니라 폐출 당사자인 곽후의 어머니 입을 통해 제시함으로써 보다 설득력을 갖추려 한 것이라 할 수 있다.

뒤의 인용문은 광무제에 대한 서술자의 설명 가운데 일부분이다. 문덕을 겸비함이 한 고조보다 나아 공신들을 다 보전하였는데 음후의 자색에 미혹되어 황후를 바꿨겠느냐는 것이다. 또한 세상의 통념은 일찍이 광무제가 '벼슬을 하려면 마땅히 집금오를 해야 하고 아내를 얻으려면 당연히 음여화를 얻어야 한다'고 한 말이 유명해서 생긴 것이라고 하면서 앞 인용문의 곽주 말이 옳다고 하였다.

이처럼 작자는 작품의 대미와 중간중간에서 광무제와 음후의 인품을 거론하며 황후 폐립에 대한 통념을 비판하고, 그러한 통념이 생기게 된 원인까지 제시하고 있다. 이는 결국 작자가 이 작품을 통해 그러한 세상의 통념이 잘못되었다는 것을 확인시키려 했다는 것을 말해주는 것이라 할 수 있다.

이러한 작자의 창작 의도가 구체화되기 위해서는 당연히 음후가 황후가 된 것은 자색 때문이 아니며, 곽후가 폐후가 된 것은 그럴 만한 이유가 있었기 때문이라는 것이 제시되어야 한다. 물론 역사서에 단편적이기는 하지만 음후의 숙덕과 곽후의 실덕이 기록되어 있기 때문에 작자는 그것에 상상과 허구를 보태 구체화하기만 하면 이러한 의도는 용이하게 달성될 수 있다. 하지만 작자는 문제를 선악의 이분법으로 재단하여 해결하려 하지 않았다. 그것은, 작자가 역사 기록에 비교적 충실하게 작품을 창작하고자 하였지만 그렇다고 해서 황후 폐립에 관한 단편적인 기록에만 의지하여 음후를 부덕의 권화, 곽후를 무조건적인 악인으로 형상화하는 것은 무리가 있을 뿐 아니라[113] 역사서에 대한 나름의 식견을 갖춘 작자로서는 그것이 인간의 삶을 기록한 역사의 올바른 해석이 아니라고 판단했을 수 있기 때문이다.

요컨대 작자는 황후 폐립에 관한 세상의 통념이 잘못되었다는 것을 확인시키되 그것을 선악 대립이 아닌 다른 방식으로 보여주고 싶었던 것이다. 이를 위해 작자는 두 가지 문학적 장치를 마련한 것으로 보인다.

하나는 세상의 통념이 잘못되었다는 것을 보여주기 위해 인물들의 삼생에 걸친 인연을 설정한 것이다. 삼생의 인연은 주요 인물들 간의 관계, 그리고 그들 사이에서 빚어지는 사건들을 지배하는 초월적 원리로 작용하고 있다.[114] 작자는 이를 통해 음후가 황후가 되고, 태자가 곽후 소생에서 음후 소생으로 교체된 역사적 사건이 세상의 통념처럼 광무제가 음후의 자색에 미혹되었기 때문이 아니라 초월적 원리에 따른 필연적인 것이었다는 담보하려 하였다. 물론 작자가 황후 폐립 문제에 대해 삼생의 인연만을 내세우

113) 이승복, 「〈옥환기봉〉 연작의 여성담론과 소설사적 의미」, 『고전문학과 교육』 12, 한국고전문학교육학회, 2006, 295면.

114) 작자는 자기가 생각하는 주요 인물의 경우에는 삼생의 인연을, 주변적인 인물의 경우에는 전생의 천상 연분만을 설정하여 차이를 두고 있다. 예를 들어 음후 소생의 태자와 태자비는 본래 한 무제 때 황태손과 그 부인이었는데 그 전세에는 석가의 제자와 불보살이었기 때문에 태자가 나중에 황제가 되어 중국에 불법을 받아들였다고 하여 삼생의 인연을 설정하였으며, 곽후의 막내딸 여음공주와 그 남편 음풍은 원래 월궁의 항아와 옥토끼였는데 항아가 옥토끼를 죽게 하였기 때문에 현세에서는 여음공주가 음풍에 의해 죽음을 당하게 되었다고 하여 천상의 전생만을 설정하고 있다.

고 있는 것은 아니다. 음후의 부덕과 곽후를 걱정하는 마음을 부각시키고, 그로 인해 광무제의 마음이 음후에게 기울게 된 사정을 제시하는 등 인물 관계와 인물 형상을 통해 음후가 자색 때문에 황후가 된 것이 아니라는 것을 보여주려 하였다. 그렇기는 하지만 삼생의 인연이라는 초월적 원리는 작자의 창작 의도를 뒷받침하는 가장 강력한 문학적 장치라고 할 수 있다.[115]

또 다른 장치는 작자가 선악 대립의 도식화를 피하기 위해 곽후라는 인물을 창조하면서 곽후의 긍정적이거나 부정적인 어느 한 측면만을 강조하거나 부각시키지 않으려 한 것이다. 광무제나 음후의 성격도 평면적이지 않다. 하지만 선악 대립의 도식화를 배제하기 위해서는 곽후를 무조건적인 악인으로 그리지 말아야 하기 때문에 작자는 이들보다 곽후의 성격 창조에 많은 공을 들이고 있다.

작자는 곽후가 혼인 초에 가난을 감내하며 부덕을 지키는 모습을 보여주면서 동시에 그 친정어머니 곽주가 자기 딸이 편협경조(偏狹輕躁)하다며 광무제에게 곽후를 부탁하는 장면을 아울러 제시하고 있다. 또 광무제가 왕망에게 활을 쏘았다는 소식을 들은 곽후가 남편에 대한 걱정 때문에 애를 끓이는 모습을 제시하면서 그러한 곽후가 조협(躁狹)하다며 한탄하는 시숙(媤叔) 유연의 비판을 함께 소개하였다. 뿐만 아니라 광무제가 타고 다니던 홍우가[116] 밤에 곽후의 방에 뛰어들자 곽후가 시어머니가 놀라지 않도

115) 이승복은 환생을 반복하여 인연을 이어가는 기본 구조가 역사적 사실에 정당성과 필연성을 부여하고 있다고 하여 삼생의 인연을 설정한 이유에 주목한 바 있다(앞의 글(2000), 169면).

116) 홍우는 광무제에게 앞일과 곽, 음 두 사람과의 연분을 가르쳐 준 태운산

록 창문부터 닫고 홍우를 내쳤는데 이때에도 두 시숙이 곽후가 담대하여 다른 날 남 못할 일을 할 것이라고 말하였다는 사실을 제시하고 있다.

이처럼 작자는 작품의 서두부터 곽후가 부덕에 충실하고 효심이 깊다는 것을 보여주면서도 다른 사람들의 비판을 통해 편협하면서도 담대한 성격을 지니고 있다는 사실을 지속적으로 제시하고 있다. 물론 이것은 앞으로 진행될 음후와의 대립과 갈등을 예비하는 기능을 하고 있다. 하지만 보다 근본적으로 만약 곽후를 부정적으로만 그리면 황후 폐립 문제가 선악 대립으로 도식화될 것이고, 그렇다고 긍정적으로만 그리면 황후 폐립에 대한 통념을 인정하는 것이 되고 말기 때문에 작자는 곽후라는 인물을 형상화하는 시작 단계부터 긍정적이거나 부정적인 어느 한 측면이 크게 부각되지 않도록 배려했던 것이다.

이러한 점은 음후에 대한 곽후의 핍박이 요약에 의해 본성을 잃은 상태에서 진행되도록 한 데에서 보다 분명하게 드러난다. 곽후의 본성을 잃게 하는 요약을 동원하고, 그것으로 부족해 곽후가 본성을 잃은 상태에서도 출정한 광무제를 걱정하여 근신하고, 보모의 흉계를 꾸짖어 물리치는 등 곧은 성품의 일단을 놓지 않고 있는 모습을 제시함으로써 작자는 곽후를 무조건적인 악인으로 형상화하지 않으면서도 폐출될 만한 사유를 구체화하려 하였다.

이와 같이 작자는 삼생의 인연이라는 초월적 원리를 수용하고,

도사가 광무제에게 준 소를 가리키는데 이는 광무제가 기병 초기에 실제 소를 타고 다녔다는 역사적 사실을 변용한 것이다.

긍정적인 면과 부정적인 면의 균형을 유지하면서 곽후의 성격을 창조함으로써 황후 폐립에 대한 세상의 통념을 부정하고 그 문제를 나름대로 재해석하려 하였다. 하지만 이러한 작자의 의도가 독자에게 그대로 전달되는 데에는 문제점이 있었던 것으로 보인다.

우선 초월적 원리나 그 세계가 너무 빈번하게 개입됨으로써 황후 폐립의 필연성에 대한 설득력이 오히려 반감될 수 있다는 것이다. 서술자나 작중 인물은 수시로 '액', '팔자성수(八字星數)', '천의', '하늘이 시킨 바', '천명' 등을 거론하여 곽후가 요약에 본성을 잃거나, 음귀인이 시련을 겪거나, 광무제가 음귀인에게 몰입하거나, 곽후를 대신하여 음귀인이 황후가 되거나, 태자가 교체되거나 하는 일들이 모두 초월적 원리에 의해 예정된 것임을 확인시키고 있다. 기본 설정이 그렇기는 하지만 사건의 고비마다 그것을 지속적으로 환기하는 것은 자칫 독자의 흥미를 감소시킬 우려가 있다고 할 수 있다.

이러한 서술상의 언급보다 더 심각한 문제점은 사건 전개 과정에 초월 세계를 너무 빈번하고 갑작스럽게 개입시키는 데 있다. 예를 들어 왕첩여에 의해 독살된, 곽후 소생의 경왕은 광무제와 태후의 꿈에 나타나 자신의 억울한 죽음을 하소연하기도 하고, 직접 현실 세계에 출현하여 자객으로부터 음귀인 아들의 목숨을 구한 다음 그 사실을 태후에게 현몽하여 알려주기도 하고, 또 광무제에게 현몽하여 음귀인에게서 태어나겠다는 사실을 미리 알리기도 한다. 경왕이라는 인물은 그 자체로 의미를 지닌다고 하기는 어렵고, 본성을 잃고 사리 분별을 제대로 하지 못하는 곽후와 그 때문에 시련을 겪는 음귀인의 모습을 효과적으로 보여줌으로써 황후 폐립을 합리화하기 위한 존재라고 할 수 있다. 하지만 생모를 버리고 음귀인에게서 다시 태어난다는 것도 어색하지만 빈번하게 현몽하고, 그것도 모자라 현실계에 혼령이 직접 출현하여 문제를 해결한다는 것은 아무래도 설득력이 약할 수밖에 없다.

초월적 원리와 세계의 빈번한 환기와 개입 외에 작자의 의도가 제대로 구현되기 어려운 또 하나의 문제는 긍정적인 면과 부정적인 면의 균형을 유지하면서 곽후를 형상화하려 한 데에서도 발견할 수 있다. 이미 말한 바와 같이 작자는 곽후가 부덕에 충실하고 효심이 깊은 모습을 보여주면서도 편협하고, 대담한 성격을 지니고 있다는 다른 사람들의 비판을 아울러 제시하고 있다. 그런데 이러한 다른 사람들의 비판적 언급은 그 앞에 구체적으로 그려진 곽후의 긍정적인 모습과 잘 어울리지 않을 뿐더러 갑작스럽게 제시됨으로써 별반 설득력을 갖지 못한다. 곧 곽후의 긍정적인 모습을 본 독자가 돌발적이고 간략하게 제시된 비판적 언급을 선뜻 받아들이는 것이 쉽지 않을 것이라는 것이다.

작자는 곽후를 극악하게 그리지 않고, 긍정적인 면과 부정적인 면을 함께 지니고 있어 특정한 상황에서는 부정적 측면이 강화될 수도 있는 존재로 형상화함으로써 황후 폐립 문제를 단순한 선악 대립으로 도식화하는 것을 배제하려 하였다고 할 수 있다. 하지만 곽후에 대한 비판이 충분한 설득력을 갖지 못함으로써 독자는 작자의 의도와 달리 곽후를 대체로 긍정적인 시각에서 부덕에 충실하고 곧은 성품을 지니고 있으면서도 남편의 애정을 독점하고 싶은 자기 감정에 충실하다가 억울하게 희생을 강요당한 인물로 받아들일 수 있다.

여기에서 더 나아가 이러한 문제점들이 작품 자체의 논리를 깨뜨리는 경우까지 있다. 태자 교체에 대한 서술이 그것인데 태자 교체는 광무제가 음후의 자색에 미혹되어 태자를 음후 소생으로 바꿨다는 세상의 통념과 관련된 것이기 때문에 작자가 이를 어떻게 처리하고 있는지 좀 더 구체적으로 살펴볼 필요가 있다.

광무제는 일찍이 곽후가 음귀인을 핍박하자 모자가 보전할 것을 생각하라고 하여 밑도 끝도 없이 태자를 곽후와 함께 거론한 적이 있었는데 나중에 음후가 낳은 아들 양(陽)의 빼어남을 보고는 하늘의 뜻에 따라 전생의 부부와 부자가 현세에서 다시 만났다며 태자와 정궁을 바꿀 생각을 굳히게 되었다. 이후 양이 전결부세(田結賦稅)에 관한 문서의 의미를 해득하자 광무제는 양을 더욱 사랑하면서 태자를 교체할 생각을 하고 있었는데 어느 날 천상의 선인이 현몽하여 양은 전생의 황태손으로 천명을 받아 환생했는데 어찌 오래도록 번신(藩臣)의 반열에 두느냐고 하자 음후의 반대를 무릅쓰고 양으로 태자를 삼고, 원래의 태자를 동해왕으로 봉하였다. 이러한 과정은 결국 태자 교체가 황후 폐립과 마찬가지로 전생의 숙연에 따른 어쩔 수 없는 일이었다는 것을 보여주는 것이다.

그런데 곧 이어 작자는 태자가 폐출된 곽후를 모시기 위해 태자위를 사양하였지만 광무제가 오래도록 허락하지 않다가 신하가 상주하고 태자가 다시 간청하자 마지못해 허락하였다고 하면서 광무제는 허탄함을 피하기 위해 몽사를 전파하지 않았고, 사람들이 곡해하는 것을 굳이 해명하려 하지 않은 채 마음속으로만 묵묵히 하늘의 뜻을 따를 뿐이라고 하였다. 앞에서는 진작부터 태자를 바꾸려 하던 광무제가 초월 세계의 개입을 계기로 태자를 교체했다고 하고, 여기에서는 태자의 오랜 간청과 신하의 상주에 따라 마지못해 태자를 교체하였다고 하여 광무제의 태도가 서로 모순되게 제시되어 있다. 이러한 모순은, 태자의 교체가 초월적 원리에 따른 것임을 보여주고자 했지만 초월적 원리만 강조해서는 아무 허물이 없는 태자가 물러나야 하는 데 대한 설득력이 충분히 확보되지 못할 뿐더러 그러한 태자를 폐하는 광무제의 비정함이 드러날 수밖에 없기 때문에 생긴 것으로 보인다.

그런데 작자는 번국으로 떠나는 폐태자가 "무단이 폐립을 당ᄒᆞ니 금궐옥폐의 하직을 당ᄒᆞ미 외로이 본국으로 도라가는 일을 싱각하미 엇지 슬프지 아니리오마는 …… 만ᄉᆞ을 텬슈의 븟"[117]쳤다고 하였다. 태자가 무단히 폐립을 당해 슬플 것이라는 서술은 태자 자신이 오래도록 태자 자리를 사양하여 마침내 광무제의 허락을 얻었다는 바로 앞의 내용과 또 서로 어긋난다. 이러한 현상은, 태자 교체에 대한 광무제의 처사를 합리화하던 바로 앞의 서술시각을 급속하게 전환하여 태자 자리에서 물러나 번국으로 향하는 태자의 처지를 과거에 폐출되어 번국으로 가던 곽후의 처지와 중첩시켜 감상적으로 서술함으로써 독자의 공감을 유도하려고 한 데에서 비롯된 것으로 짐작된다.

이와 같이 작자는 태자 교체가 삼생 연분에 따른 필연적인 일이었다는 것을 초월 세계를 직접 개입시켜 보여주면서도 그 문제에 대한 광무제의 태도를 합리화하여 균형을 잡으려 하고, 한편으로는 물러난 태자의 처지를 곽후의 경우와 중첩시키면서 동정적인

117) 권20, 2~3면.

시각에서 서술하려 하였다. 하지만 이는 결과적으로 태자 교체 문제에 대한 앞뒤 서술의 논리적 모순을 초래했을 뿐 아니라 초월적 원리와 그 세계를 동원하여 태자 교체가 필연적이었음을 강조하려던 작자의 의도를 퇴색시키고, 대신 아무 허물이 없는 태자를 천명을 들먹이며 폐한 광무제의 부당한 처사와, 폐출된 모후 때문에 태자 자리에 편안히 있을 수 없었던 태자의 불우한 처지를 부각시켰을 따름이다.

이상에서 작자가 광무제의 황후 폐립이라는 역사적 사건에 대한 세상의 통념을 부정하고 그 사건을 선악 대립이 아닌 다른 시각에서 재해석하기 위해 삼생 연분이라는 초월적 원리를 수용하고 또 인물을 새롭게 창조하려는 시도를 했으나 그것을 통해 작자의 의도가 충분히 반영되었다고 하기 어렵다는 것을 알 수 있다. 사실 초월적 원리를 설정하고 동시에 긍정적인 면과 부정적인 면의 균형을 유지하면서 곽후의 성격을 창조하여 작자의 의도를 구현하는 것은 애초부터 문제의 소지를 안고 있었다고 할 수 있다. 그것은 초월적 원리를 내세우면 극악한 악인이 아닌 곽후는 결국 광무제와 음후의 천정 연분에 의한 희생자가 될 수밖에 없고, 따라서 작품의 흐름이 결국에는 작자가 부정하고자 했던 세상의 통념을 오히려 인정하는 쪽으로 기울 수 있기 때문이다. 그러나 그렇다고 해서 이 작품을 실패한 작품으로 규정할 수는 없다.

그것은 무엇보다 곽후가 광무제와 음후와의 관계를 통해 남편을 걱정하고 사랑하면서도 강하게 원망하고, 음후를 미워하면서도 같은 여자로서의 동류의식을 느끼며 용납하기도 하는 인물로 그려졌다는 데에 있다. 다시 말하면 곽후가 부덕에 충실하면서도 남편의 애정을 독점하고 싶다는 자기 감정에 충실한, 그래서 일상에서 쉽게 마주칠 수 있는 생동감 있는 존재로 재창조되었다는 점에 있다는 것이다.

곽후가 이처럼 가장 정채 나는 인물로 형상화됨에 따라 이 작품은 얼마든지 곽후를 중심으로 읽힐 수 있다. 그렇게 되면 작자가 삼생의 연분과 음후의 숙덕을 내세워 황후 폐립의 필연성을 강조하더라도 결국 광무제는 음후와의 애정 성취를 위해 신의를 저버리면서까지 조강지처에게 희생을 강요한 남편으로, 곽후는 발버둥이치고 항거하였지만 결국에는 버림을 받을 수밖에 없었던 불행한 조강지처로, 음후는 자기 때문에 고통을 겪는 곽후를 바라보며 가슴 아파하는 또 다른 고통스런 여인으로 읽히게 된다. 곧 이 작품이 남성 지배 아래에서 고통을 강요받는 여성들의 모습을 그린 작품으로 읽힐 수 있다는 것이다. 당시 여성 독자들은 이 작품을 이러한 시각에서 읽고 공감하였을 가능성이 크다. 남성 지배 아래에서 절제를 강요당하던 여성 독자들은, 남편에게 투정도 부리고 항거도 해보았지만 아무런 소용없이 눈물 속에 세월을 보낼 수밖에 없는 곽후의 모습에 자신들의 모습을 비춰가며 한숨을 쉬었을지 모른다.

이처럼 이 작품은 표면에 내세운 창작 동기가 이면에서는 얼마든지 부정되는 방식으로 읽힐 수 있다. 작자가 이러한 점까지 고려하며 창작했을지 모르지만 표면에 내세운 창작 동기와 실제 작품의 의미가 완전히 일치한다고 보기 어려운 것은 사실이다. 이 작품이 창작된 이후 속편과 파생작이 출현한 이유도 여기에 있다고 할 수 있다. 작자가 광무제와 음후의 결연을 삼생 연분과 음후의 숙덕을 통해 합리화하고자 했지만 독자들은 곽후가 고난을 함께 한 조강지처임에도 불구하고 천정을 명분으로 음후와의 애정을 추구한 광무제에 의해 버림을 받는 모습에 이끌리게 되면서 작자의 시각에 대한 비판이 제기되었던 것이다.118)

4. 맺음말

이 글은 후한 광무제 때의 황후 폐립 문제를 다루고 있는 장편소설 〈옥환기봉〉을 대상으로 작품에 제시된 인물 형상과 갈등의 성격을 살피고 작가의식을 검토함으로써 작품의 이해를 보다 심화하는 것을 목적으로 하였다. 논의의 결과를 요약하면 다음과 같다.

곽후는 부덕에 얽매여 스스로를 억압하기보다는 남편의 애정에 대한 자기 감정을 솔직하게 드러내는 인물로, 광무제는 곽후에 대한 신의보다 천정의 연분을 내세우며 음후와의 애정에 몰입하는 인물로, 그리고 음후는 광무제의 애정을 거부하지는 않지만 자기에 대한 편벽된 애정을 괴로워하고 그것으로 인해 빚어지는 부정적인 현실에 가슴 아파하는 인물로 형상화되어 있다.

이 작품의 창작 동기가, 음후가 자색이 아닌 숙덕 때문에 황후가

118) 이승복은 이에 대해 이 작품이 다소의 허물이 있더라도 조강지처를 폐하는 것, 구체적으로는 다른 여인과의 애정 성취를 위해 조강지처에 대한 신의를 저버리는 것이 옳은가, 그른가 하는 논쟁의 단초를 제공했고, 이에 대한 나름의 의견 제기가 속편과 파생작으로 나타났다고 하였다(앞의 글(2006), 297면).

되었다는 것을 독자에게 확인시키는 데 있었기 때문에 작자는 이를 위해 음후의 숙덕을 강조하는 한편 주요 인물들의 삼생에 걸친 연분이라는 초월적 원리를 수용하였다. 또 황후 폐립 문제를 선악의 대립으로 도식화하지 않기 위해 인물, 특히 곽후를 긍정적인 면과 부정적인 면을 아울러 갖춘 새로운 인물로 창조하려 하였다.

그러나 초월적 원리와 그 세계의 빈번한 개입과 곽후에 대한 단편적 비판이 설득력을 갖추지 못함으로써 작자의 의도가 작품에 충분히 반영되었다고 하기는 어렵다. 하지만 곽후라는 인물을 일상에서 쉽게 마주칠 수 있는 생동감 있는 존재로 창조하는 성과를 거둠으로써 이 작품은 남성 지배 체제 아래에서 절제를 강요당하는 여성 독자들의 공감을 얻는 작품이 될 수 있었다.

이처럼 표면에 내세운 창작 동기와 작품의 의미가 완전히 일치한다고 보기 어려운 바로 그 점, 즉 실제로는 애정을 좇아 조강지처에 대한 신의를 저버리는 모습을 보여주면서도 작자의 시각은 그것을 합리화하려 하고 있다는 점 때문에 이후 속편과 파생작을 통한 논쟁이 벌어졌다는 데에서 이 작품이 지니고 있는 또 다른 의의를 찾을 수 있을 것이다.

Ⅳ. 〈옥환기봉〉의 이본을 통해 본 역사소설 수용의 한 양상

1. 머리말

한 편의 작품이 어떻게 이해되고, 수용되었는가 하는 것을 검토하는 것은 그 작품이 지닌 문화적 의미를 해석하는 중요한 방법이 될 수 있다. 개별 문화 현상은 그것이 생산, 소비되는 소통 체계 전반에 대한 이해가 없이는 그 의미가 제대로 해석될 수 없다. 중요한 문화 현상의 하나인 문학 역시 여기에서 예외일 수 없을 것이다. 이 글에서는 이러한 전제 아래 후한(後漢) 광무제(光武帝)와 그 부인인 곽황후(郭皇后), 음황후(陰皇后)에 얽힌 일들을 다루고 있는 고전소설 〈옥환기봉〉을 대상으로 그 이본을 비교해 봄으로써 '역사의 소설화' 내지는 '역사소설'이라는 문제가 당시 사람들에게 어떻게 이해되고, 수용되었는지 그 양상과 의미를 살펴보고자 한다.

이본은 단순한 오독(誤讀)과 오기(誤記)로 인해 생길 수도 있지만 기존 텍스트와 논쟁하면서 그것을 재해석한 결과로 출현할 수도 있는데 〈옥환기봉〉의 경우는 후자에 해당한다고 할 수 있다. 그것은 이 작품의 이본 상황만 보더라도 쉽게 짐작할 수 있다. 〈옥환기봉〉은 현재까지 십수 종에 이르는 비교적 많은 이본이 존재하고 있음이 확인되었다.[119] 그런데 주목할 것은 현격한 분량의 차이를 보이는 이본들이 존재한다는 것이다. 예를 들어 서울대학교 규장각 소장본은 30권 15책, 고려대 도서관 소장본이나 조동일 교수 소장본과 같은 이본은 2권 2책으로 되어 있다. 이러한 엄청난 분량의 차이로 인해 30권 15책본과 2권 2책본 사이에는 텍스트의 의미와 지향의 차이가 존재할 가능성이 다분하다는 것을 쉽게 알 수 있다. 이에 여기에서는 규장각본과 고대본을 대상으로 두 이본 사이의 변별적 특성과 그러한 차이가 지니는 의미를 살펴보고자 한다.[120]

---

119) 조희웅, 『고전소설 이본목록』, 집문당, 1999, 431～2면. 여기에는 17종의 이본 목록이 제시되어 있다.

120) 두 이본 모두 국문 필사본이다. 고대본에 대해서는 양혜란의 「기봉류소설 연구」(『조선조 기봉류소설 연구』, 이회문화사, 1995), 규장각본에 대해서는 이승복의 「〈옥환기봉〉과 역사의 소설화」(『선청어문』 28, 서울대, 2000. 3) 등의 연구가 이루어진 바 있다. 이 글의 규장각본에 대한 논의는 이승복의 기존 논의를 바탕으로 하였다.

2. 규장각본과 고대본의 비교

1) 서술방식과 기본 구조

규장각본과 고대본은 우선 그 서술방식면에서 큰 차이를 보여주고 있다. 규장각본은 작품의 내용뿐 아니라 서술자의 직접적인 설명을[121] 통해서도 중국의 역사서인 『후한서』를 바탕으로 창작되었음을 알 수 있다. 그런데 규장각본은 서술방식까지도 『후한서』의 그것과 유사한 형태를 취하고 있다. 규장각본은 권29에서 사실상 작품의 내용이 완결된다. 그런데도 불구하고 권30에는 음후를 비롯한 18명의 전이 수록되어 있다. 이것은 규장각본이 『후한서』의 서술방식인 기전체(紀傳體)를 의식하면서 서술되었음을 말해주는 것이다. 또한 규장각본은 '계축 망간, 지황 삼년 추팔월, 경시 원년 갑자삭 …… ' 등과 같이 구체적인 시기를 앞에 밝히면서 사건의 내용을 전개해가고 있다. 이것 역시 역사서의 전형적인 서술방식이다. 그러나 고대본의 서술방식은 전혀 다르다. 기전체와 같은 형식을 취하고 있지 않으며, 구체적인 시간을 명시하면서 사건을 서술하고 있지도 않다. 곧 고대본은 고전소설의 일반적인 서술방식을 따르고 있는 것이다. 이처럼 서술방식면에서 볼 때 규장각본은 철저히 역사서를 의식하고 그것에 준하는 방식을 취하고

121) 공의 젼후 ᄉᆞ젹이 후한ᄉᆞ긔 짓ᄂᆞᆫᄃᆡ 공의 형뎨의 젼을 별노서 지으니 일언반ᄉᆞ도 진실치 아닌 ᄇᆡ 업ᄂᆞᆫ지라(권26). 이ᄂᆞᆫ 한셔를 번역ᄒᆞ미니 ᄒᆞᆫ ᄌᆞ도 더ᄒᆞ미 업ᄉᆞᄃᆡ 명뎨본긔ᄂᆞᆫ 너모 만코 숨황자 양공쥬의 사젹이 더욱이 번다ᄒᆞ여 이로 번역지 못ᄒᆞ니 더러 ᄲᅦ히니라(권30).

있음에 비해 고대본은 그렇지 않다는 것을 알 수 있다.

〈옥환기봉〉은 규장각본이나 고대본 모두 광무제와 음후의 삼생에 걸친 인연을 기본 구조로 하고 있다. 우선 규장각본부터 살펴보자. 규장각본의 서두에는 광무제와 음후의 전생담(前生譚)이 제시되어 있다. 전한(前漢) 무제(武帝) 때 위황후(衛皇后) 소생의 태자는 간신 강충과 환관들의 모해로 역모의 누명을 쓰고 자결하고, 태자비, 태자의 후궁 사씨, 황태손, 황태손비 등도 모두 자결하고 만다. 이후 태자는 광무제, 태자비는 음후, 사씨는 곽후, 황태손은 음후의 아들 양(陽), 황태손비는 양의 부인 마씨(馬氏)로 환생하여 전생의 인연을 이어가는데 전생에서 사씨가 태자비에게 서운한 바가 있어 사씨의 환생인 곽후가 첫째부인이 되고, 태자비의 환생인 음후가 둘째부인이 되어 곽후에 의해 고난을 겪게 된다고 하였다. 사씨가 태자비에게 서운했던 가장 큰 이유는 귀한 황태손을 실제로 자기가 낳았지만 자기의 지위가 태자비의 아래일 수밖에 없었기 때문이다.[122] 그런데 작품의 후반부에 접어들면서 무제 때의 태자와 태자비는 본래 천상의 선관, 선녀로 서로 마음을 주고받다 상제의 노여움을 사서 인간 세상에 적강한 인물들이고, 황태손은 불법을 광포(廣布)하기 위해 스스로 윤회의 고통을 짊어진, 석가의 제자이며 황태손비 역시 보살의 환생이었다는 사실이 제시된다. 이처럼 중요 인물들이 삼생의 인연으로 맺어져 있는 것이 규장각본의 기본 틀이다.

---

122) 냥뎨 ᄉᆞ시 귀ᄌᆞ를 두디 비의 슈히 되믈 한ᄒᆞ고 다쇼 격원이 잇셔 한ᄢᅴ 마시 되믈 면치 못ᄒᆞ리니 …… (권2).

고대본의 서두에도 규장각본과 같은 전생담이 제시되어 있다. 그러나 무제 때의 태자와 태자비가 천상의 선관, 선녀가 하강한 존재라거나 황태손과 황태손비가 불제자의 환생이라는 사실은 제시되어 있지 않다. 단지 광무제의 꿈에 나타난 노고(老姑)가 광무제를 보고 옥부진인이 두 번 하세(下世)하였다 하고, 작품 말미에 음후에 이어 광무제가 세상을 떠나자 이를 두고 서술자가 삼생 연분을 운운한다. 결국 삼생의 숙연이라는 것이 전제되어 있기는 하나 실제 구체적으로 형상화된 것은 전생과 현세의 연분뿐인 것이다.

또한 규장각본에서는 태자의 후궁인 사씨가 태자비에게 섭섭한 바가 있었기 때문에 사씨의 환생인 곽후가 태자비의 환생인 음후에게 시련을 가하게 된다고 하여 현세에 벌어지는 사건의 필연적인 근거가 전생담에 제시되어 있다. 그러나 고대본에는 황태손을 태자비가 낳은 것으로 되어 있고, 곽후는 전생의 인연과는 관계없는 인물로 설정되어 있다. 따라서 현세에서 벌어지는 곽후와 음후의 갈등은, 전생의 인연에 의해 빚어지는 필연적인 것이 아니라 단지 광무제와 음후가 시련을 극복하면서 전생의 숙연을 성취하는 과정을 보여주기 위한 것이라는 의미만을 지닌다고 할 수 있다.

이처럼 작품의 기본 틀을 이루는 삼생의 숙연이 규장각본에는 논리적이고, 구체적으로 제시되어 있는 반면 고대본에는 상대적으로 소략하고, 논리성도 부족하게 형상화되어 있음을 알 수 있다. 그런데 이와 관련하여 하나 주목할 것은 규장각본에서 삼생의 인연이라는 것은 작품에 수용된 역사적 사실에 필연성을 제공하고 있는데 비해 고대본에서는 그러한 기능이 미약하다는 것이다. 규장각본에서는 광무제가 곽후를 폐하고 음후를 세웠으며, 음후의 아들 양[123]이 즉위하여 효명황제(孝明皇帝)가 되었을 때 중국에 불교가 전래되었다는 역사적 사실을 제시하면서 그것이 필연적이고 정당한 것이었음을 삼생의 인연이라는 기본 구조를 통해 보여주고 있다. 그러나 고대본에서는 삼생의 인연이 단지 곽후가 폐출되고 음후가 황후가 된 역사적 사실의 근거만을 제공해줄 뿐인 것이다.

2) 서사구조

규장각본은 크게 보아 광무제의 한실 회복과, 광무제와 음후의 숙연 성취라는 두 이야기로 구성되어 있다. 이 두 이야기는 작품에서 서로 병치되면서 전개되는데 한실 회복이 어느 정도 마무리된 다음부터는 광무제와 음후에 관한 이야기의 비중이 상대적으로 커지는 것을 볼 수 있다. 그러나 고대본에는 광무제와 음후에 관한 이야기가 중심이 되어 있다.

규장각본에 제시된 광무제의 한실 회복 이야기부터 살펴보자. 유수(劉秀), 즉 광무제는 왕망이 황제를 참칭하고 있을 때 남양에서 농사를 짓다가 장모 곽주(郭主)의 도움으로 장안에서 공부를 한다. 그는 과장(科場)에 나아갔다가 왕망에게 활을 쏜 후 고향으로 돌아와 기병한다. 몇 번의 전투에서 승리를 거두지만 이내 대패하여 중형 유중(劉仲)과 누이 원(元)이 죽는 등 가족들이 위기를 겪기도 한다. 군웅들이 경시제(更始帝)를 옹립하고, 광무제는 곤

---

123) 황태자가 되면서 장(莊)으로 개명한다.

양, 정릉을 쳐서 승리를 거두지만 곧 왕망의 대군에게 포위되어 위급한 지경에 이르렀다가 초월 세계의 도움을 받아 왕망의 군대를 물리친다. 이어 맏형 유연(劉縯)이 경시제에 의해 처형되는 사건이 벌어지지만 광무제는 이를 내색하기 않고 경시제의 명으로 북쪽을 순행한다. 광무제는 이때 촌가에서 밥과 두죽(豆粥)을 얻어먹기도 하고, 얼음이 언 호타하(呼沱河)를 가까스로 건너는 등 고초를 겪다가 다시 연전 연승한다. 이후 수차에 걸친 제장들의 즉위 요청을 거절하다가 마침내 천자에 즉위하고, 군웅과 도적, 흉노를 진압하여 한실 회복을 완성한다.

이러한 광무제의 한실 회복 이야기는 『후한서』의 내용을 비교적 충실히 따르고 있다. 그러나 『후한서』의 내용을 단순히 요약하거나 번역하여 제시하고 있는 것이 아니라 세세한 내용은 생략하거나 변용하고, 또 허구를 가미하면서 나름의 이야기를 구성하고 있음을 알 수 있다.

장안 유학 과정의 경우 광무제가 매부 등신(鄧晨)과 함께 장안으로 갈 때 등신은 등우(鄧禹)를, 등우는 엄광(嚴光)을 천거한다. 광무제를 만난 엄광은 천문을 해석해주고 기병할 시기를 알려준다. 그리고 광무제는 엄광의 집에서 왕패(王霸), 풍이(馮異) 등을 만나 뜻을 같이 하기로 한다. 장안에서 공부하던 광무제는 과장에 나아갔다가 왕망을 보고서는 분을 참지 못하여 활을 쏴서 왕망의 평천관을 깨뜨리고 승상 두융(竇融)의 집에 숨었다가 고향으로 돌아오는데 그 사이 왕망은 남양에 왕기가 서려있다는 사천감의 말을 크게 걱정하여 광무제를 수소문하지만 결국 찾지 못한다.

광무제가 장안에 가서 공부한 사실은 『후한서』에 기록되어 있다. 그러나 『후한서』에는 광무제가 장안에서 『상서』를 공부하여 대략 대의를 통하였다[124]는 기록만이 있을 뿐 다른 설명이 없으며, 등우, 엄광, 왕패, 풍이 등과의 만남도 규장각본과 달리 제시되어 있다. 또한 규장각본에서는 왕망의 대군에게 포위되어 고초를 겪을 때 상제의 명을 받은 노고가 식량을 내려줌으로써 위기를 벗어났다고 하였는데 실제 이때 광무제는 왕망의 군대를 대적할 수 없어 성문을 열고 나아가 군병을 모집하였었다.

이와 같이 한실 회복 이야기는 상상력을 발휘하여 역사적 사실을 변용하거나 그것에 허구를 가미하여 구성하였음을 확인할 수 있다. 이는 제장과의 만남을 일거에 해결하는 서술의 집중화를 통해 사건 서술과 이해의 효율성을 제고하기도 하고[125], 한편으로는 광무제가 당대의 혼란을 타파할 능력과 의기를 가지고 있는, 천명을 받은 인물이라는 점을 강조하기 위한 것이라고 할 수 있다.[126]

이에 비해 고대본에는 이러한 광무제의 한실 회복 이야기가 서술자의 간략한 설명으로 제시되어 있다. 서두에서 광무제는 '활달대도(豁達大度)하여 생업에 유념치 않고 병서를 익히며 무예를 힘써 고금을 박람한 인물'이라고 하였다. 그리고 광무제가 전생의 숙연을 확인하는 꿈에서 깨어나자 천서(天書)가 소매 속에 있었으며, 광무제의 아버지는 광무제에게 한실을 회복하라는 유언을 남긴다.

---

124) 王莽天鳳中 乃之長安 受尙書 略通大義(『후한서』 권1상).

125) 이승복, 앞의 글, 172면.

126) 장안 유학 과정을 포함한 한실 회복 이야기의 여러 부분에는 〈동한연의〉가 수용되어 있기도 하다. 이에 대해서는 앞의 '제1부 2장 〈옥환기봉〉의 역사 수용 양상과 그 의미' 참고.

이처럼 고대본에는 광무제가 처음부터 한실 회복의 의지를 갖고 있었던 인물로 제시되어 있는데 이는 역사적 사실에 기초하고 있는 규장각본과는 많은 거리가 있는 것이다.

그러면서도 정작 광무제의 영웅적 활약상은 규장각본에 비해 대단히 소략하게 서술되어 있다. 기병하여 남정북벌하던 중 경시제가 큰형 유연을 죽이는 일이 벌어지고, 하북을 평정하고 돌아오는 길에 두죽을 얻어먹기도 하는 등 고초를 겪지만 마침내 왕망의 군대를 파하고, 제장의 권유를 못 이겨 결국 제위에 오르며, 이후 왕망을 멸하고 적미 등을 파함으로써 천하가 평정된다는 대체적인 과정은 규장각본과 유사하다. 그러나 규장각본과 달리 이것이 구체적인 장면으로 형상화되지 못하고 주로 서술자의 간략한 설명으로 제시되어 있다. 따라서 광무제의 한실 회복 과정은 작품의 역사적 배경에 불과할 뿐 그 자체가 비중 있는 하나의 이야기로 구성되었다고 보기는 어렵다.

이와 같이 규장각본에서는 광무제의 한실 회복 과정이 역사에 바탕을 두고 하나의 완결된 이야기로 구성됨으로써 작품의 중심축 가운데 하나를 이룬다고 할 수 있으나 고대본에서는 그것이 작품의 역사적 배경 구실밖에 하지 않는다는 것을 알 수 있다.

다음 광무제와 음후의 숙연 성취 이야기를 살펴보자. 이 이야기는 규장각본이나 고대본 모두 '전생 숙연의 확인 - 결연 - 곽후와 음후의 갈등 - 갈등 해결과 숙연 성취'의 과정으로 정리해 볼 수 있다. 그러나 세부적인 측면에서는 상당한 차이를 보여주고 있다. 전생 숙연의 확인은 광무제가 꿈속에서 노고를 만나 선약(仙藥)을 먹고 전생의 일을 기억해 낸 다음, 전생의 부인인 태자비과 아들 황태손 부부를 만나고 옥환을 받아오는 것으로 형상화되어 있다. 이는 규장각본이나 고려대본이 크게 다르지 않다. 이후 광무제는 우연히 서기가 서려있는 촌가를 찾아갔다가 음씨를 보게 되고, 이것이 계기가 되어 음씨를 부인으로 맞아들인다. 그런데 규장각본과 고대본은 이 부분에서 많은 차이를 보여주고 있다.

규장각본에서 음씨의 아버지 음공은 꿈속에서 선관을 만나 장차 태어날 딸의 전생 연분을 확인하고, '지(地)'자가 새겨진 옥환을 얻은 후 음씨를 낳는다. 이에 음공은 세상을 떠날 때 맏아들 음식(陰識)에게 옥환의 인연을 어기지 말라고 당부한다. 이후 군대를 이끌고 동분서주하던 광무제는 등우와 함께 우연히 서기가 어려 있는 촌가에 들었다가 음씨를 보고는 태자비의 환생임을 짐작하고 등우를 중매로 내세워 청혼한다. 음식은 광무제의 부인 곽씨를 꺼리면서 부친의 유훈을 어길 수 없다며 사양하지만 광무제가 '천(天)'자 옥환을 등우에게 주어 다시 청혼하자 음식은 불승환희(不勝歡喜)하여 허락하면서도 누이가 곽씨의 아래가 됨을 애석하게 생각한다.

그런데 고대본에서는 음공이 광무제와 음씨의 결연에 직접 관여하고, 음씨와의 혼인 과정이 규장각본에 비해 길고 복잡하며, 결연의 시점도 광무제의 즉위 후로 설정되어 있다. 음씨가 옥환의 임자라 짐작한 광무제는 즉위 후 음공을 이부상서에 제수하여 경사로 부르지만 음공이 이를 사양한다. 광무제가 세 번씩이나 조서를 내려도 음공이 계속 고사하자 광무제는 등우로 하여금 음공을 설득하여 경사로 올라오게 한다. 광무제는 천여 간 집과 노비를 하사하고, 음씨를 후궁으로 삼기 위해 간택령을 내린다.

그러나 음공이 단자(單子)를 올리지 않자 광무제가 다시 엄지를 내려 단자를 올리게 하고, 궁에 들어온 음씨를 귀인으로 봉하여 별전에 머무르게 한다. 그러자 음공은 황명의 환수와 사직을 청하는 상소와 표를 거듭 올리고, 음씨도 침식을 물리치면서 부모의 명 없이 황제의 위엄만으로 혼인할 수는 없다고 한다. 이에 광무제가 음공에게 전지를 내려 쾌허할 것을 청하지만 음공이 다시 사직표를 올리자 광무제는 등우를 보내 설득한다. 그러나 음공이 완강하게 듣지 않고 사직표를 다시 올리자 광무제는 대로하여 음공 부자를 하옥한다. 광무제는 음씨가 아버지를 생각하여 득병하자 음공 부자를 방면하고 음공을 직접 불러 만나지만 음공은 계속 사직할 뜻을 표명한다.

그러다가 음공이 아들들의 의견을 받아들여 등우에게 옥환에 얽힌 연분을 이야기하자 이를 전해들은 광무제가 등우를 통해 '천'자 옥환을 음공에게 전한다. 이에 음공이 딸의 앞날을 근심하면서 옥환과 사직표를 올려 죄를 청하고, 딸에게는 편지를 보내 황명을 따르라 함으로써 마침내 광무제와 음씨의 결연이 이루어진다.

이처럼 고대본에서는 광무제와 음씨가 서로 옥환의 임자임을 확인하기까지 많은 우여곡절을 겪는다. 이는 고대본이 규장각본과 달리 광무제와 음후의 혼사장애를 설정하고 있음을 말해주는 것으로 이를 통해 고대본이 규장각본에 비해 그들의 결연에 더 큰 비중을 두고 있다는 것을 알 수 있다.

광무제와 음씨의 결연이 이루어진 이후 곽씨와 음씨 사이에 갈등이 발생한다. 갈등의 원인은 남편의 애정을 독점하고자 하는 곽씨의 욕망 때문이다. 이는 두 이본이 마찬가지이지만 곽씨의 그러한 욕망을 제시하는 방식은 규장각본과 고대본 사이에 차이가 있다.

규장각본에서는 곽씨의 욕망과 성격을 그때그때의 삽화를 통해 형상화하고 있다. 곽씨는 광무제가 음씨를 만나기도 전에 광무제에게 희첩을 두지 말라고 당부하기도 하고, 전생 숙연의 증표가 되는 옥환의 존재를 알고는 그것을 달라고 조르기도 하고, 광무제와 음씨의 혼인날 음씨를 나무라기도 하며, 광무제가 음씨와 마주 서 있을 때 광무제를 밀쳐 넘어뜨리기도 한다. 간간이 제시되어 있는 이러한 삽화들은 곽후의 성격과 욕망을 구체화하는 구실을 하고 있다.

그러나 고대본에는 이러한 삽화들이 모두 생략되어 있다. 고대본의 서두에서 서술자는 곽씨가 '절미하고 총혜하여 시어머니의 뜻을 잘 맞추는 가벼운 인물'이라고 그 성격을 설명하고 있다. 또 곽씨의 욕망에 대해서는 음씨의 혼인날 "금일 음녀을 보니 듸휼ᄒᆞ미 만커날 샹이 침혹ᄒᆞ야 만ᄉᆞ을 젼폐ᄒᆞ고 인ᄉᆞ을 일흐니 벼술이 뉵궁의 우히요 춍이 솝궁의 웃듬이라 싀뫼 희한ᄒᆞ고 거지 음휼ᄒᆞ니 웃지 이얼 쥴 알이요 당〃이 미리 방비하여 보리라"127)라고 하는 곽씨의 독백을 통해 제시하고 있다.

이와 같이 규장각본은 삽화들을 통해, 고대본은 서술자의 설명과 곽씨의 독백을 통해 곽씨의 성격과 욕망을 제시하는 차이를 보여주고 있다.

두 이본 모두에서 음씨는 이러한 곽후의 욕망 때문에 수많은 고초를 겪게 된다. 음씨, 곧 음귀인은 곽후에게 문안을 갔다가 계속

127) 고대본 권1, 75~6면.

문밖에 서있는 수모를 당하기도 하고, 독살될 뻔하기도 하고, 태후에 의해 두 차례나 갇혀 지내기도 하고, 곽후 소생 황자인 경왕을 살해했다는 누명을 쓰고 귀양을 가기도 하고, 태액지에 빠져 죽을 뻔하기도 한다. 이러한 과정은 두 이본이 대체로 유사하지만 세부적인 면에서는 역시 많은 차이를 보여주고 있다.

가장 큰 차이는 인물의 역할이 다르다는 점이다. 규장각본에서는 음귀인에 대한 모해가 곽후의 보모인 윤씨의 주도에 의해 진행된다. 그러나 고대본에서는 그것이 곽후에 의해 주도된다. 예를 들어 치독(置毒) 사건을 보더라도 규장각본에서는 곽후가 알지 못하는 상태에서 윤보모가 감로탕에 약을 섞어 음귀인을 독살하려 하는 데 비해 고대본에서는 윤보모가 아닌 곽후가 독차를 음씨에게 보낸다. 음귀인이 태액지에 빠져 죽을 뻔한 것은 두 이본 모두에서 곽후 때문인 것으로 되어 있지만 규장각본에서는 그것이 윤보모가 곽후를 격동하여 일어난 일일 뿐 아니라 그에 앞서 윤보모 스스로가 곽후의 명을 가탁하여 두 번씩이나 음귀인을 불러내 못에 넣어 죽이려 했던 일이 제시되어 있다.

이처럼 음귀인에 대한 모해가 규장각본에서는 윤보모의 주도로, 고대본에서는 곽후의 주도로 이루어지는 차이가 있음을 알 수 있다. 이는 곽후라는 인물을 바라보는 두 이본의 시각에 많은 차이가 있다는 것을 말해주는 것이다.

음귀인에 대한 모해의 진상이 밝혀져 곽후가 폐출되고, 음귀인이 황후가 되는 갈등의 해결 과정 역시 두 이본 사이에 많은 차이가 있다. 규장각본에서는 곽후가 음귀인의 아들인 동평왕(東平王) 창(蒼)을 매질하는 일이 벌어지고, 이를 광무제에게 알린 경첩여를 곽후가 윤보모와 왕첩여를 시켜 살해한 사건이 발생한다. 이것이 발각되어 윤보모와 왕첩여가 처형되고 마침내 곽후에게도 폐후 조서가 내려진다. 물론 광무제가 곽후를 폐할 생각은 전부터 가지고 있었지만 결단을 내리는 데에는 이 사건이 결정적인 계기가 되었다고 할 수 있다. 이어 음귀인이 황후가 되고, 곽후는 중산태후(中山太后)로 봉해져 둘째 아들 중산왕 보(輔)의 봉토로 떠나며, 곽후 소생인 태자 강(彊)이 태자위를 극구 사양하여 물러나자 음후의 아들 양이 태자가 되고, 태자는 마씨와 혼인하여 전생 숙연을 이룬다. 이후 곽후가 먼저 세상을 떠나고 이어 광무제, 음후가 차례로 세상을 떠난다.

그런데 고대본에서는 양상이 사뭇 다르다. 곽후는 투한지심(妬悍之心)이 날로 심해져 가귀비와 정숙비를 죽이고 왕첩여를 가두며, 태액지에 빠진 음귀인이 살아있다는 것을 알고는 음귀인의 목을 베어오라고 영을 내리기도 하는데 진상을 알고 있던 왕첩여에 의해 곽후의 죄상이 드러난다. 이에 조정 신하들이 곽후의 실덕을 논하자 광무제는 곽후를 폐하고, 붙잡아 정전에 꿇려 죄목을 일컬은 다음 별궁에 가둔다. 이후 태자가 태자위를 사양하자 태자를 동해왕(東海王)으로 봉해 모자가 함께 동해왕의 봉토에서 여년을 보내게 한다.

이와 같이 규장각본에서는 곽후의 폐출이 전적으로 광무제의 자발적인 의지에 의해 결정되는 데 비해 고대본에서는 조정 대신들의 주청이 결정적인 계기가 되어 곽후의 죄상이 만천하에 공개되면서 폐출된다. 이 역시 곽후를 바라보는 서술시각이 두 이본 사이에 상당한 거리가 있다는 것을 말해준다.

3) 인물의 형상화

앞의 논의 과정에서 어느 정도 드러나기는 하였지만 여기에서는 중심 인물의 성격이 두 이본 사이에 어떠한 차이가 있는지 좀 더 구체적으로 살펴보기로 한다. 우선 규장각본에서 광무제는 곽씨가 고초를 겪거나, 남편을 걱정하여 노심초사하거나, 남편의 애정을 얻지 못한 자신의 처지를 슬퍼하거나 할 때마다 곽씨를 위로하지만 곽씨가 자기를 원망하며 냉내할 때에는 곽씨가 자기의 배필이 아니라거나 곽씨가 음씨에 미치지 못한다는 말을 서슴없이 하기도 한다. 또 광무제는 곽씨에게 곤욕을 당할까 봐 방에 들지 못하고 밖에서 서성거리기도 하고, 곽씨에게 떠밀려 팔이 접질리기도 하며, 즉위 후에도 곽후에게 차여 고꾸라지기도 한다. 이처럼 광무제는 자상한 일면을 지니고 있으면서도 분을 참지 못해 험한 말을 입게 담기도 하고, 때로는 아내에게 핍박을 받으면서 그것을 성가시게 여기거나 두려워하기도 하는 평범한 남편의 모습을 보여주고 있다.

그런데 음후에 대한 광무제의 태도는 곽후를 대하는 이러한 모습과 대조된다. 광무제는 좀처럼 음귀인 곁을 떠나려 하지 않고, 이를 걱정한 태후가 음귀인을 후원에 가두자 상심한 나머지 병까지 얻어 위중한 상태가 되기도 하는데 이런 일이 두 번씩이나 반복된다. 광무제는 또 조섭(調攝)을 구실로 남궁으로 거처를 옮겨 음귀인과 같이 지내기도 하고, 술에 취해 태후 앞에서 삼생 숙연과 정궁 투기를 운운하기도 한다. 이처럼 규장각본에서는 광무제를 한실을 회복한 영웅으로 그리면서도 곽후와 음후에 대한 태도를 통해서는 일상적인 남편, 사랑하는 여인에 몰입하는 평범한 남자로 그리고 있음을 볼 수 있다.

고대본의 경우 광무제는 옥환 연분을 생각하여 처음부터 곽씨를 기꺼이 여기지 않았으며, 그 가벼운 태도를 좋아하지도 않았다. 곽씨에 대한 광무제의 이러한 태도는 줄곧 변함이 없다. 광무제는 곽후가 음귀인을 괴롭힐 때마다 칠거지악 운운하며 질책하거나 격노하기만 할 뿐 곽후를 위로한다거나 애처롭게 여기는 모습은 전혀 찾아볼 수가 없다. 이에 비해 음씨에 대한 태도는 규장각본과 유사하나 좀 더 적극적으로 그려져 있다. 광무제는 전생의 인연을 확인하고는 '주사야탁(晝思夜度)'하며 옥환의 임자를 어느 때에 만날 것인가 '읍읍울울(悒悒鬱鬱)'하여 지내다가 한실을 회복한 후에는 앞에서 살펴본 것처럼 적극적으로 음씨를 귀인으로 맞이하고, 이후 광무제는 '환심쾌락하여 10여 세부터 맺힌 간담이 풀려' 일시도 음귀인의 곁을 떠나지 않는다.

이와 같이 규장각본에서는 역사적 사실을 변개하고, 허구를 가미하면서 한실을 회복한 광무제의 영웅성을 강조하는 한편 곽후와 음후에 대한 태도를 통해서는 일상적이고 평범한 남자의 모습을 보여주고 있다. 이에 비해 고대본에 제시된 광무제는 영웅성이 전제되어 있을 뿐 그것이 구체적으로 형상화되어 있지 못하고, 부실에게만 애정을 쏟으면서 모든 문제를 정실의 탓으로 돌리는 편벽된 성격의 소유자로 그려져 있다.

다음 곽후의 경우를 보면 앞에서 언급한 것처럼 곽후에 대한 서술시각은 두 이본 사이에 현격한 차이가 있다. 규장각본에서 곽후는 성격이 조협(躁狹)하고, 투기가 심한 여인으로 그려져 있다. 곽후는 남편이 '지'자 옥환의 임자와 천정 연분이라는 사실을 알게 되거나, 시숙부(媤叔父)인 광양왕(廣陽王) 유량(劉良)이 광무제의 후궁을 천거할 때처럼 남편의 애정을 독점하고자 하는 욕망이 위협을 받을 때마다 자신의 불만을 거침없이 드러낸다. 그러나 곽후는 음귀인을 모해하려고 계교를 짜내는 악인은 아니다. 음귀인에 대한 모해는 곽후가 아니라 윤보모에 의해 집요하게 이루어진다. 그것은 곽후가 음귀인에게 감동하여 차츰 음귀인을 용납하려는 태도를 보이자 윤보모가 스스로 나서서 음귀인에 대한 모해를 주도해나갔기 때문이다. 뿐만 아니라 곽후는 자기 스스로 음귀인을 제어할지언정 속임수로 계교를 행하지는 않겠다고 하거나 박명지인이 될지라도 요음(妖淫)한 일을 행치 않겠다고 하면서 윤보모의 계교를 물리친다. 또 곽후는 광무제가 출정한 후 날씨가 더워지자 광무제를 걱정하여 서늘한 바람을 쏘이지 않고, 좋은 음식을 물리치며, 음귀인을 핍박하지도 않는다. 곽후가 윤보모의 계교를 알면서도 그녀를 제어하지 못하고, 자신의 욕망을 억제하지 못해 결국 폐출되고 말지만 이처럼 곽후는 단순한 악인이 아니었다.

그러나 고대본은 사정이 전혀 다르다. 곽후는 음귀인에게 달기의 후신, 망국지요녀 운운하면서 음가 구족을 멸하리라고 악담을 하기도 하고, 음귀인을 결박하였다가 다시 협실에 가두고 독살하려 하기도 한다. 또 회양공주와 상의하여 태후가 음귀인을 후원과 별전에 가두도록 하며, 음귀인에 대한 광무제의 총애를 앗기 위해 회양공주의 청을 받아들여 공주가 왕씨를 후궁으로 천거하도록 한다. 뿐만 아니라 윤보모와 상의하여 정궁과 동궁에 두루 저주를 묻기도 하고, 경왕 살해의 누명을 쓴 음귀인의 처형을 태후에게 보채기도 한다. 음귀인을 태액지에 빠뜨린 다음에는 다른 후궁들을 죽이거나 가두고, 나아가 두 대신을 죽이고 자기의 실덕을 아뢴 간관(諫官)을 가두었다가 결국 중신들이 연명소를 올림으로써 폐출되고 말았던 것이다.

이처럼 두 이본에서 곽후가 남편의 애정을 독점하고자 하는 강한 욕망을 지닌 인물로 제시되어 있는 것은 마찬가지이지만 구체적인 성격의 형상화에 있어서는 현격한 차이가 있음을 알 수 있다. 곧 규장각본에는 애정의 독점욕은 강하지만 그렇다고 해서 상대방에게 일방적으로 위해를 가하는 극악한 인물이 아니라 어느 정도 올곧은 성품을 지닌 인물로 설정되어 있음에 비해 고대본에는 간악하기만 한 인물로 형상화되어 있는 것이다.

다음 음후의 경우를 살펴보자. 규장각본에서 음후는 곽후의 핍박에도 불구하고 곽후를 정성으로 섬기며 광무제와 곽후의 관계가 원만해지도록 애를 쓰고, 곽후가 폐출된 후에는 수차에 걸쳐 황후위를 사양한다. 그러면서도 윤보모의 음모를 짐작하여 화를 피할 뿐 아니라 도리어 윤보모를 곤경에 빠뜨리기도 하고, 윤보모를 도와준 도사를 후환을 염려하여 살해하도록 하기도 하며, 곽후에게 직접 나서서 윤보모의 죄상을 거론하면서 처벌을 청하기도 한다. 이처럼 음씨는 고난을 감내하는 수동적이기만 한 인물이 아니라 윤보모에 의해 자행되는 음모에 슬기롭게 대처하는 적극적인 성격의 소유자로 그려져 있다.

그런데 고대본의 경우 이러한 음후의 적극적인 성격이 거의 드러나 있지 않다. 음후는 후궁 간택에 억지로 참여하게 되었을 때에는 옥환 연분이 어그러짐을 한탄하며 침식을 물리칠 뿐 아니라 천자의 위엄만으로 혼인할 수 없다며 광무제에게 항거하기도 한다. 또 곽후의 핍박을 받을 때에는 화기자약(和氣自若)하며 유한정정(幽閑靜貞)한 태도를 견지한다. 이러한 사실들을 통해 음후가 단엄(端嚴)하고 현숙한 인물임을 알 수 있다. 그러나 음후라는 인물의 구체적 형상화는 이것이 거의 전부라고 할 수 있다. 고대본에서 음후는 자신에게 가해지는 핍박과 모해를 태연자약하게 감내하기만 할 뿐 규장각본에 보이는 슬기롭고 적극적인 성격의 일면을 전혀 보여주고 있지 않은 것이다. 이는 음후에게 가해지는 모해가 윤보모가 아닌 곽후에 의해 이루어지기 때문이기도 하겠지만 어쨌든 고대본의 음후는 이와 같이 현숙하고 단엄한 성격의 소유자임이 전제되어 있을 뿐이다.

결국 규장각본은 중심 인물들을 인간적인 체취를 느낄 수 있는 살아 숨 쉬는 인물로 형상화하고 있는 반면, 고대본은 그들을 평면적으로 그리면서 선악의 이분법으로 도식화하고 있다고 할 수 있다.

4) 규장각본과 고대본의 특성

역사적 사실을 변용하거나 허구를 가미하기는 하였지만 역사서인 『후한서』에 근거하여 광무제의 한실 회복 과정을 그리고 있을 뿐 아니라 기전체와 유사한 서술방식을 취하고 있다는 점에서 규장각본이 역사와 밀접한 관련을 맺고 있다는 것을 쉽게 짐작할 수 있다. 또 고대본에도 해당되는 것이지만 곽후가 폐후가 되고, 이어 음귀인이 황후가 된 역사적 사실을 다루고 있다는 점에서도 규장각본이 역사와 친연성을 갖고 있음을 알 수 있다. 이처럼 규장각본이 역사서를 바탕으로 역사적 사실을 소설화한 이유는 무엇인가. 다음의 서술에서 약간의 단서를 얻을 수 있다.

> 종고 이리로 셩녀현비ᄂᆞᆫ ᄃᆡ마다 흔치 아닐 ᄲᅮᆫ 아니라 쳔고를 역졈ᄒᆞ나 복과 덕이 겸젼ᄒᆞ고 ᄌᆞ손이 번셩ᄒᆞ여 친쳑의 니로히 어질며 츙의녈힝이 한 시의 ᄃᆡ두ᄒᆞ리 업ᄉᆞ미 광열황후갓ᄒᆞ니ᄂᆞᆫ 젼쳔고 후만셰의 가히 쉽지 못ᄒᆞᆫ지라 우(후)인이 젼을 지으니 일언반ᄉᆞ도 셤개만ᄒᆞᆫ 허언이 아니오 실젹이 아니미 업ᄂᆞᆫ지라 후의 지귀지ᄃᆡᄒᆞ심과 ᄇᆡᆨᄌᆞ쳔숀이 계〃창셩ᄒᆞ문 니르도 말고 온양겸공ᄒᆞ신 덕과 지효지셩ᄒᆞ시미 가히 님샤마증으로 더부러 병구ᄒᆞᆯ 거시로ᄃᆡ 블힝이 몬져 ᄌᆞ식(ᄉᆡᆨ)으로 일홈을 어더 계신ᄃᆡ 오ᄅᆡ 후궁지녈의 거ᄒᆞ샤 광무황뎨의 은춍이 편벽ᄒᆞ고 과도ᄒᆞ신ᄃᆡ 다시 폐입ᄒᆞ시ᄂᆞᆫ 거조를 당ᄒᆞ샤 비혹(록) 초의 양위ᄒᆞ시ᄂᆞᆫ 덕이 만셰의 즁안이 되어시나 하ᄌᆞᄒᆞ리 업술 거시로ᄃᆡ 후셰의 그 덕을 니ᄅᆞᆫ 지 업고 그 ᄉᆡᆨ으로ᄡᅧ 광무의 춍을 어더 혹음여화지ᄉᆡᆨᄒᆞ여 탈젹ᄌᆞ지위라 ᄒᆞ미 가탄ᄒᆞ염즉 ᄒᆞ더라128)

후세 사람들이 성녀현비(聖女賢妃)인 음후의 덕은 일컫지 않고 자색으로 총애를 입었고, 그래서 곽후 소생의 태자마저도 그 위를 잃었다고 비난하는 것이 가탄스럽다는 말에서 창작의 동기를 짐작할 수 있다. 곧 작자는 음후의 현숙함을 구체적으로 형상화하여 음후에 대한 세인의 비난에 대해 반론을 제기하고 싶었던 것이다. 곽후와 음후의 갈등이 실재했는지, 또 실재했다면 그것의 구체적인

---

128) 규장각본, 권29, 39~40면.

양상이 어떠했는지 역사서에서 구체적으로 확인하기는 어렵다.[129] 하지만 작자는 음후가 현숙하여 황후의 자격을 충분히 갖추고 있었으며, 곽후가 폐출된 데에는 그만한 이유가 충분히 있었다는 것을 보여주기 위해 역사서에 공백으로 남아있는 곽후와 음후의 갈등을 형상화했던 것이다. 따라서 규장각본은 작자 나름의 뚜렷한 동기와 목적 의식에 의해 역사적 사실을 재구성한 역사소설이라 할 수 있다.[130]

그러나 고대본을 역사소설로 규정하기는 어려울 듯하다. 우선 규장각본에서 역사서에 바탕을 두고 중요하게 다루었던 광무제의 한실 회복 과정이 고대본에서는 단순히 작품의 배경적 구실만을 하고 있다는 점을 들 수 있다. 역사서에 바탕을 두고 자세하게 전개되는 광무제의 활약상은 사실 규장각본을 역사소설로 규정하게 하는 중요한 요소가 아닐 수 없다. 따라서 그것이 간략한 설명으로 제시되고 허구로 이루어진 곽후와 음후의 갈등만이 작품의 중심에 놓인 고대본은 규장각본과 성격이 다르다고 할 수밖에 없다. 그리고 규장각본은 음후에 대한 세평에 불만을 갖고 역사의 공백을 메우면서 역사를 재해석하고자 하는 나름의 뚜렷한 동기에 의해 창작되었지만 고대본에서는 그러한 동기나 역사의식을 확인할

129)『후한서』「황후기」에는 곽후가 은총이 점점 쇠해지자 자주 원망하는 마음을 품어 마침내 폐하여 중산왕태후로 삼았고, 음후가 현숙하고 효성스러웠다는 언급이 있으나 곽후에 대한 은총이 쇠해진 이유가 무엇이고, 곽후가 구체적으로 누구를 어떻게 원망하였는지에 대한 자세한 사실은 역사서에 밝혀져 있지 않다.

130) 규장각본의 역사소설적 성격에 대해서는 이승복의 앞의 글에서 논의된 바 있다.

수 없다. 이처럼 역사에 기대고 있는 부분이 작품의 배경, 중심 인물, 그리고 곽후의 폐출과 음귀인의 황후 책봉이라는 결과만이 알려져 있는 역사적 사건에 불과하고, 작품 내에서 역사에 대한 어떠한 인식을 확인할 수 없기 때문에 고대본을 역사소설이라 하기는 곤란하다고 할 수 있다.

그렇다면 고대본의 성격을 어떻게 파악할 것인가. 고대본에서 가장 큰 비중으로 다뤄지고 있는 것은 곽후와 음후의 갈등이다. 정실과, 부실 혹은 첩 사이에 갈등이 야기되어 어느 한 쪽이 일방적으로 상대를 음해하고, 상대는 묵묵히 고난을 감내하다가 모든 음모가 밝혀짐으로써 모해를 가한 쪽이 징치되거나 개과하여 집안의 안정이 회복되는 처첩갈등형 소설의 유형적인 틀을 그대로 따르고 있다는 점에서 고대본은 처첩갈등형 소설이라고 할 수 있을 듯하다. 다시 말하면 곽후와 음후의 갈등을 규장각본과 고대본 모두에서 공통적으로 다루고 있기는 하지만 그것을 광무제의 한실 회복 이야기와 병치하면서 나름의 의식에 의해 역사의 공백을 메우고, 역사를 재해석하고 있는 규장각본은 역사소설, 허구에 의해 구성된 곽후와 음후의 갈등만을 중점적으로 다루고 있는 고대본은 처첩갈등형 소설에 가깝다고 할 수 있다는 것이다.[131]

그런데 여기에서 하나 주목할 것은, 두 이본 모두 곽후와 음후의 갈등을 다루고 있다 하여도 그것을 다루는 방식과 그것을 통해 확인할 수 있는 작가의 의식이 두 이본 사이에 큰 차이가 있다는

---

131) 이러한 규정은 규장각본과 고대본의 성격을 보다 분명히 하기 위한 것이지 역사소설과 처첩갈등형 소설이 동일 차원에서 변별되는 대립적 자질을 갖고 있다는 것을 의미하는 것은 아니다.

것이다. 처첩갈등은 갈등 당사자뿐 아니라 다른 가족 구성원들이 직접, 간접으로 관여하는 가족 전체의 문제이기도 하다. 〈옥환기봉〉에서 광무제 이외에 곽후와 음후의 갈등에 관여하는 인물로 태후를 주목할 필요가 있는데 태후의 태도가 두 이본 사이에 차이가 있음으로 해서 갈등의 의미가 달리 해석될 여지가 있는 것이다.

두 이본 모두에서 태후는 곽후를 지지하는 입장에 있다. 그러나 규장각본에서는 태후가 그러한 입장을 취하게 된 분명한 이유가 제시되어 있다. 태후는 음씨가 시집올 때 빙폐를 곽씨 때보다 한 등급 낮추게 하고, 광무제 즉위 후 곽씨가 음씨와 나란히 귀인에 봉해지자 이를 불쾌히 여긴다. 이후 광무제가 음씨를 황후로 삼으려 하자 광무제를 책하여 곽씨를 황후로 봉하게 한다. 태후는 애증이 고르지 않다며 광무제를 책하기도 하고, 음씨를 후원에 가두기도 한다. 이에 비해 곽후에 대해서는 문제가 생길 때마다 조용히 타이르고 경계하면서 그 허물을 덮어준다. 음귀인이 현숙하고, 곽후가 열녀효부가 될 수는 있지만 국모의 국량이 아니라는 것을 잘 알고 있으면서도 이처럼 곽후를 일방적으로 지지하는 것은 곽후가 정실이며 황후이기 때문이다. 이는 음귀인이 아들을 낳을 때 상서로운 일이 벌어지자 선후가 도착(倒錯)하는 일이 생길 것이라며 태후가 걱정하는 데에서 분명히 확인할 수 있다. 곧 정실에게 다소간의 허물이 있고 부실이 현숙하다 하더라도 정실과 부실의 명분이 바뀌는 일이 있어서는 안 된다는 것인데 이러한 태도는 가부장적 질서의 확립과 유지를 바라는 마음에서 비롯된 것이다.[132]

132) 이와 유사한 모습을 장편 가문소설인 〈소현성록〉에서도 찾아볼 수 있다.

따라서 규장각본의 처첩갈등은 부부만의 문제가 아니라 가문의 문제로 다루어지고 있다고 할 수 있다.

규장각본이 정실을 중시하는 명분론적 사고 방식에 입각해 있다는 것은 실제로 음씨가 곽씨보다 먼저 광무제와 혼인하였지만 소설 속에서는 순서를 바꿔 곽씨를 조강지처로 그리고 있는 데에서도 확인할 수 있다. 음후에 대한 부정적인 세평을 거부하고 음후가 황후가 될 만한 충분한 자질과 숙덕을 갖추고 있었다는 것을 보여주려 했다는 창작 동기를 고려한다면 음씨가 조강지처였다는 역사적 사실을 그대로 수용하는 것이 효과적이었을 텐데 그럼에도 불구하고 곽씨를 조강지처로 설정한 것은 나중에 혼인한 곽씨가 황후가 된 역사적 사실에 명분론적 근거를 제공하기 위해서라고 할 수 있다.[133] 결국 작자는 먼저 혼인한 부인이 정실이 되고, 정실에게 다소간 허물이 있다 하더라도 정실을 홀대하거나 함부로 내쳐서는 안 된다는 정실 중시의 가문의식을 보여주고 있다고 할 수 있다.

이와 관련하여 곽후가 폐출되고 음귀인이 황후가 됨으로써 가문을 위한 태후의 노력이 별다른 성과를 거두지 못한 것을 두고 가문의식의 약화나 가문의식과 대립한 애정의 승리로 해석할 수는 없다. 그것은 가문의식이 팽배한 조선후기를 살던 작자가 곽후의

〈소현성록〉의 양부인 역시 가부장적 질서의 확립과 유지를 위해 부실의 현숙함을 잘 알면서도 허물이 있는 정실 며느리를 아끼고 사랑한다.

133) 물론 고대본에도 곽씨가 조강지처로 그려져 있다. 그러나 이것은 앞으로 살펴보겠지만 규장각본과 같은 형태의 장편본이 먼저 이루어지고, 고대본은 이러한 장편본을 축약한 이본으로 보이기 때문에 곽씨를 조강지처로 설정한 의미는 규장각본을 중심으로 찾아야 할 것으로 생각한다.

폐출과 음귀인의 황후 책봉이라는 역사적 사실이 정실을 중시하는 가부장적 질서 체계 내에서도 어쩔 수 없었던 일이었다는 것을 보여주고자 한 것이지[134] 가부장적 질서보다 애정이 더 소중하다는 것을 말하고자 하는 것은 아니기 때문이다. 여기에서 중요한 것은 광무제 당시에 가부장적 질서라는 것이 어느 정도의 의미와 비중을 지니고 있었는가 하는 것이 아니라 광무제 때의 역사적 사실을 가문의식을 지닌 작자가 어떻게 해석하고 있는가 하는 것임은 물론이다.

그런데 고대본에는 태후의 내면을 짐작할 수 있는 단서가 거의 없다. 태후는 곽후가 후궁감이고 음귀인이 황후감임을 알고 심중에 한탄하기도 하고, 음귀인을 애중하기도 한다. 그러면서도 태후는 곽후의 청을 받은 회양공주의 말을 듣고 대로하여 '음녀를 거절하여 그 방자함을 다스리면 용서하겠으나 그렇지 않으면 보지 않겠다'며 광무제를 대책하고 음귀인을 후원에 가두기도 하고, 음귀인을 음해하는 황후의 말을 듣고 즉일로 광무제 모르게 음귀인을 별전에 옮겨 거처하게 하기도 한다. 또 경왕 살해 사건이 벌어졌을 때에는 음귀인을 죽이라는 곽후의 표를 보고는 척연하여 쌍루를 흘리면서도 진위를 해석하지 못하고 현인을 죽이는 것은 천의를 어기는 것이라 생각하여 음귀인을 하옥하는 데 그친다.

이러한 태후의 처사는 표면적으로는 규장각본에 제시된 것과 유사하지만 그것이 어떤 일관성을 갖고 있다거나 자연스럽다는 느낌을 받기는 어렵다. 그것은 태후의 언행이 단순하면서도 때로는 과

134) 굳이 광무제와 음후의 삼생에 걸친 인연을 설정한 것은 바로 이 때문이다.

격하기 때문이지만 근본적으로는 태후의 입장을 설명해주는 아무런 단서가 없기 때문이다. 곧 태후가 음귀인의 현숙함과 곽후의 모자람을 알면서도 곽후를 지지하는 이유가 분명치 않은 것이다. 이에 따라 태후는 때로는 곽후의 모해에 휘말려 부정적인 입장에서 음귀인에게 시련을 가하기도 하고, 때로는 긍정적인 입장에서 음귀인의 목숨을 구해주는 주관 없는 인물로 그려져 있다. 이처럼 태후의 태도가 정실 중시의 가문의식과 직접적인 관련이 없는 것처럼 그려짐으로써 곽후와 음후의 갈등은 광무제와 음후의 결연과 숙연 성취라는 부부 사이의 문제로만 다루어지고 있다고 할 수 있다. 이런 점에서 고대본은 처첩갈등형 가정소설에 가깝다고 할 수 있다.

고대본에서 또 하나 주목할 것은, 앞에서 살핀 바와 같이 곽후가 악인으로만 그려짐으로써 곽후와 음후의 갈등이 선악의 이분법적 대립으로 도식화되었다는 것이다. 곽후는 역사적 존재로서의 의미를 완전히 상실하고 단순히 선인에게 갖은 악행을 일삼는 악인에 불과하기 때문에 황후임에도 불구하고 대신들의 연명소에 의해 폐후가 될 뿐 아니라 정전에 꿇려 수죄(數罪)되는 지경에까지 이른다. 이것은 고대본의 작자가 곽후와 음후의 갈등을 통속적인 시각에서 재단하고 있음을 의미하는 것이다.

이러한 점은 광무제와 음씨의 복잡한 결연 과정에서도 확인할 수 있다. 광무제와 음씨의 복잡한 결연 과정은 그들이 완전한 결합에 이르기까지 거쳐야 하는 시련의 한 단계를 보여주기 위한 것이라는 의미를 지니고 있는 것이 사실이다. 그러나 그것은 다른 한편으로 독자의 흥미를 유발하기 위한 장치의 구실을 한다고도

할 수 있다. 그들이 천정의 배필이라는 사실을 이미 알고 있는 독자들은, 서로가 옥환의 임자임을 분명히 알지 못하는 상태에서 자꾸 얽혀만 가는, 음공 부녀와 광무제의 대립이 어떻게 해서 해소될 것인가를 흥미롭게 지켜보면서 작품에 몰입하게 된다. 따라서 이 부분에는 어느 정도 독자의 흥미를 자극하기 위한 통속적 의도가 개입되었다고 할 수 있다. 요컨대 고대본은 규장각본과 달리 곽후와 음후의 갈등을 부부의 문제로 한정하여 다루면서 그것을 통속적인 시각에서 그리고 있는 것이다.

3. 규장각본과 고대본의 관계와 그 의미

규장각본의 말미에는 "셰임즈 ᄉ월 일 용손 견일졍 필"이라는 기록이 있다. 임자년이 구체적으로 언제를 가리키는지 분명치는 않지만 책의 상태로 보아 대략 1912년이 아닌가 생각된다. 고대본의 말미에는 "병오 납월 필셔"라고 씌어 있는데 이 역시 단정하기는 어려우나 1906년으로 짐작된다. 따라서 고대본이 규장각본보다 먼저 필사된 것으로 보이나 그것이 두 이본의 성립 연대를 밝혀주는 것이 아니기 때문에 이본간의 선후 관계는 두 이본의 내용을 통해 추정할 수밖에 없다.

우선 앞에서 언급한 바와 같이 규장각본에는 삼생의 인연이 모두 구체적으로 제시되어 있는 데 비해 고대본은 그렇지 않다. 이는 고대본의 작자가 규장각본에 제시된 삼생 숙연의 기본 구조를 의식하고는 있었지만 그것을 굳이 구체적으로 형상화할 필요를 느끼지 못했기 때문이라 할 수 있다. 실제 규장각본에서 무제 때의 황태손과 황태손비가 석가의 제자와 보살의 하강이라는 사실은 불교의 전래라는 역사적 사실에 필연적 근거를 부여하기 위한 것이고, 태자와 태자비가 천상 선관, 선녀의 환생이라는 것은 광무제와 음후의 숙연을 강조하기 위한 것이다. 따라서 불교의 전래와 같은 역사적 사실을 전혀 다루고 있지 않은 고대본에서는 황태손과 황태손비의 전생을 형상화할 필요가 없었을 것이고, 광무제와 음후의 숙연을 강조하기 위해서는 무제 때의 전생을 형상화하는 것만으로 충분하다고 생각하였을 수 있다.

또 고대본에는 광무제가, 문안 온 음귀인을 밖에 세워둔 곽후를 책하자 곽후는 전일 간고(艱苦)를 같이 했는데 즉위 후 후궁을 구름같이 모은다며 항거한다. 그러나 그 간고의 내용이 어떠한 것인지 전혀 제시되어 있지 않다. 규장각본에서 곽씨는 혼인 초 가난 때문에 직접 깁 짜고 나물 캐는 고초를 겪고, 이를 안스럽게 여긴 광무제는 곽씨에게 후일 용상에 앉게 해주겠다고 한다. 그런데 고대본에는 이러한 곽씨의 고생이 전혀 형상화되어 있지 않다. 그러면서도 전일 간고 운운하는 것은 규장각본과 같은 장편본에 제시된 곽후의 고난이 고대본에 전제되어 있기 때문이라 할 수 있다.

고대본에 태후가 곽후를 일방적으로 두둔하는 이유가 명확히 제시되어 있지 않은 것도 마찬가지이다. 규장각본에서 곽씨는 혼인 초부터 가난 때문에 고난을 겪었고, 광무제가 장모의 도움을 받아 장안에서 수학할 수 있었으며, 또 광무제가 대패하여 가족이 위기에 빠졌을 때 곽씨는 자신을 돌보지 않고 시어머니와 시누이가 위기를 벗어날 수 있도록 마음을 쓰기도 하였다. 곽후가 효부열녀일 수는 있으나 국모가 될 그릇은 아니라는 것을 알면서도 태후가 곽후의 허물을 덮어준 것은, 이처럼 곽후가 초년 고생을 함께 한 아들의 조강지처이며 정궁이기 때문이었다. 그런데 고대본에는 이러한 곽후의 고초와 행위가 형상화되지 않음으로써 곽후를 두둔하는 태후의 태도가 구체적으로 무엇 때문인지 확실치 않다. 따라서 이것 역시 장편본에 제시된 태후의 태도에 대한 충분한 이해 없이 단지 그것을 표면적으로만 차용했기 때문이라 생각된다.

그리고 경왕이 살해되었을 때 태후가 옥사를 다스리는 것은 두 이본 모두 마찬가지이다. 그런데 규장각본에서는 태후가 옥사를 다스린 것이 광무제가 도적의 변보를 듣고 출정하였기 때문이라고 했지만 고대본에서는 아무런 설명 없이 태후가 옥사를 다스리고 광무제는 단지 태후의 명을 받자올 따름이라고만 하였다. 황자의 살해 사건이라는 큰 옥사를 처리하면서 그것을 태후가 다스리고 광무제는 단지 태후의 뜻을 받들 따름이라는 것은 아무래도 어색하다. 따라서 이것 역시 고대본이 장편본을 수용하면서 타당한 설명을 미처 제시하지 못한 데에서 기인한 것으로 보인다.

이와 같은 사실들을 고려할 때 〈옥환기봉〉은 규장각본과 같은 대장편의 형태로 먼저 창작되었고, 이것이 나중에 고대본과 같은 형태로 축약된 이본이 출현하여 병존한 것으로 생각된다. 그렇다면 대장편의 역사소설에서 역사와의 관계를 거의 끊어버리고 그 일부의 처첩갈등담만을 통속적인 시각에서 그리고 있는 이본이 출현하게 된 이유와 의미는 무엇인가.

ᄂᆡ 일즉 규달간 ᄑᆡᄉᆞ〃를 만히 드르니 만일 향념의 이셰ᄒᆞᆫ 말이

> 아니면 곳 련블의 허탄ᄒᆞᆫ 일이라 맛ᄎᆞᆷᄂᆡ ᄎᆡᆨ을 어더 ᄒᆞᆫ번 일그ᄆᆡ 가장 셩실ᄒᆞ고 다 고ᄉᆞ를 의기ᄒᆞᆫ 말이라 엇지 ᄒᆞᆫ갓 규곤의 한ᄯᅢ ᄶᅪ(파)젹ᄒᆞᆯ 분 아니리오만은 졔왕의 단봉졀이ᄒᆞ며 졔가어방팔감계 ᄯᅩᄒᆞᆫ 쇼쇼ᄒᆞᆫ지라 이 엇지 심상ᄒᆞᆫ 글이리오 작ᄌᆞ의 유의ᄒᆞ미 만히 깁다 이르리로다 ᄒᆞ러나 두어 곳 유○○빈 한이 잇셔 비록 폐휘나 ᄯᅩᄒᆞᆫ 장쳐 단쳐 간 별젼이 잇슬지니 곽후의 본지는 어이 ᄉᆡᆼ히며 음식 형뎨젼을 지으ᄆᆡ ᄯᅩ 무슴 연고로 곽황의 젼은 짓지 아닌고 ᄉᆡᆼ각건ᄃᆡ 폐후의 별젼을 지으ᄆᆡ 말이 즁언부언ᄒᆞ미 지리ᄒᆞ고 음식 음홍은 군공이 잇고 공업으로 젼을 일운 빈니 고이치 아니라 ᄒᆞ려니와 연양공쥬 본젼은 ᄯᅩ ᄒᆞᆫ(ᄒᆞ)고로 ᄲᅡ히고 부지기죄로다 쇼셜을 보고져 ᄒᆞᆯ진ᄃᆡ 한됴ᄉᆞᆷ셩쇠(긔)를 볼지어다 종 셰임ᄌᆞ ᄉᆞ월 일 용ᄉᆞᆫ 견일졍 필[135)]

위는 규장각본 말미에 적혀 있는 필사후기이다. 필사자의 신분이나 지식 수준을 짐작하기는 어려우나 필사자가 풍부한 소설 독서의 경험을 지닌 사람임에는 틀림없는 듯하다. 필사자는 규장각본 〈옥환기봉〉이 많은 고사에 기반하고 있으며 교훈을 얻을 수 있어 남녀간의 애정이나 불교의 허탄함을 내용으로 하고 있는 다른 작품들과 다르다고 높이 평가하면서도 음후의 전은 있으나 곽후의 전은 없고, 음후의 동기인 음식 형제의 전은 있으나 곽후의 동기인 곽황(郭況)의 전이 없는 데 대한 불만을 토로하고 있다.

많은 고사에 기반하고 있고 교훈을 얻을 수 있어 심상한 글이 아니라는 것은 이 작품의 역사소설적 성격을 긍정적으로 평가한 것이라 할 수 있다. 그러면서도 필사자는 음후에게 서술시각을 맞

---

135) 규장각본 권30, 57~8면.

춘 작자의 태도에 대해 불만을 토로하고 있는데 이는 규장각본이 곽후와 음후의 갈등을 선악의 대립으로 도식화하지 않았기 때문에 생긴 것이라고 할 수 있다. 만약 규장각본이 고대본처럼 곽후를 극악한 인물로 설정했다면 곽후에 대한 배려가 부족하다는 불만이 나오지 않았을 것이기 때문이다. 이처럼 역사에 바탕을 두고 있고, 또 그것을 통속적인 시각에서 도식화하지 않았기 때문에 규장각본은 어느 정도 긍정적인 평가를 받는 한편 논란의 대상이 될 수도 있었던 것이다.

전례와 전거의 출처인 중국 역사에 대한 이해가 상층 사대부들의 필수 교양이었던 점을 고려할 때 그들에게 널리 알려져 있는 광무제의 한실 회복이나 곽후의 폐출 사건[136]을 상상력을 동원하면서 재해석하고 있는 규장각본은 비교적 상층의 독자들에게는 충분한 관심의 대상이 될 수 있었을 것이다. 정궁인 곽후를 폐출하고 음귀인을 황후로 세운 역사적 사실을 형상화하면서 태후의 태도를 통해 정실 중시의 가문의식을 개입시켜 해석하고 있는 것도 이와 무관하지 않을 것이다.

그러나 중국의 역사를 구체적으로 다루고 있는 장편소설이 하층의 일반 독자들에게까지 관심을 끌기는 어려웠을 것이다. 그들에게 후한 광무제에 관한 중국 역사는 생소한 것이었을 수 있다. 물론 알지 못했던 새로운 사실들을 알아가는 것이 흥미로운 일일 수 있지만 중국 역사에 대한 상세한 서술은 오히려 번잡하게 느껴질

136) 실록에서 성종 때 윤씨, 중종 때 신씨, 그리고 숙종 때 민씨가 폐비될 때 광무제 때의 곽후 폐출이 조정에서 거론되고 있는 것을 보더라도 곽후에 관한 사실이 조선조 식자층들에게 널리 알려져 있었음을 알 수 있다.

수 있다. 광무제의 한실 회복 이야기는 시간적인 순서에 따라 느슨한 인과 관계로 연결되어 있어 주인공과 적대 인물 간의 대결로 형상화된 영웅소설의 군담에 비해 긴박감이나 흥미가 훨씬 덜할 수밖에 없다. 더구나 소설을 읽을 시간적 여유가 상대적으로 적을 수밖에 없었던 하층의 독자들은 이러한 한실 회복 과정의 세부 이야기들을 지리한 군더더기처럼 여길 수도 있었을 것이다. 곧 상층에게는 중세적 보편주의에 입각한 필수 교양이라 할 수 있는 중국 역사가 이들에게는 관심의 대상이기 어려웠으며, 일관된 대결 구조로 구성되지 못한 광무제의 한실 회복 과정, 그리고 파편적으로 삽입되어 있는 조강지처(糟糠之妻), 거안제미(擧案齊眉), 마혁과시(馬革裹屍) 등의 고사가 주는 교훈성이나 숭고함에 흥미를 갖고 공감하기도 쉽지 않았을 것이라는 것이다. 이에 곽후와 음후의 갈등 부분을 중점적으로 추려 그것을 선악 대결로 재구성한 고대본과 같은 축약본이 출현한 것으로 보인다.

따라서 고대본과 같은 축약본의 형성은 소설을 비롯한 문학의 향유층이 하층으로 폭넓게 확대되는 과정에서 일어난 문화적 현상의 하나로 볼 수 있을 것이다. 그들은 중국 역사에 많이 기대고 있는 부분에서 자신들이 공감하거나 관심을 기울일 만한 요소를 발견하기 어렵자 그 부분을 과감히 줄이거나 소거하면서 새로운 이본을 만들었던 것이다. 중국의 역사가 식자층이 아닌 일반 독자들에게 낯선 것이었음은 장편본인 규장각본에도 광무제의 한실 회복 과정에 차착이 있고, 역사상 실재했던 인물의 인명 표기에 많은 오류가 있는 것만을 보아도 알 수 있다. 따라서 이러한 축약본의 출현은 적극적인 수용자의 의식적인 개작이라 할 수 있다. 이런 점에서 축약본의 형성은 단순한 흥미소 위주의 개작이라는 의미를 넘어서서 상층 문화에 대한 대응과 재해석의 결과라 할 수 있을 것이다.

4. 맺음말

이상과 같이 〈옥환기봉〉의 규장각본과 고대본을 서술방식과 기본 구조, 서사구조, 인물의 형상화 등의 측면에서 비교하여 서로 같고 다른 양상과 그 의미를 검토하였다. 그 결과 고대본은 장편 역사소설의 형태를 취하고 있는 규장각본과 같은 이본에서 곽후와 음후의 갈등 부분만을 중점적으로 추리고 거기에 내재한 가문의식을 소거한 채 그것을 선악의 이분법적 대립으로 도식화하고 있는데 이는 소설을 비롯한 문학의 향유층이 아래로 확대되면서 일어난 문화적 현상의 하나로 상층문화에 대한 대응과 재해석의 결과일 수 있음을 알 수 있었다. 이를 통해 중국 역사를 소설화한 작품이 시대의 변모에 따라 어떻게 수용되었는가 하는 양상의 일단을 확인할 수 있었다. 대상이 〈옥환기봉〉 한 작품의 이본들에 한정되었기 때문에 논의가 극히 제한적일 수밖에 없었다. 보다 폭넓은 논의에 의해 수정과 보완이 있어야 할 것으로 생각한다.

제2부 옥환기봉 연작과 여성담론

Ⅰ. 〈한조삼성기봉〉의 구조와 성격

- 전편 〈옥환기봉〉과의 관계를 중심으로

1. 서언

이 글은 고전 장편소설인 〈한조삼성기봉〉을 대상으로 그 구조와 의미를 전편(前篇)인 〈옥환기봉〉과 관련지어 검토함으로써 작품의 성격을 파악하고, 나아가 고전소설의 연작과 창작 방식에 대한 이해를 심화하는 데 목적이 있다. 〈옥환기봉〉 권22 본문의 “후셰의 상과 휘 다시 츌세ᄒᆞ여 슉년을 이으미 타셜의 젼ᄒᆞ미 잇는이라”라는 서술과, “쇼셜을 보고져 홀진ᄃᆡ 한됴ᄉᆞᆷ셩쇠(긔)를 볼지어다”라는 작품 말미의 언급, 그리고 현전하는 〈한조삼성기봉〉의 내용을 고려할 때 〈한조삼성기봉〉이 〈옥환기봉〉의 뒤를 이어 창작된 작품이라는 사실은 의심의 여지가 없다.[1] 그러나 아직까지는

1) 〈한조삼성기봉〉이 〈옥환기봉〉의 속편이라는 사실은 이승복, 「〈옥환기봉〉

이러한 사실이 널리 알려지지 못했을 뿐더러 〈한조삼성기봉〉에 대한 본격적인 연구도 별반 이루어지지 않은 듯하다.

〈옥환기봉〉은 후한 광무제(光武帝)가 한실을 중흥하는 과정과, 광무제의 조강지처인 곽후(郭后)가 폐출되고 음귀인(陰貴人)이 황후가 되는 과정을 서로 병치하면서 보여주고 있는 작품이다. 〈한조삼성기봉〉은 전편인 〈옥환기봉〉에 등장했던 광무제, 곽후, 음후 등을 비롯한 여러 인물들이 전편에서 이루고 있던 갈등 관계에 따라 당나라 현종 연간에 환생하여 벌이는 사건들로 구성되어 있다. 이는 〈한조삼성기봉〉을 제대로 이해하기 위해서는 〈옥환기봉〉과의 관계에 대한 충분한 검토가 필수적이라는 것을 말해주는 것이다. 이에 여기에서는 〈한조삼성기봉〉을 검토하면서 이러한 점을 충분히 고려하고자 한다. 또한 〈옥환기봉〉 연작은 전편의 다음 세대들이 후편의 중심 인물이 되는 일반적인 연작 형태와는 구분되는 독특한 방식을 취하고 있기 때문에 이 글의 논의는 고전 장편소설의 연작 유형과 창작 방식에 대한 이해를 심화하는 데에도 기여할 수 있을 것으로 생각한다.[2)]

과 역사의 소설화」, 『선청어문』 28, 서울대, 2000. 3에서 밝힌 바 있다.

2) 이 글에서 〈옥환기봉〉은 규장각 소장 30권 15책 필사본을, 〈한조삼상기봉〉은 아세아문화사에서 영인한 장서각 소장 14권 14책 필사본을 대상으로 하였다.

2. 전편과의 연계성

앞에서 말한 바와 같이 〈옥환기봉〉은 광무제가 초야에서 일어나 무너진 한실을 회복하고, 곽후를 폐출하고 음귀인을 황후로 세운 역사적 사실에 상상과 허구를 가미하여 창작한 장편 역사소설이다.[3] 속편인 〈한조삼성기봉〉은 그 가운데 곽후의 폐출 문제에 초점을 맞춰 문학적 상상을 통해 곽후의 입장에서 그 부당함을 문제 삼고 있는 작품이라 할 수 있다. 먼저 다소 장황하기는 하지만 〈옥환기봉〉에 제시된 광무제와 음후의 인연, 그리고 그에 따른 곽후 폐출의 경과부터 살펴보자.

곽후는 광무제와 혼인한 후 가난 때문에 갖은 고생을 하면서도 남편과 시어머니를 극진히 섬긴다. 광무제는 이러한 곽씨에게 후일 용상에 앉게 해주겠다고 하고, 곽씨는 남편에게 희첩을 두지 말라고 당부한다. 그러나 곽씨와 혼인하기 전 꿈속에서 선고(仙姑)를 만나 전생 숙연을 확인하고 '천(天)'자가 새겨진 옥환을 얻은 광무제는 '지(地)'자 옥환의 임자를 자신의 진정한 배필이라고 생각하고 있었다. 이 사실을 알게 된 곽씨는 애를 태우면서 옥환을 자기 달라고 떼를 쓰기도 한다. 기병하여 동분서주하던 광무제가 우연히 서기가 서려있는 집을 보고 찾아간 것이 계기가 되어 광무제는 '지'자 옥환의 임자인 음씨를 아내로 맞이한다. 천자에 즉위한 광무제는 음씨를 황후로 봉할 생각을 하면서 곽씨와 음씨 모두를 우선

3) 〈옥환기봉〉의 역사소설적 성격에 대해서는 이승복이 위의 글에서 검토한 바 있다.

귀인에 봉하지만 결국 태후의 뜻에 따라 곽씨를 황후로 삼는다.

이후 곽후의 보모 윤씨는 광무제의 총애를 받고자 애쓰는 왕첩여와 공모하여 음귀인을 모해한다. 윤보모는 음귀인을 치독(置毒)하려 하기도 하고, 곽후의 명을 가탁하여 음귀인을 불러내 살해하려 하기도 하고, 붉은 물이 드는 약을 사용하여 음귀인의 얼굴을 망가뜨리려 하기도 한다. 또 윤보모는 왕첩여가 곽후 소생의 황자인 경왕을 살해하자 그것이 음귀인의 짓인 것처럼 꾸며 음귀인을 귀양보내고, 음귀인이 해배되어 돌아오자 곽후를 격동하여 음귀인을 연못에 빠뜨려 죽이려 한다. 그러나 음귀인은 자신의 기지와 초월계의 도움으로 여러 위기를 모면한다. 그런데 이러한 과정에서 곽후는, 윤보모가 광무제에게 먹이려던 약을 잘못 먹고 본성이 변하기는 하였으나 출정한 광무제를 생각해서 서늘한 바람을 쏘이지도 않고, 좋은 음식을 물리치며, 음귀인을 핍박하지도 않는다. 윤보모가 계교나 요약을 권해도 자기 스스로 음귀인을 제어할지언정 속임수로 계교를 행하지는 않겠다거나 박명한 사람이 될지라도 요음한 일은 하지 않겠다고 물리친다. 그러나 곽후는 자신의 감정을 주체하지 못해 윤보모의 모계를 알면서도 그것을 제어하지 못한다.

그러다가 곽후가 음귀인 소생의 황자인 동평왕을 매질하는 일이 벌어졌는데 경첩여가 이를 광무제에게 알리자 곽후는 윤보모와 왕첩여를 시켜 경첩여를 살해한다. 하지만 결국 이 일이 발각되어 윤보모와 왕첩여는 처형되고, 곽후는 폐출되고 만다. 이어 음귀인이 황후가 되고, 곽후는 중산태후로 봉해져 둘째 아들 중산왕의 봉토로 떠난다. 이후 곽후, 광무제, 음후가 차례로 세상을 떠난다.

그런데 〈옥환기봉〉에서는 광무제와 음후가 본래 천상의 선관, 선녀인데 서로 마음을 주고 받다 상제의 노여움을 사 인간 세상에 적강하여 한 무제의 태자와 태자비로 태어났으며, 이들이 다시 억울한 누명을 쓰고 죽은 후 재차 광무제와 음후로 환생하였다고 하였다. 곧 광무제와 음후의 결합을 삼생에 걸친 천정의 인연으로 설정하고 있는 것이다. 사실 이것은 곽후의 폐출과 음귀인의 황후 책립이라는 역사적 사실에 대해 그것이 곽후의 실덕과 광무제와 음후의 천정 연분에 따라 어쩔 수 없이 이루어진 필연적인 것이었다는 것을 보여주는 것이라 할 수 있다.[4)]

그러나 곽후의 입장에서 본다면 사정은 전혀 다를 수 있다. 이에 대해 〈한조삼성기봉〉의 서술자는 다음과 같이 설명하고 있다.

ᄎᆞ 삼인이 젼싱 연업과 슉셰 연업으로 동한 시의 일시의 나 슉연을 일울시 당당ᄒᆞᆫ 옥환의 긔연이 음후긔 ᄆᆡᄌᆞ시ᄃᆡ 조화옹이 혹셩 굿고 하늘 뜻이 당당ᄒᆞᆫ 황손을 두엇시나 총을 공손비의게 아이고 무광ᄒᆞᆫ 신셰ᄅᆞᆯ 늣기다가 원ᄉᆞᄒᆞᆫ 거술 어엿비 넉이샤 다시 한조의 직싱ᄒᆞ야 부귀지문의 귀ᄒᆞᆫ 녀ᄋᆡ 되야 젼싱 미쳔ᄒᆞᆫ 틔ᄅᆞᆯ ᄡᅵᆺ고 직싱ᄒᆞᆫ 뉴슈ᄅᆞᆯ 맛나 슉연을 이으니 뉴가ᄂᆞᆫ 본ᄃᆡ 빈한ᄒᆞ고 곽시ᄂᆞᆫ 부귀호치ᄒᆞ미 황녀ᄅᆞᆯ 불워 아니ᄒᆞᆯ 거시로ᄃᆡ 텬연이 ᄆᆡ인 고로 뉴가의 드러가니 삼간모옥의 ᄆᆡ쥭으로 고모ᄅᆞᆯ 봉효ᄒᆞ야 본부 직산을 기우려 텬하ᄅᆞᆯ 도모ᄒᆞ니 비록 텬명이 잇셔 텬하ᄅᆞᆯ 어더시나 이 ᄯᅩᄒᆞᆫ 곽시의 ᄂᆡ조ᄒᆞᆫ 공덕인들 엇지 젹다 ᄒᆞ리오마ᄂᆞᆫ 이러틋 무궁ᄒᆞᆫ 간고ᄅᆞᆯ ᄒᆞᆫ가지로 지ᄂᆡ다가 나죵의 져ᄇᆞ리믈 헌 신갓치 ᄒᆞ니 곽시의 원울ᄒᆞ고 분예ᄒᆞ미

4) 이에 대한 자세한 내용은 이승복, 위의 글 참고.

> 엇더ᄒᆞ리오 산비ᄒᆡ박ᄒᆞᆫ 은졍을 잇고 폐출홈은 오히려 상ᄉᆡ나 무죄ᄒᆞᆫ ᄐᆡᄌᆞ를 무고히 폐쟝ᄒᆞ야 동ᄒᆡ의 ᄂᆡ치니 실노 후셰 지ᄉᆞ의 가연ᄒᆞᆯ ᄇᆡ라 셕의 한 무졔ᄂᆞᆫ 구익부인을 죽여시나 효쇼황졔ᄂᆞᆫ 폐치 아냐시니 가히 니른바 관홍대량이라 고금을 논난ᄒᆞ고 역ᄃᆡ 졔왕을 의논ᄒᆞ면 무신불의ᄂᆞᆫ 한 광뮈 웃듬이 되리니 후인이 다 ᄀᆡ연ᄒᆞᆯ ᄇᆡ라 비록 곽 음의 연업이 텬졍이라 ᄒᆞ나 ᄃᆡᄀᆡ ᄉᆞ젹을 살필진대 신셰의 가련ᄒᆞ미 만흐니 고어의 왈 일부함원의 오월비상이라 ᄒᆞ니 곽시의 원민이 엇지 쳔ᄃᆡ의 쇼멸ᄒᆞ리오 유유이 원을 먹음고 ᄌᆡ셰의 한번 보복ᄒᆞ기를 발원ᄒᆞᆯ시……[5]

〈옥환기봉〉에 따르면 곽후는 한 무제 때 태자의 양제(良娣) 사씨였으며, 음후의 전생인 공손비, 곧 태자비에게 아들이 없자 사씨가 낳은 아들을 태자비의 아들로 삼아 태자비가 길렀었다.[6] 서술자는 이 사실을 지적하여 곽후가 전생에서는 황손을 낳았으나 총애를 받지 못했고, 나중에 환생해서는 가난을 무릅쓰고 지성으로 시어머니를 섬기고 광무제가 한실을 중흥할 수 있도록 친정의 재산을 기울여 내조하였는데도 결국 버림을 받았고, 곽후 소생의 태자마저도 그 위를 잃었다고 하여 광무제의 무신불의(無信不義)를 비난하고 있다.

이는 〈옥환기봉〉에서 광무제와 음후의 삼생에 걸친 인연의 성

---

5) 〈한조삼성기봉〉, 『필사본고전소설전집(筆寫本古典小說全集)』 25, 아세아문화사 편, 1980, 12~5면. 이하 '『전집』'으로 약칭.

6) 〈옥환기봉〉에서는 사씨가 귀한 아들을 낳았음에도 자기의 지위가 공손비의 아래라는 것 등을 섭섭하게 여겼고, 그 때문에 후세에 곽후가 음후에게 고난을 부과하게 되었다고 하였다.

취 과정에서 희생될 수밖에 없었던 곽후의 입장을 대변한 것으로 〈한조삼성기봉〉의 창작 동기와 앞으로 전개될 내용의 방향을 시사하는 것이라 할 수 있다. 곧 이 작품은 전편에서 희생을 강요받은 곽후가 광무제와 음후에 대하여 설원(雪冤)하는 내용으로 전개되리라는 것이다.

작자는 이러한 곽후의 설원을 위해 광무제와 곽후가 환생하여 다시 부부 관계를 이루되 곽후가 남편이 되고, 광무제가 부인이 되게 설정함으로써 곽후의 시련을 광무제가 직접 겪도록 하는 방식을 택하고 있다. 그들이 환생하는 과정을 구체적으로 살펴보자.

당나라 현종 연간에 위성, 조희, 지명, 설흠이라는 네 명의 처사는 정의가 각별한 붕우 사이로 함께 동정호에서 선유하다가 잠이 든다. 그들은 꿈속에서 선관을 따라 옥제가 조회를 받는 자리에 참석하게 된다. 조회에서 곽후가 나아와 자기의 억울한 심사를 토로하고 자신이 남자가 되고, 광무제가 여자가 되어 보원(報怨)하기를 바란다고 한다. 이에 옥제는 유수(劉秀), 곧 광무제와 음후를 명초한 후 서천여래로 하여금 음양을 바꿔 곽후가 남자로, 광무제가 여자로 화하게 한다. 그리고 남자가 된 곽후를 당나라 황자로 환생하도록 하는데 곽후는 전생에서 자기를 잘 대해 주었던 광무제의 누이 백희공주를 배필로 청한다. 이어 경왕과 경첩여가 왕첩여와 윤보모에게 원수 갚기를 청하자 옥제는 모든 원혼과 왕첩여와 윤보모를 인세에 환생하도록 한다. 그러자 선관이 위처사에게는 백희와 경왕을, 조처사에게는 광무제를, 설처사에게는 음후를 데려가도록 하고, 지처사에게는 몽사를 기록하여 후인으로 하여금 유씨, 곽씨, 음씨의 전세 보응을 자세히 알게 하도록 하라고 한다.

이에 따라 곽후는 당 현종의 아들 강왕으로, 백희공주와 경왕은 위처사의 딸 옥희와 아들 재성으로, 광무제는 조처사의 딸 수아로, 음후는 설처사의 딸 여주로, 경첩여는 옥희의 시비인 경앵으로 환생한다. 그리고 왕첩여는 전병부상서 양의의 서자 재왕으로, 윤보모는 윤교란으로 태어나게 된다. 그런데 곽후의 환생인 강왕은 도량이 하해 같고 위엄이 있으나 호색한 인물로, 광무제의 환생인 조수아는 교염(嬌艶)하나 마음이 협천(狹淺)한 인물로 제시되어 있다. 이것은 강왕이 광무제의 성격을, 조수아가 곽후의 성격을 대략 그대로 지니고 있다는 것을 말해주는 것으로 광무제와 곽후의 관계가 성별을 바꿔 강왕과 조수아의 관계로 재현될 것임을 암시한다. 곧 전생에서 광무제가 곽후에게 시련을 가했지만 현세에서는 곽후가 강왕이 되어 광무제가 환생한 조수아에게 시련을 가하게 되리라는 것이다. 또한 음후의 환생인 설여주는 박색(薄色)이라고 하였는데 이것은 음후가 전생에서 광무제의 애정을 독점하다시피 하였지만 현세에서는 남편의 박대를 받게 되리라는 것을 암시한다.

그런데 여기에서 곽후가 광무제, 음후에 대해 보원한다고 할 때 왜 백희공주와 같은 제삼의 인물이 필요했던가 하는 의문이 들 수 있다. 그러나 그 이유는 쉽게 짐작할 수 있다. 만약 광무제, 곽후, 음후 세 사람만이 환생하여 전생과 같이 부부가 되었다고 하면 곽후와 광무제는 성별을 바꿔 환생하도록 함으로써 곽후가 광무제에 대한 보원을 하게 할 수 있지만, 음후는 전편과 같이 숙덕과 재모를 갖춘 여인 그대로 환생하게 할 수밖에 없기 때문이다. 전생에서 광무제와 음후가 삼생 연분을 성취하는 과정에서 희생을 강요당한 곽후의 입장에서 볼 때에는 음후 역시 보원의 대상이라 할 수 있다. 이 때문에 음후의 환생을 박색으로 설정하여 음후에 대한 보원 또한 가능하게 하자면 광무제의 환생이 투기할 만한 다른 인물이 별도로 필요했던 것이다. 요컨대 전편에서는 광무제와 음후의 연분을 위해 곽후가 희생을 강요당했지만, 현세에서는 환생을 매개로 광무제와 음후에게 곽후가 시련을 가하게 된다는 것이다. 이제 작품의 전개 과정을 좇아가면서 그 구조와 의미를 살펴보기로 한다.

3. 구조와 의미

작품의 서사 전개는 강왕과 위・조・설소저의 혼인, 조비와 위비의 갈등, 그리고 갈등의 해결 등 크게 세 부분으로 나누어 볼 수 있다. 이는 이른바 처첩갈등담의 전형적인 구조라고 할 수 있는데 〈옥환기봉〉에서 광무제의 한실 중흥 과정을 제외한 광무제・곽후・음후의 갈등이 이러한 구조를 보이고 있다. 또한 위소저를 제외하면 전편의 갈등 당사자들이 환생을 통해 다시 등장하고, 전편에서 갈등을 조장하고 문제를 야기하던 악인들 역시 환생하여 다시 악행을 자행함으로써 갈등의 양상도 유사한 부분이 많다. 물론 〈한조삼성기봉〉은 단순히 전편의 구조와 내용을 반복하고 있지만은 않다. 우선 혼인 과정부터 살펴보자.

작품 전반부에는 강왕이 위, 조, 설소저와 혼인하는 과정이 제시되어 있다. 광무제에 대한 곽후의 보원을 위해서는 당연히 그들이

다시 부부로 맺어져야 한다. 그런데 이들의 혼인 과정에는 왕첩여의 환생인 양재왕이 요승 백운 이고(尼姑)의 도움을 받으면서 개입한다. 전편에서 왕첩여는 광무제의 애정을 차지하려다 뜻을 이루지 못하고 윤보모와 함께 악행을 일삼았으며, 자신을 배척하던 백희공주를 원망하였었다. 이 때문에 재왕이 광무제의 환생인 조소저와 백희공주의 환생인 위소저에게 시련을 가하게 된다.

전병부상서 양의는 아들 재왕의 혼처를 구하던 중 위, 조처사에게 청혼하였다가 거절당한다. 하지만 재왕은 조소저와 혼인하겠다고 고집하는데 이때 강왕의 비를 간택하는 간택령이 내리고 위, 조소저를 한 번 본 천자는 위소저로 정비, 조소저로 부빈을 삼으려 한다. 이 소식을 들은 재왕이 다시 위소저를 취하겠다고 하자 재왕의 부모는 백운법사를 청하여 위소저를 납치하게 한다. 그러나 남악 위진인이 위소저를 구해가자 백운은 할 수 없이 윤보모의 환생인 윤교란을 양부로 데려가 위소저라고 속인다. 천자는 길일을 앞둔 위소저가 행방불명되자 결국 조소저를 강왕의 정비로 삼는다. 전생의 인연과 관계에서 비롯된 재왕의 욕심 때문에 현숙한 위소저 대신 조소저가 강왕의 정비가 된 것이다. 이처럼 광무제의 환생인 조소저가 곽후의 환생인 강왕의 정비가 됨으로써 광무제와 곽후의 부부 관계가 성별을 바꿔 다시 이루어진다.

한편 설소저는 성정이 온순하나 외모가 기괴하여 부모는 청혼이 들어와도 모두 거절한다. 어느 날 조부에 들렀다가 돌아가던 강왕은, 사람들이 설소저를 칭찬하면서 비싼 체한다고 하는 말을 듣고는 천자에게 고하여 설소저를 후궁으로 맞이하지만 그 얼굴을 보고는 후회하면서 돌아보지 않는다. 그러자 조비는 후궁을 들인 강왕을 원망하면서도 설소저는 은근히 후대한다. 설소저가 박색이어서 강왕의 냉대를 받는 것은 음후에 대한 곽후의 보원 때문이며, 조비와 설소저의 관계가 원만한 것은 그들이 전생에서 삼생에 걸친 연분을 성취한 사이이기 때문이다.

이어 강왕과 위소저의 혼인 이야기가 제시된다. 강왕은 산적 영청의 무리가 발호하자 이를 토벌하러 출정한다. 영청의 술법 때문에 곤란한 지경에 처했던 강왕은 신인(神人)의 몽중 교시에 따라 남악 위진인을 만나 전생 일을 알게 되고, 그 제자 운설현사, 곧 위소저의 도움으로 승리를 거둔 후 위소저와 함께 경사로 귀환한다. 곧 이어 운설이 위소저라는 것이 밝혀지자 천자는 위소저를 강왕의 비로 삼는다. 그런데 이 과정과 병행하여 조비는 재왕 때문에 위기를 겪는다. 재왕이 조비를 차지하기 위해 백운으로 하여금 조비를 납치하게 한 것이다. 그러나 조비는 신인의 몽중 교시에 따라 피신하고 백운은 궁비 소옥을 대신 잡아간다. 조비는 위소저의 소식을 듣고 크게 실망하지만 상표(上表)하여 자신의 무사함을 알리고, 양부를 탈출한 소옥이 양씨 일가의 모든 음모를 밝히자 양상서는 문외출송(門外出送)되고, 재왕은 원찬되며, 백운은 도주한다.

이와 같이 강왕과 위, 조소저의 혼인은 전생의 인연에 따른 재왕의 개입으로 인해 원비(元妃)가 바뀌는 것으로, 강왕과 설소저의 혼인은 강왕의 호색한 성품에 의한 자업자득으로 그려져 있다. 성격이 협착한 조소저가 원비가 되고 현숙한 위소저가 나중에 강왕의 비가 되는 것은, 전편에서 조협(躁狹)한 곽후가 황후가 되고 숙덕을 갖춘 음씨가 귀인이 되는 것을 염두에 둔 설정으로 앞으로 진행될 갈등과 그 결말을 짐작케 한다. 그런데 설소저는 혼인 과정 이후 작품의 전면에 다시 부각되지 못함으로써 갈등은 조, 위비와 강왕, 그리고 갈등을 매개하는 인물들을 중심으로 진행된다.

쉽게 짐작할 수 있지만 갈등은 조비에게서 비롯된다. 조비는 성격이 협천할 뿐 아니라, 강왕과 혼인 직후 "타일 만승지위의 나가더라 ᄒᆞ야도 만일 뉵궁비빙 즁 ᄉᆞᄉᆞᄒᆞ미 이신 즉 결단코 용납지 아닐"[7] 생각을 하는 데에서도 알 수 있듯 남편의 애정을 독점하고자 하는 욕구가 강한 인물이다. 조비는 이러한 욕구가 위협을 받을 때마다 불만을 토로하거나 남편에게 항거한다.

강왕이 설소저를 맞기 위해 먼저 후궁 운운하자 노기를 띠고, 설소저를 후궁으로 맞이하게 되자 절염미색을 얻으면 자신은 물러나 분수를 지키겠다며 강왕을 힐난한다. 또 실종되었던 위소저가 돌아와 강왕과 혼인하게 되었다는 소식을 듣고는 탄식하고[8] 눈물을 흘리며, 위비를 맞이할 때에는 "절절이 분히ᄒᆞ고 노한이 만복ᄒᆞ야 긔운의 져상홈을 니긔지 못"[9]한다. 뿐만 아니라 조비는 위비를 새 모친이라 일컬으며 서로 화합할 것을 권하는 자기 딸 선화를 밀쳐 머리를 다치게 하기도 하고, 위비가 천거한 진숙희, 경숙위, 하숙인 등의 후궁을 대책하기도 한다. 이처럼 조비는 남편의 애정을 독점

---

7) 『전집』 25, 181면.

8) 위시의 싱존홈을 한홈이 아니라 졔 무고히 잇다 구약을 셩젼ᄒᆞ야도 나의 젼졍이 유히ᄒᆞ려든 이졔 문득 만셰의 아롬다온 공노로 군왕을 조ᄎᆞ 도라오미 그 향명이 금샹의 쳠화홈이라 쳡의 박명을 조ᄎᆞ 가히 알니니 출ᄒᆞ리 현경뎐의셔 일싱을 낭낭긔 의탁ᄒᆞ야 맛출지언졍 위시로 일궁의는 쳐ᄒᆞ지 아니ᄒᆞ리로쇼이다(『전집』 25, 382~3면).

9) 『전집』 25, 447면.

하려는 강한 욕구를 지니고 있으며, 그것이 위협받을 때마다 상대방은 물론, 강왕에게도 자신의 불만과 원망을 숨기지 않는다.

그러나 한편으로 조비는 부도(婦道)에 부합하는 엄정한 태도를 보여주기도 한다. 친정어머니 허씨가 백운을 천거하면서 곁에 두고 위비를 절제하라 하자 조비는 "녀ᄌᆞ의 힝실은 쳥한홈이 귀ᄒᆞ니 엇지 요괴로운 뫼로 그 젹인을 히ᄒᆞ리잇가"[10]라며 거절하고, 백운에게도 "쳡이 셩졍이 졸ᄒᆞ야 본ᄃᆡ 션가의 허망홈을 취치 아니ᄒᆞᄂᆞ니 신근이 ᄯᆞᆯ오고ᄌᆞ ᄒᆞᄂᆞᆫ 후의롤 밧드지 못홀가 ᄒᆞ노라"[11]라며 사양한다.

이와 같은 조비의 면모는 〈옥환기봉〉의 곽후와 거의 유사하다. 곽후 역시 남편의 애정을 독점하고자 하는 욕구가 강하고 그러한 자신의 욕구를 거칠 것 없이 드러낸다. 그러면서도 출정한 광무제를 생각하여 날이 더워도 서늘한 바람을 쏘이지 않고 좋은 음식도 물리치며, 윤보모가 계교나 요약을 권해도 자기 스스로 음귀인을 제어할지언정 암휼(暗譎)로 행계(行計)하지는 않겠다거나 박명지인이 될지라도 요음(妖淫)한 일을 행치 않겠다며 물리친다. 곧 조비의 성격과 태도는 전편의 곽후를 의식하면서 형상화되고 있는 것이다. 그렇다면 갈등을 조장하고 문제를 야기하는 악인의 경우는 어떠한가.

전편에서는 윤보모가 음후에 대한 음모를 주도했는데 마찬가지로 이 작품에서도 윤보모의 환생인 윤교란이 앞장서서 위비를 음

---

10) 『전집』 25, 536면.
11) 『전집』 25, 538면.

해한다. 재왕의 유배지에 있던 윤교란은 도주한 백운을 만난 후 조비의 어머니 허씨를 통해 궁에 들어와 조비의 심복이 된다. 윤교란은 먼저 미혼약으로 조비가 자기를 신뢰하도록 만든 다음 조비를 충동질 해 위비를 모해하기 시작한다.

먼저 교란은 강왕이 조비의 아들을 봉작(封爵)하지 않는 것은 위비의 소생을 염두에 두고 있는 것이라고 하여 조비를 격동시키고, 이후 스스로 위비가 거처하는 남궁을 감시한다. 이어 교란은, 위비가 남악에서 같이 지내던 진채홍, 경소란과 시비 경앵을 강왕에게 후궁으로 천거하자 이 사실을 조비에게 전하면서 이는 위비가 강왕을 농락하고 조비를 절제하기 위한 것이라고 하여 조비로 하여금 세 후궁을 대책하게 만들고 자신도 이들을 핍박한다.

위비에 대한 음해는 백운에 의해서도 자행되는데 백운은 위비의 궁녀인 난소의 모습을 하고서 조비 소생의 왕자 백경을 못에 밀어 넣고는 그것이 위비의 짓인 것처럼 조작한다. 이에 조비는 위비가 탈적(奪嫡)하기 위해 한 짓이라고 분해하면서 위비를 의심하지 않는 강왕을 원망한다. 그런데 이 일과 관련하여 교란이 조비를 계속 충동질 하자 조비의 딸 선화가 교란을 질책하면서 강왕에게 고하겠다고 한다. 그러자 교란이 백운과 상의하여 선화를 살해하려 하지만 이를 짐작한 위비의 혜지(慧智)로 선화는 목숨을 구한다. 이뿐 아니라 백운이 조비의 용모를 하고 세 후궁을 불러내 대책하고 곁에서 교란이 이 세 사람을 매질하기도 하고, 백운과 교란이 조비의 침전에 요예물(妖濊物)과 주사(呪辭)를 묻어 위비가 조비와 그 자녀들을 해치려 한 것처럼 꾸며 조비가 위비의 운발(雲髮)을 잡고 대책하는 일이 벌어지게 하기도 한다.

멈출 줄 모르는 이들의 손길은 태자궁에까지 미치지만 결국 이 때문에 모든 사실이 밝혀진다. 교란은 재왕, 백운과 상의하여 태자의 침전에 요예물과 주사를 묻고 그것이 위비의 짓인 것처럼 꾸민다. 태자의 침전에서 그것들이 발견되자 강왕과 위처사 등이 대죄하고, 위비의 짓이 아닌 듯하다는 태자의 말을 들은 천자는 강왕의 처첩 가운데 위비를 시기하고 미워하는 자의 짓일 것이라며 조비와 위비 및 후궁들의 시비를 잡아 국문한다. 이날 밤 백운이 옥에 갇힌 교란을 구해내자 교란은 강왕 부부 모두를 해칠 생각에서 백운과 함께 강왕의 처소에 돌입하였다가 강왕에게 붙잡힌다. 이에 모든 죄상이 드러나 백운과 교란은 처형되고, 조비의 어머니 허씨는 원찬되며, 조비는 조강지처로 자녀가 있다 하여 본궁에 안치된다.

이처럼 모든 음모가 조비가 아니라 그 궁비인 윤교란의 주도에 의해 이루어지는 것은, 전편에서 윤보모의 주도로 음후에 대한 모해가 이루어지는 것과 마찬가지라고 할 수 있다. 그리고 갈등의 당사자인 조비나 곽후가 요약에 의해 본성을 잃는 것도 전후편이 같다. 그러나 곽후의 경우에는 윤보모가 광무제에게 먹이려던 요약을 곽후가 잘못 먹은 것인 데 비해 조비의 경우에는 처음부터 윤교란이 요약으로 조비의 본성을 잃게 만든다는 점에서 차이가 있다. 또한 윤보모의 모해는 줄곧 음후를 대상으로 하고 있지만 윤교란의 경우는 그렇지 않다. 윤교란은 위비를 모해할 뿐 아니라 세 후궁, 그리고 조비의 딸인 선화, 나아가 강왕과 조비, 위비 모두를 해치고자 한다. 결국 이것은 윤교란의 음모라는 것이 조비를 위하여 위비를 제거하기 위한 것에 한정되지 않는다는 것을 말해준다. 그렇다고 해서 그것이 전생과 관련되는 것도 아니다. 윤보모의 환생인 윤교란이 곽후의 환생인 강왕을 살해하려 하는 것은 전생의 관계를 고려하더라도 이해가 되지 않는다. 결국 윤교란의 행위는 아무런 목적과 방향 없이 악을 위해 악을 자행하는 것이라고 할 수밖에 없다.

그런데 모든 음모가 밝혀져 조비가 본궁에 안치됨으로써 조비와 위비의 갈등이 일단락되지만 악인의 악행은 지속된다. 백운과 교란이 붙잡힌 것을 알고 도주한 재왕은 모든 것이 조비 때문이라며 조비를 죽일 생각을 한다. 서술자는 이를 "왕녀의 남은 음졍이 한 데의 춍을 엇지 못훈 원업"12) 때문이라고 하였다. 여장을 하고 다니던 재왕은 유배 길의 허부인을 만나 허씨의 마음을 미혹하여 심복이 되고, 이어 조처사와 그 아들들이 역모를 꾀하는 내용의 흉서를 만들어 조처사의 소주 고택에 두어 증거로 삼게 하고, 또 한 통의 편지를 위조하여 병부상서가 보도록 만든다. 이에 천자가 조처사의 아들들을 잡아 올리고, 조비는 석고대죄를 한다. 딸이 왕비가 되던 날 집을 떠나 산천을 유람하던 조처사는 이 사실을 알고 경사로 올라오다가 우연히 지난 일을 자문자답하는 재왕의 말을 듣고 이 일이 재왕에게서 비롯된 것임을 알게 된다. 곧바로 달려들어 재왕을 붙잡은 조처사는 경사에 올라와 등문고를 울려 자신의 누명을 씻고, 재왕은 처형된다. 이에 천자는 조처사를 위로하고 조비에게는 사명(赦命)을 내린다. 조처사는 득병한 조비를 찾아 위로하고 조비의 병이 쾌차한 후 향리로 돌아간다.

이와 같은 조씨 일문의 위기는 조비에게 혹독한 시련을 안기기

---

12) 『전집』 26, 258면.

도 하지만 동시에 조비가 안치에서 벗어나 아버지와 화합하는 계기를 제공하기도 한다. 하지만 이것은 왕첩여의 숙원(宿怨)에서 비롯된 것으로 곽후의 보원이라는 작품의 지향과는 거리가 있다고 할 수 있다. 또 그것이 이미 조비와 위비의 갈등이 일단락된 상태에서 조비보다는 조씨 일문을 대상으로 이루어짐으로써 서사 진행의 맥락에서도 다소 이탈되었다는 느낌을 주는 것이 사실이다.

이후 조비가 곽후의 전철을 밟아 폄척(貶斥)됨으로써 광무제에 대한 곽후의 보원이 완전하게 이루어지는 것으로 작품이 마무리된다. 양귀비를 등에 업은 양씨 일파가 국권을 농단하여 제왕(諸王)이 본국으로 돌아가게 되자 강왕도 본국으로 가면서 소주에 들러 조비가 부모를 만나게 해준다. 이후 태자가 세상을 떠나고 안록산이 난을 일으켜 천자가 피난하게 된다. 천자는 강왕을 태자로 봉하고, 이어 강왕이 대위에 오르니 곧 숙종이다. 숙종은 난을 진압하여 나라의 안정을 회복하고, 제신들의 권유와 상황(上皇)의 허락을 얻어 위비를 황후에 봉하고 조비로 귀인을 삼으며, 세자였던 조비 소생 백경을 태자로 봉한다. 이에 조비는 놀랍고 분하여 직첩을 내던지고 죽지 못함을 한한다. 이후 숙종은 조비 소생의 황자를 동해왕으로, 조비를 동해태비로 봉하여 함께 본국으로 보내고, 동해에 폄척된 조비는 주야로 북천을 창망(悵望)하면서 한탄하고 원망하다가 마침내 세상을 떠난다.

이러한 과정은 전편에서 폐후가 된 곽후가 중산태후에 봉해져 둘째 아들인 중산왕의 본국으로 떠났다가 태자였던 큰 아들이 동해왕이 되어 물러나자 동해왕의 본국에서 광무제과 음후에 대한 섭섭한 마음을 억제하지 못하고 눈물로 세월을 보내다가 세상을 떠나는 것을 연상시킨다. 그러나 전편에서는 곽후의 실덕 과정이 자세히 서술되고, 그러한 실덕이 계기가 되어 곽후가 폐출되지만 이 작품에서는 보다 현숙한 인물을 황후로 삼는다는 명분 때문에 조비가 귀인이 되고, 또 그것에 대한 불만을 누그러뜨리지 않는다는 이유로 조비가 동해에 폄척되는 과정이 간략히 서술되어 있다. 이런 점에서 핍진성과 설득력은 전편에 비해 다소 떨어진다고 할 수 있다.

이와 같이 〈한조삼성기봉〉에서는 광무제와 곽후가 성별이 뒤바뀌어 환생했다는 것이 다를 뿐 환생한 인물들의 성격이나 태도, 그리고 그들 사이에서 벌어지는 갈등이나 사건 구조 역시 대체적으로 전편인 〈옥환기봉〉의 그것과 유사하다는 것을 확인할 수 있다. 이제 이상의 논의를 바탕으로 〈한조삼성기봉〉의 함의를 검토하고, 그 소설사적 의의를 살펴보자.

4. 작품의 지향과 소설사적 의의

앞에서 살펴본 바와 같이 이 작품은, 전편인 〈옥환기봉〉에 제시된 중심 인물의 성별을 뒤바꿔 그들이 처한 상황을 역전시키되 전체적인 갈등 구조는 대개 그대로 답습하고 있다. 고전소설 가운데 연작의 형태를 취하고 있는 작품들의 경우 후편에서는, 전편의 중심 인물은 한 걸음 뒤로 물러나서 새로 중심 인물로 부각된 자녀들의 모습을 바라보다가 심각한 갈등 상황에서나 간간이 개입하는 모습을 보이는 것이 일반적이다. 이런 점을 고려할 때 전편에서 억울함을 당한 인물의 보원을 위해 관련 인물들이 환생하여 다시 전편의 인물 관계와 갈등 관계를 이루는 전후편의 연계성은 확실히 독특한 방식이 아닐 수 없다.

이는 전편이 후편에 등장하는 인물들의 성격, 관계, 갈등의 근원적인 동기를 제공하는 원천이 된다는 것을 의미한다. 이에 따라 〈한조삼성기봉〉의 서술자는 필요할 때마다 전편과의 관계를 독자에게 설명하고 환기한다. 조소저의 협착한 성격에 대해서는 "텬의 뉴 곽 음의 ᄌᆡ셰ᄅᆞᆯ 붉히려 ᄒᆞ시미니 강목(광무제가 상계에서 강목왕이었음 - 필자)의 텬ᄉᆡᆼ녀질노 영웅의 건곤을 밧고와 환셰ᄒᆞᆫ ᄇᆡ니 엇지 인력으로 ᄒᆞ리오"[13]라고 하며, 강왕의 호색에 대해서는 "이ᄂᆞᆫ 젼혀 곽후의 젼신이 광무의 구원을 셜치코ᄌᆞ ᄒᆞ미라"[14]라고 하여 그들의 성격이 이렇게 설정된 근거가 전편에 있음을 밝히고 있다. 인물의 성격뿐 아니라 앞으로 진행될 사건의 경우도 마찬가지이다. 예를 들어 양재왕에 대해 "ᄌᆡ왕의 젼신은 왕녀의 흉ᄒᆞᆫ 넉시라 한졔ᄅᆞᆯ 흠모ᄒᆞ미 깁흐나 공쥬 ᄇᆡᆨ희 져ᄅᆞᆯ ᄇᆡ쳑ᄒᆞ던 원을 아니 갑지 못ᄒᆞᆯ지라"[15]라고 하여 앞으로 재왕이 위소저에게 해를 끼칠 것을 암시하고, 윤교란과 백운이 처형될 때 혼자 도주한 재왕이 모든 것이 조비의 탓이라면서 조씨 집안의 역모를 조작해내는 것에 대해서도 왕첩여의 남은 음정이 한제의 총을 얻지 못한 원업 때문이라고 하여 재왕의 그러한 행위의 근거가 전편에 있음을 밝히고 있다.

---

13) 『전집』 25, 62면.
14) 『전집』 25, 91면.
15) 『전집』 25, 110면.

또 경우에 따라서는 인물이 직접 전생의 일을 확인하기도 하고, 자신도 모르는 사이에 전생 일을 토로하기도 하여 전후편의 관계가 계속 환기되고 있다. 강왕은 꿈을 통해 설소저가 음후의 환생이라는 사실을 알게 되어 설소저가 박색이지만 마음을 누그러뜨리며, 도적을 진압하러 출정하였을 때에는 남악 위진인이 주는 옥액을 받아 마시고 자기의 전생 일을 알게 된다. 그리고 윤교란과 양재왕은 죽기 직전 자신도 모르는 사이에 전생 일을 울부짖듯 토로하기도 한다.[16)]

뿐만 아니라 인물들의 대화 가운데에서도 광무제와 곽후, 음후의 일이 자신들의 경우에 적용될 수 있는 고사로 자주 인용되고 있다. 현종의 후궁인 조귀인이, 위소저가 돌아와 강왕과 혼인하게 되었다는 소식을 듣고 실망하는 조비를 위로할 때 조비는 다음과 같이 자신의 심사를 토로한다.

> 쳡이 일즉 녯글을 널남ᄒᆞ니 동한 광무황졔 곽후의 ᄋᆞ시 결발과 조강 간고ᄅᆞᆯ ᄉᆡᆼ각지 아니ᄒᆞ고 효무황졔 위황후ᄅᆞᆯ 죽여시니 쳡이 이런 마ᄃᆡᄅᆞᆯ ᄉᆞᆯ펴 강개ᄒᆞᆷ을 ᄎᆞᆷ지 못ᄒᆞᄂᆞ니 이졔 왕이 위시ᄅᆞᆯ 취ᄒᆞ야 편벽ᄒᆞᆫ ᄋᆡ증이 광무황졔 음후ᄅᆞᆯ ᄎᆞᆼ힝ᄒᆞ야 곽후ᄅᆞᆯ 폐ᄒᆞᄂᆞᆫ 거죄 업기ᄅᆞᆯ 어이 밋으리오 쳡이 ᄌᆞ연 심골이 경한ᄒᆞᆷ을 ᄊᆡᄃᆞᆺ지 못ᄒᆞᄂᆞ니 실노 투악으로 위본ᄒᆞᆷ이 아니로쇼이다[17)]

16) 윤교란은 "내 본ᄃᆡ 위쥬튱심이 남만 못ᄒᆞ미 아니로ᄃᆡ 젼ᄉᆡᆼ의 곽후ᄅᆞᆯ 도와 맛ᄎᆞᆷ내 튱을 셰우지 못ᄒᆞ고 그ᄅᆞᆺ 죄ᄅᆞᆯ 악역의 범ᄒᆞ야 경왕을 죽이고……(『전집』 26, 201~2면)"라 하며, 양재왕은 "ᄂᆡ 맛ᄎᆞᆷᄂᆡ 젼ᄉᆡᆼ지셰의 한뎨의 ᄉᆞ랑ᄒᆞ믈 닙지 못ᄒᆞ고 죵시 두 번 텬쥬ᄅᆞᆯ 바드니 원ᄇᆡᆨ이 구텬의 ᄒᆞᆺ터지니 못ᄒᆞ리로다(『전집』 26, 374면)"라고 울부짖는다.

과거 광무제가 음후를 총애하여 조강지처인 곽후를 폐하였는데 그러한 일이 자기에게도 미칠지 모른다는 것이다. 또 위비가 본궁에 안치된 조비를 상궁을 보내 위로하자 조비는 "곽시의 침폐ᄒᆞ미 음녀화의 복이 되야시니……"[18]라 하기도 한다. 이뿐 아니라 숙종이 위비를 황후로 삼고 조비를 귀인으로 삼을 때 위비의 동생인 영현부마가 그 부당함을 간하자 숙종은 "조귀인이 딤의 ᄋᆞ시 결발이라 ᄒᆞ나 빈쳔의 간고롤 ᄒᆞᆫ가지로 ᄒᆞ미 업ᄉᆞ니 딤이 한 광무의 음녀화롤 젼춍ᄒᆞ여 곽후의 유공ᄒᆞᆫ 허물이 업ᄉᆞᆫ지라 신민이 무숨 딤의 허물을 논단ᄒᆞ리오"[19]라고 한다.

이처럼 전편은 후편의 창작 근거 및 인물 관계 형성의 원천이 될 뿐 아니라 인물의 성격, 사건의 계기, 인용 고사 등의 원천으로 작용하고 있음을 알 수 있다. 이러한 사실들은 작자가 전편을 철저히 의식하면서 이 작품을 창작했다는 것을 말해주는 것이다. 그렇다면 전편과 구분되는 이 작품의 함의, 곧 단순한 은원의 해결이 작품의 지향인가, 아니면 그것을 통해 어떤 다른 의미를 추구하고 있는가 하는 문제를 살펴보자.

전편에서 곽후는 광무제의 조강지처로 혼인 초부터 가난을 감내하면서 시어머니를 봉양하였고, 전란의 와중에서는 시어머니를 먼저 생각하여 스스로를 희생하려 했던 효부이기도 하였다. 그러면서도 곽후는 남편의 애정을 독점하려는 욕구가 강하여 광무제를 원망하고 음후를 투기하다가 폐후가 되고 만다. 물론 보는 시각에

17) 『전집』 25, 383~4면.

18) 『전집』 26, 219면.

19) 『전집』 26, 492면.

따라 차이가 있을 수 있겠지만 곽후의 입장에서 본다면 그것은 광무제와 음후의 삼생에 걸친 인연의 성취를 위해 자기가 희생된 것으로 인식될 수 있다. 따라서 광무제와 곽후가 서로 성별을 바꿔 환생하여 광무제가 곽후의 삶을 살면서 그 고통을 체험토록 하는 데에는 다른 여인과의 애정을 위해 조강에게 부당한 희생을 강요한 남편에 대한 항거의 의미가 담겨있다고 할 수 있다. 이는 작품 서두에 제시된 서술자의 설명이나 옥제에 대한 곽후의 원정(原情)에서 충분히 짐작할 수 있다. 그러나 문제는 그것이 여성의 주체적 자각으로 충분히 고양되었다고 보기 어렵다는 것이다.

우선 곽후가 지나치거나 부당한 희생을 강요당했기 때문에 광무제로 하여금 조비로 환생하여 곽후의 고통을 체험하도록 한다면 조비의 폐출 역시 부당하거나 지나친 것이라는 점이 선명히 부각되어야 하나 실제로는 그렇지 못하다는 것이다. 조비는 남편의 애정을 독점하려는 욕구가 강한 반면 계교로 상대를 해하려 하지 않으며, 모해 역시 아랫사람의 주도에 의해 이루어진다. 이는 곽후의 경우와 마찬가지이다. 하지만 곽후의 경우에는 혼인 초 가난 때문에 직접 나물 캐고, 길 짜며 어려운 살림을 꾸려가면서도 시어머니를 정성으로 봉양하고, 전란의 와중에서도 시어머니와 시누이를 대신하여 스스로를 희생하려 하고, 이후에도 시어머니, 시누이와 친밀한 관계를 유지하는 등 조강지처로서의 면모가 부각되어 있으며, 폐출 후에는 섭섭한 마음을 달래지 못하면서도 후회하고 자책하는 모습이 선명히 제시됨으로써 곽후를 폐출한 광무제의 처사가 부당하다거나 지나치다는 느낌을 받을 수 있다. 곧 실덕을 상쇄할 수도 있는 조강지처로서의 면모가 선명히 부각되어 있다는 것이다. 그런데 조비의 경우에는 단지 먼저 혼인하였다는 의미에서의 조강지처일 뿐 곽후에게서 볼 수 있었던 면모는 전혀 찾아볼 수 없고, 오직 투기하는 모습만이 부각되어 있을 뿐이다. 이 때문에 조비의 폄척은 곽후의 경우처럼 심각하게 다가오지 않는다. 따라서 조비의 폄척을 통해 실현된 곽후의 보원은 여성의 주체적 자각에서 비롯된, 남성 지배에 대한 반발과 저항의 의미를 충분히 담지하고 있다고 보기는 어렵다.

이는 위비를 황후로 삼는 것이 부당하다는 영현부마의 주장에 대해 숙종이, 조비는 빈천의 간고를 한가지로 한 적이 없고, 자신에게는 음후를 전총하여 곽후를 내친 광무제와 같은 허물이 없다고 말하는 데에서도 짐작할 수 있다. 물론 남성 중심적 시각에 의한 발언이기는 하나 조비와 자신이 고생을 함께 한 적이 없으니 조비는 곽후와 다르고, 따라서 조비를 황후가 아닌 귀인으로 삼는 것이 지나치거나 부당한 일이 아니라는 말은, 결국 조비의 폄출이 곽후의 경우처럼 심각한 것이 아니며, 따라서 그렇게 실현된 곽후의 보원이라는 것이 여성 중심적 시각에 의해 남성 지배의 횡포를 고발하는 차원으로 충분히 고양된 것이라 하기 어렵다는 것을 말해주는 것이라 할 수 있다.

이는 〈취미삼선록〉에 제시된 광무제의 꿈과 대비된다. 〈취미삼선록〉은 〈옥환기봉〉을 바탕으로 창작된 작품인데 곽후 폐출 이후 곽후 소생의 세 공주가 남편들 때문에 시련을 겪는 삽화와 곽후의 폐출이 지나치고 부당하다는 것을 환기시키는 삽화들이 병치되면서 남성 지배의 횡포를 고발하고 있다.[20] 이 가운데에는 광무제의 꿈속에서 광무제는 곽후가, 곽후는 광무제가 되어 지나온 그들의 삶을 서로 바꿔 살아가는 삽화가 제시되어 있는데 이를 통해 광무제는 곽후의 시련을 체험하고 이해함으로써 곽후에게 시련을 강요한 자신의 처사를 돌이켜 보게 된다. 성별을 바꿔 상대의 삶을 살아보게 한다는 발상은 같지만 〈취미삼선록〉에서는 그것이 남성 지배에 대한 비판적 의미를 구현하는 데 기여하고 있다면 〈한조삼성기봉〉에서는 단순한 보복의 차원을 크게 벗어나지 못하고 있다고 할 수 있다.

대신 작자는 선악의 응보에 대해 많은 관심을 기울이고 있다. 곽후의 보원이라는 애초의 의도를 고려할 때 양재왕, 윤교란, 그리고 백운의 비중이 지나치게 클 뿐 아니라 그들의 악행은 그야말로 악을 위한 악으로 치닫는다. 예를 들어 전편에서 윤보모는 곽후를 위한다는 명분 아래 음후에 대한 음해를 지속한다. 그런데 윤보모가 환생한 윤교란은 위비만을 대상으로 음해를 자행하는 것이 아니라 처음부터 요약으로 조비를 미혹시킨 후 조비의 딸인 선화를 살해하려 하기도 하고, 세 후궁을 핍박하기도 하며, 나아가서는 강왕 부부 모두를 살해하려 하기도 한다. 여기에는 조비의 시녀로서 상전을 위한다는 명분이 개재할 틈이 없다. 윤교란의 이러한 모습은 전생의 인연과도 무관한 것으로 악인이 환생하여 목적 없는 극악한 행동을 일삼다가 전생처럼 처형되고 마는 것을 보여주고 있는 것에 불과하다. 곧 작자는 전생의 선악 관계를 현세에서 재현하여 반복함으로써 복선화음의 이치를 구현하는 데 관심이 있었으

20) 〈취미삼선록〉에 대해서는 다음 장인 '2. 〈옥환기봉〉과의 관계를 통해 본 〈취미삼선록〉의 성격'에서 구체적으로 검토할 것이다.

며, 전생에서 가해자였던 광무제와 피해자였던 곽후의 관계 역시 이러한 측면에서 파악하려 했던 것으로 보인다는 것이다.

이러한 작품의 지향은 작품의 중간과 말미에 제시된 서술자의 다음과 같은 진술에서도 확인할 수 있다.

> 원간 하늘이 조화ᄅᆞᆯ 분ᄒᆞ시ᄆᆡ 귀신의 희롱ᄒᆞ미 만ᄒᆞ니 텬되 본ᄃᆡ 지공무ᄉᆞᄒᆞ신지라 비록 현인이 잠간 비고ᄒᆞ고 간인이 잠간 득셰ᄒᆞᄂᆞᆫ ᄯᆡᄅᆞᆯ 빌니시나 필경은 션을 복ᄒᆞ고 악을 벌ᄒᆞ시믄 텬도의 상니어든 ᄒᆞᆷ울며 대악이 연텬ᄒᆞ고 무죄ᄒᆞ미 ᄇᆡᆨ옥 ᄀᆞᄐᆞᆫ 바의 텬디신명이 엇지 무심ᄒᆞ시리오[21]

> 이러ᄒᆞᆫ 고로 덕을 닥지 못ᄒᆞ면 악심을 힝ᄒᆞᄂᆞᆫ 근원이라 엇지 무심ᄒᆞ리오 하늘이 어진 사ᄅᆞᆷ을 복을 쥬시고 악ᄒᆞᆫ 사ᄅᆞᆷ을 지앙을 ᄂᆞ리오시니 엇지 젼셰 보복이 아니리오 일노ᄡᅧ 후인을 징계ᄒᆞᄂᆞ니 기리 지실ᄒᆞ라[22]

그런데 작자는 이러한 선악의 응보를 보다 분명하게 하기 위해 초월계를 빈번하게 개입시키고 있다. 백운에게 납치되어 가던 위소저는 남악 위진인에게 구출된 후 그의 제자가 되어 도술을 익히고, 도적 영청과 대결하던 강왕은 두 번씩이나 황룡의 도움으로 위기를 벗어나며, 백운이 조비를 납치하려 할 때에는 신인이 조비에게 현몽하여 피할 방책을 일러주기도 한다. 뿐만 아니라 윤교란이

21) 『전집』 26, 315~6면.
22) 『전집』 26, 508~9면.

조비의 얼굴을 한 백운과 함께 세 후궁을 대책하고 매질할 때 갑자기 교란의 사지가 저리고 수족을 놀리지 못하게 되기도 하고, 조비가 위비를 때리자 금룡이 운무 중에 나타나 조비를 물려하고 금갑신이 교란을 잡아 넘어뜨리기도 하며, 백운과 교란이 강왕을 살해하려 하자 신장이 나타나 백운을 철퇴로 치기도 한다. 이와 같은 초월계의 자발적인 개입 외에도 도술을 익힌 위비가 금의동자, 황의동자 등을 불러 백운에게 붙잡혀 가는 난소를 구하고, 태자를 보호하도록 하기도 한다.

이러한 초월계의 개입 때문에 악인은 그 음모가 좌절되고, 선인은 위기를 벗어나게 된다. 곧 초월계의 개입에 의해 선이 보호받고 악이 징치되거나 확대되지 못하는, 선악의 응보가 분명해지는 것이다. 이처럼 작자는 자기의 관심사인 선악의 응보를 초월계의 개입을 통해 정당화하고 있다. 하지만 초월계의 빈번하고 지나친 개입이 결과적으로 선악의 대결이 갖는 긴박감과 긴장감을 감소시키고 있는 것 또한 사실이다.

요컨대 이 작품에서는 곽후의 보원이라는 창작 계기를 여성적 시각에 입각한, 남성 지배에 대한 저항과 반발보다는 가해자와 피해자의 위치 전도(顚倒)를 통한 보복이라는 측면에서 접근하여 형상화하면서 그것을 선악의 응보라는 상위의 원리로 수렴하고 있다고 할 수 있다.

전편인 〈옥환기봉〉에서는 곽후의 폐출이, 광무제가 음후의 자색에 미혹되었기 때문이 아니라 음후는 황후가 될 만한 현숙한 성품을 지니고 있었고 광무제와 음후는 삼생에 걸친 인연으로 맺어진 사이이기 때문에 발생한 어쩔 수 없었던 일이라는 것을 보여주는 데 비중을 두고 있다. 그런 가운데 곽후에 대한 긍정적이고 동정적인 시각의 일단을 열어놓고 있는 것도 사실이다. 이처럼 〈옥환기봉〉은 철저히 역사서에 바탕을 두고 쓰인 역사소설이면서도 곽후의 폐출 문제에 대해서는 작자 나름의 인식에 따라 역사적 사실을 재구성하였던 것이다.

그런데 속편인 〈한조삼성기봉〉은 곽후가 보원을 하는 과정을 선악 응보의 원리로 수렴하여 그림으로써 곽후 문제에 대해 다른 시각을 보여주고 있다. 전편과 후편의 작자는 다른 사람일 수도 있고, 같은 사람일 수도 있다.[23] 다른 사람이라면 전편의 시각에 대한 도덕적 반론을 위해서, 동일인이라면 음후에게 기울어져 있던 자신의 시각에 균형을 잡을 필요성을 느껴 후편을 창작했으리라 짐작해 볼 수 있다. 어떤 경우든 간에 중요한 것은 전편의 시각에 대한 반론으로 후편이 창작되었다는 것이다. 이것이 〈옥환기봉〉 연작만의 특성은 아니지만[24] 이를 통해 17~8세기경[25] 고전 장편소설의 창작 방식을 좀 더 폭넓게 이해하고, 〈옥환기봉〉과 같은 역사소설의 수용 양상을 파악하는 데 많은 도움이 될 수 있을 것이며, 여기에서 〈한조삼성기봉〉이 지니고 있는 소설사적 의의

---

23) 〈옥환기봉〉과 〈한조삼성기봉〉의 작자가 동일인일 가능성이 있다는 것은 〈옥환기봉〉의 중간과 말미에 후편을 예고하는 서술이 있기 때문이다.

24) 〈여와전〉 연작에서도 전편에 대한 비판 의식에서 후속편이 창작된 예를 볼 수 있다. 이에 대해서는 지연숙, 「〈여와전〉 연작의 소설 비평 연구」, 고려대 박사논문, 2001. 6 참고.

25) 1786년에서 1790년 사이에 필사된 서울대 규장각 소장 〈옥원재합기연〉 권14 표지 안쪽에 〈옥환기봉〉의 제목이 제시되어 있어 이 작품이 늦어도 18세기 중반 무렵에는 창작되어 있었을 것으로 짐작된다.

와 위상을 찾을 수 있을 것이다.

5. 결어

이 글에서는 〈옥환기봉〉 연작 가운데 후편인 〈한조삼성기봉〉을 대상으로 그 구조와 의미를 전편인 〈옥환기봉〉과 관련지어 검토함으로써 〈한조삼성기봉〉의 작품적 함의와 소설사적 의의를 밝히고자 하였다. 〈한조삼성기봉〉은, 〈옥환기봉〉에서 광무제와 음후의 삼생에 걸친 연분의 성취를 위해 희생을 강요당한 곽후에 초점을 맞춰 광무제가 조비로, 곽후가 강왕으로 서로 성별을 바꿔 환생하여 강왕이 조비에게 시련을 가하게 함으로써 곽후가 보원을 이루는 과정을 그리고 있는 작품이다. 따라서 전편은 후편의 인물, 사건 등의 원천으로 작용하고, 이에 따라 두 작품의 갈등 구조와 양상은 대체로 유사하다.

이러한 전후편의 관계에서 주목할 것은 〈옥환기봉〉이 곽후에 대한 긍정적이고 동정적인 시각의 일단을 열어놓고 있으면서도 음후의 현숙함에 초점을 맞춰 광무제와 음후의 결연을 합리화하고 있는 데 비중을 두고 있다면 〈한조삼성기봉〉은 곽후의 입장에서 그것의 부당함을 제기하고 있다는 것이다. 하지만 〈한조삼성기봉〉은 그것을 여성 중심적 시각에 의한, 남성 지배에 대한 반발과 항거로 고양하기보다는 선악의 응보라는 측면에서 파악하는 한계를 보여주고 있다. 그렇기는 하나 후편이 전편의 시각에 대한 반론을 제기하기 위해 창작되고 그 반론이 환생을 매개로 형상화되는 〈옥환기봉〉 연작의 이러한 특성은, 고전 장편소설의 연작과 창작 방식을 이해하는 데 많은 도움이 될 수 있을 것으로 생각한다.

II. 〈옥환기봉〉과의 관계를 통해 본 〈취미삼선록〉의 성격

1. 머리말

모든 문학 작품은 개별적이고 고립적으로 존재하지 않는다. 문학 작품은 앞선 작품들을 긍정적이거나 비판적으로 수용하여 창작됨으로써 그것들과 일정한 관계망을 형성하면서 존재하게 마련이다. 따라서 작품 간에 형성된 관계망에 대한 고려가 없이는 해당 작품에 대한 충분한 이해에 도달하기 어려운 경우가 많은데 강한 유형성을 공유하는 작품, 의도적인 개작을 한 이본, 그리고 속편이나 파생작 등이 존재하는 고전소설의 경우에는 그러한 고려가 더욱 필요하다고 할 수 있다. 이에 이 글에서는 〈취미삼선록〉을 〈옥환기봉〉과 관련지어 검토함으로써 〈취미삼선록〉이라는 작품은 물론, 고전소설의 창작 방식에 대한 이해를 심화하고자 한다.

〈취미삼선록〉과 〈옥환기봉〉의 창작 시기를 분명히 확인할 수는 없다. 그러나 1786년에서 1790년 사이에 필사된 서울대 규장각 소장 〈옥원재합기연〉 권14 표지 안쪽에 두 작품의 제목이 제시되어 있어[26] 이들이 늦어도 18세기 중반 무렵에는 창작되어 있었을 것으로 짐작된다. 〈옥환기봉〉은 광무제의 한실 중흥과 황후 곽씨의 폐출이라는 역사적 사실을 바탕으로 창작된 작품이며, 〈취미삼선록〉은 곽후 소생의 세 공주가 부마들의 횡포에 저항하는 모습과 아울러 곽후의 폐출에 관한 문제를 다루고 있는 작품이다. 이처럼 두 작품은 대체적인 내용만 비교해 보더라도 상당히 밀접한 관계가 있음을 알 수 있다.

그런데 중요한 것은 이러한 친연성이 결코 우연의 일치가 아니라는 것이다. 결론부터 말한다면 〈취미삼선록〉은 〈옥환기봉〉의 내용을 숙지하고 있던 사람이 〈옥환기봉〉의 내용에 대해 보완 내지 수정할 필요를 느껴 창작한 작품이라는 것이다. 그러나 현재까지는 이러한 사실이 전혀 주목받지 못하고 있었다. 〈취미삼선록〉에 대해서는 소인호가 작품의 창작의식, 갈등의 양상, 문제의식의 의의와 한계, 그리고 소설사적 위상 등을 검토하여 이 작품이 남성 우위의 세계에 대한 여성의 반발과 자존의식을 분명히 드러내고 있으나 문제 해결의 현실적 전망을 보여주지 못하고 있으며, 가문소설과의 관련에 있어서는 〈현씨양웅쌍린기〉나 〈명주기봉〉이 가문소설의 기본 설정 내에서 가문소설이기를 거부하는 몸짓을 보여주는 데 비해 이 작품은 그 저항의 차원을 한 단계 더 높여서 가문

26) 심경호, 「낙선재본 소설의 선행본에 관한 일고찰 - 온양 정씨 필사본 〈옥원재합기연〉과 낙선재본 〈옥원중회연〉의 관계를 중심으로」, 『정신문화연구』 38, 한국정신문화연구원, 1990 참고.

소설이 갖는 외연의 극한점에 서있다고 하였다.[27] 또한 전성운은 이 작품에 제시된 꿈의 성격을 검토하여 광무제의 꿈은 부당한 현실적 질곡을 꿈을 통해서 역전시킴으로써 문제 해결을 시도한 것이며, 날양공주의 꿈은 현실적 질곡이 일시적인 것이므로 괴로워할 필요가 없음을 깨우쳐 주는 일종의 자위적 기능을 담당한다고 하였다.[28] 이러한 기존 연구들에 의해 〈취미삼선록〉의 성격과 의미가 어느 정도 드러났다고 할 수 있다.

그러나 〈취미삼선록〉의 성격을 정당하게 파악하기 위해서는 이 작품이 〈옥환기봉〉을 직접 수용하면서 이루어졌다는 사실을 충분히 고려해야 한다. 이러한 입장은 〈취미삼선록〉의 독자적인 의미 영역을 부정하려는 것이 아니라 오히려 그것을 더욱 선명히 부각시키기 위한 것이다. 창작의 동기와 원천을 제공한 선행 작품이 분명히 존재하는 이상 서로 간의 관련 양상을 살피는 것은 후행 작품의 의미를 제대로 드러낼 수 있는 유용한 방도가 될 것이기 때문이다. 물론 이 글의 목적이 〈취미삼선록〉의 성격을 구명하는 것이기 때문에 모든 구체적인 논의가 두 작품의 관계에 한정되지는 않을 것이지만 어떤 논의든 선행 작품을 전제하고 진행될 것이라는 것을 미리 밝힌다. 먼저 〈취미삼선록〉과 〈옥환기봉〉의 연계성부터 살펴보기로 한다.[29]

---

27) 소인호, 「〈취미삼선록〉 연구」, 『국어국문학』 113, 국어국문학회, 1995.

28) 전성운, 「장편국문소설에 나타난 몽유양식의 양상과 의미 - 〈현봉쌍의록〉·〈현몽쌍룡기〉·〈몽옥쌍봉연록〉·〈쌍천기봉〉·〈취미삼선록〉을 중심으로」, 『고소설연구』 8, 한국고소설학회, 2000. 12.

29) 여기에서 〈옥환기봉〉은 서울대 규장각 소장 30권 15책본을, 〈취미삼선록〉은 한국정신문화연구원 소장 2권 1책본을 대상으로 하였다. 〈옥환기봉〉은

2. 〈옥환기봉〉과의 연계성

〈옥환기봉〉은 허구와 상상이 가미되어 있기는 하지만 역사서인 『후한서』에 바탕을 두고 쓰인 장편 역사소설이다. 광무제가 초야에서 일어나 한실을 다시 일으켜 세우는 이야기와, 광무제가 삼생연분에 따라 조강지처인 곽후를 내치고 음귀인을 황후로 세우는 이야기가 서로 병치되다가 곽후, 광무제, 음후가 차례로 세상을 떠나는 것으로 마무리되고 있다.[30] 이에 비해 〈취미삼선록〉에는 광무제의 한실 중흥 과정과 곽후의 폐출 경위에 대한 이야기는 구체적으로 형상화되지 않은 채 곽후가 폐출된 다음 황실 내에서 벌어지는 몇 가지 사건들이 기술되고, 시간의 비약이 있은 후 광무제, 음후, 곽후와 그들의 자녀들이 천상에서 잔치를 벌이는 이야기가 날양공주의 꿈을 빌어 제시되고 있다. 두 작품 모두에서 서로 간의 연관성을 직접 언급하고 있지는 않지만 실제 작품의 세부적인 내용들을 검토해 보면 두 작품의 친연성이 결코 우연의 결과가 아니라는 것을 알 수 있다.

우선 〈취미삼선록〉에 등장하는 황실의 여러 인물들, 곧 광무제, 음후, 태후를 비롯하여 곽후 소생의 무양(舞陽)[31] · 관도(館陶) ·

2권 2책의 이본들이 있으나 이는 30권 15책본과 같은 대장편의 내용을 축약한 후대본으로 추정된다. 이에 대해서는 이승복, 「〈옥환기봉〉의 이본을 통해 본 역사소설 수용의 한 양상」, 『덕성어문학』 10, 덕성여대, 2000. 5에서 검토한 바 있다.

30) 〈옥환기봉〉의 내용과 성격에 대해서는 이승복, 「〈옥환기봉〉과 역사의 소설화」, 『선청어문』 28, 서울대, 2000, 3 참고.

31) 소인호는 광무제의 장녀가 '무양(舞陽)'이 아니라 '무음(舞陰)'이며, 이는

여읍(酈邑)공주, 음후 소생의 날양(涅陽)·연양공주, 그리고 태자, 동해왕, 동평왕 등은 〈옥환기봉〉에도 그대로 등장하는 인물들이다. 이들은 역사상 실재 인물들로 『후한서』에는 본기나 열전에 이들의 행적이 수록되어 있다. 하지만 이 가운데 '연양'이라는 이름은 『후한서』에 보이지 않는다. 『후한서』에는 대신 육양(淯陽)이라는 인물을 제시하고 육양은 곽황(郭璜)의 아들에게 하가하였다고 하였는데 두 작품에서는 육양이 아닌 연양을 등장시키고 연양의 남편을 곽씨라고 하였다. 그런데 〈옥환기봉〉에는 광무제의 맏형 유연(劉縯)의 손녀로 휵양공주가 등장하고 휵양은 곽황의 아들과 혼인한 것으로 되어 있다. 따라서 연양이 육양을 가리키든지, 아니면 휵양은 육양을 염두에 두고 등장시키고 연양은 새로 창조한 인물이든지 할 것인데 중요한 것은 역사서에는 보이지 않는 '연양'이라는 이름이 두 작품에 공통적으로 보인다는 것이다. 따라서 별도의 원천이 있지 않는 한 이것은 두 작품 가운데 어느 하나가 나머지 다른 작품을 수용하였다는 것을 말해주는 증거가 된다고 할 수 있다.

이뿐 아니라 두 작품에 제시된 인물의 성격에서도 공통점을 발견할 수 있다. 두 작품 모두에 등장하는 인물 가운데 개성이 가장

여성을 비하하는 관습에 불만을 품고 음(陰)을 양(陽)으로 역전시킨 의도적 개칭으로 추측하면서 〈취미삼선록〉 곳곳에 음양의 이치에 따른 부화처순(夫和妻順)의 도리에 반발하는 모습이 보이는 것이 이와 관련이 있을 것이라 하였다. 그런데 『후한서』 「황후기」에 첨부된 황녀에 관한 기록에 '무양(舞陽)'으로 제시되어 있고 주석에 '무음(舞陰)'의 오기라고 되어 있어 '무양'이란 이름을 〈취미삼선록〉의 내용과 직접 관련짓기는 어려울 듯하다.

뚜렷하게 형상화되어 있는 인물은 여읍이다. 〈옥환기봉〉에서 생모 곽후와 이별한 어린 여읍은 광무제와 음후 앞에서 생모 얼굴을 잊지 않으려 애쓴다고 하여 광무제를 추연(惆然)하게 만들고, 연양이 이를 탓하자 조리 있는 반론을 제기하기도 한다. 또 광무제가 사정(私情)과 대의(大義)에 관해 묻자 도리어 광무제에게 음후는 사정이고, 곽후는 대의이니 대의를 잊지 말라고 당부하면서 광무제로 하여금 어쩔 수 없이 곽후에게 편지를 쓰도록 한다. 뿐만 아니라 광무제가 깨뜨려진 옥대를 때우라고 하는 것을 보고는 사람도 허물을 고치면 되느냐며 곽후 복위의 문제를 넌지시 거론하기도 한다. 이처럼 여읍은 어려서부터 재기 발랄하면서도 사리 분별이 명확한 인물로 형상화되어 있는데 이러한 면모는 〈취미삼선록〉에서도 그대로 확인된다.

〈취미삼선록〉에서 여읍이 부마를 피해 취미궁에 은거하려 하자 날양이 성현의 도리를 들어가며 장황하게 여읍을 질책한다. 그러자 여읍은 자기도 성현의 도리를 들어 대답하겠다면서 날양의 말을 차근차근 논파해버린다. 또 외조모 곽주가 음후에 대한 불편한 심기를 나타내자 그것의 부당함을 지적하여 곽주가 겉으로나마 자신의 실수를 인정하도록 하기도 한다. 〈취미삼선록〉에 제시된, 여읍의 이러한 성격적 면모는 〈옥환기봉〉에 제시된 그것과 다르지 않다. 이처럼 작품에 형상화된 인물의 성격이 공통된다는 점 역시 두 작품이 서로 밀접한 관련을 맺고 있다는 것을 말해주는 것이다.

두 작품의 관련성은 제시된 사건의 측면에서 보다 분명히 확인할 수 있다. 예를 들면 〈취미삼선록〉의 후반부에는 광무제의 꿈이 제시되어 있다. 이 꿈 속에서 광무제는 곽후가 되어 곽후의 지난 삶을 그대로 살아간다. 따라서 그 내용은 광무제와 곽후가 서로 뒤바뀌었을 뿐 곽후의 삶을 요약한 것과 마찬가지라고 할 수 있다. 그런데 그렇게 제시된 곽후의 삶이 〈옥환기봉〉의 그것과 완전히 부합된다. 전체적인 내용은 물론이고 곽후가 폐후가 되어 둘째 아들의 번국(藩國)으로 떠날 때 막내딸 여읍을 데려가고 싶어 했으나 광무제가 이를 거절했다거나, 태후에게 하직 인사를 할 때 태후가 깁부채를 주었다거나, 번국으로 떠나기 전 광무제가 직접 찾아와 서로 만났다거나, 번국에서 광무제가 득병하여 위중하다는 소식을 듣고는 광무제를 따라 죽을 생각을 하였다거나 하는 미세한 부분까지 완전히 일치한다. 물론 이러한 내용은 역사서에서 확인할 수 없는 것으로 동일한 원천을 갖고 있지 않는 한 두 작품 상호간에 밀접한 관련이 있다는 충분한 증거가 된다.

이처럼 두 작품이 밀접한 관련을 맺고 있다면 둘 가운데 어느 것이 다른 것의 원천이 된 선행본인가 하는 것이 문제이다. 우선 여읍이 남편 음풍(陰豐)에 대해 보이는 태도를 주목해 보자. 〈취미삼선록〉에서 여읍은 "져 날 취ᄒᆞ미 무별무의ᄒᆞ야 금슈의 되니 ᄂᆡ 어이 금슈의 쏙 되이리오 …… ᄂᆡ ᄀᆞᆺᄣᅢ 물의 ᄲᅡ져 죽지 아니믄 삼젼 블효을 두리올 분 아냐 실노 부〃의 의을 이음이 업스모로쎠미라"[32]라면서 남편에 대한 강경한 태도를 굽히지 않는다. 여읍의 말은 음풍과의 혼인 과정을 가리키는 것으로 이를 통해 독자들은 명확하지는 않으나 여읍의 혼인이 음풍의 무도함에 의해 정상적으로 이루어지지 않았음을 짐작할 수 있다. 사실 이것은 여읍의 태

32) 63~4면.

도를 설명할 수 있는 중요한 단서가 되는 것인데 이에 대한 충분한 정보가 제시되어 있지 않은 것은, 작자가 〈옥환기봉〉에 제시된 여읍의 혼인 이야기를 전제로 하고 있었기 때문이라 생각된다. 〈옥환기봉〉에 따르면 외할머니 곽주의 문병을 갔던 여읍에게 음풍이 의도적으로 접근하여 여읍이 떨어뜨린 금팔찌를 집어간 것이 계기가 되어 여읍이 억지로 음풍과 혼인을 하게 되는 것으로 그려져 있다. 여읍의 강경한 태도는 여기에서 비롯된 것이다. 그러나 〈취미삼선록〉에는 이에 대한 정보가 제공되지 않음으로써 음풍에 대한 여읍의 태도가 쉽게 이해되지 않는 결과를 빚었다고 할 수 있다.

그리고 날양의 꿈에 제시된 천상계에서 광무제가 음후와의 삼생 연분이 다했음을 섭섭하게 여긴다는 사실 또한 주목할 수 있다. 여기에서의 삼생 연분은 단순히 부부의 중한 인연을 뜻하는 것으로 볼 수 없는 것은 아니지만 그보다는 〈옥환기봉〉에 구체적으로 형상화된 광무제와 음후의 인연으로 파악하는 것이 타당할 것이다. 〈옥환기봉〉에는 천상의 선관, 선녀가 서로 마음을 주고받다 상제의 노여움을 사 인간 세상에 적강하여 한 무제 때의 태자와 태자비로 환생하였고, 이들이 억울하게 누명을 쓰고 죽은 후 다시 광무제와 음후로 환생하였다고 하였다. 따라서 삼생의 인연이 다했다는 것은 이처럼 〈옥환기봉〉에 구체적으로 형상화된, 광무제와 음후의 거듭된 인연을 가리키는 것으로 보아야 할 것이다.

또한 날양의 꿈에는 석가세존이 광무제의 아들 명제(明帝)와 그 황후 마씨(馬氏)를 맞아 경하하고, 그들은 염주를 두르고 연화대 위에서 세존을 시위한다는 사실이 제시되어 있다. 물론 이에 대해서도 아무런 설명이 없는데 그 이유를 역시 〈옥환기봉〉에서 확인할 수 있다. 〈옥환기봉〉에 따르면 한 무제의 황태손은 불법을 광포(廣布)하기 위해 스스로 윤회의 괴로움을 선택한 불제자의 환생이며 황태손비 왕씨 역시 보살의 환생인데 그들은 다시 광무제의 아들 명제와 그 황후 마씨로 환생하였다. 그렇기 때문에 그들은 〈취미삼선록〉에서 천상계로 복귀한 후 석가세존의 경하를 받으며 세존을 시위하게 된 것이다.

역시 두 작품이 각각 영향을 받은 별도의 원천이 없다면 이러한 사실들은 〈옥환기봉〉이 먼저 창작되고, 〈취미삼선록〉은 〈옥환기봉〉의 내용을 수용하면서 나중에 창작된 작품이라는 것을 말해주는 명확한 증거가 된다고 할 수 있다. 그런데 이와 관련하여 흥미로운 것은 〈취미삼선록〉을 구상하게 된 계기 내지는 발상의 원천을 〈옥환기봉〉에서 확인할 수 있다는 것이다.

〈옥환기봉〉 권27에는 부운루 관등 이야기가 제시되어 있다. 어느 날 광무제와 음후는 태자를 비롯한 황자, 곽후 소생의 세 공주와 그 부마들을 데리고 부운루에 오른다. 풍악이 울리고 궁녀들이 춤을 추는 가운데 유유자적하게 관등하는 광무제와 음후의 모습을 보고 무양의 남편 양송(梁松)은 손을 춤추면서 부러워하고, 관도의 남편 한부마는 한숨을 쉬고 탄식한다. 이러한 부마들의 한심하고 탐욕스러운 모습을 바라보는 세 공주는 얼굴에 처연한 빛을 띠며 장탄식을 한다. 이어 세 공주가 광무제와 음후에게 헌수하는데 서술자는 천상의 선녀와 같다며 이들의 모습을 자세하게 묘사한다. 이때 음풍이 광무제에게 여읍이 남편을 공경치 않는다고 말하자 광무제가 노하여 음풍을 내친다. 음후는 이를 보고 여읍에게

몸조심할 것을 당부하고, 광무제는 음후가 간택한 제왕비(諸王妃)는 모두 숙녀이나 자신이 간택한 부마들은 하나도 군자가 없다고 탄식한다. 얼마 후 세 공주가 다시 부운루에 올랐을 때 여읍은 살거나 죽거나 함께 지내자면서 눈물을 흘린다. 이러한 세 공주의 모습을 멀리서 바라보는 음후는 옆의 상궁에게 세 공주가 옥경상선이라면서 그들의 신세가 뜻과 같지 못함을 탄식한다.

이처럼 공주들 가운데 곽후 소생의 세 공주들만 부운루에 오르고, 그들의 모습이 선녀와 같지만 실은 남편과 불합하여 커다란 심적 고통을 겪고 있으며, 부마가 남편을 공경하지 않는다고 공주를 공격하는 것 등은, 〈취미삼선록〉에서 곽후의 세 공주가 취미궁에서 선녀와 같이 유유자적하게 지내는 듯하지만 실은 부마들의 무도함을 견디다 못해 피신한 것이며, 이들의 태도를 못마땅하게 여긴 부마들이 취미궁에 돌입하려 하는 것과 흡사하다. 또 광무제가 자신이 간택한 부마들은 하나도 군자가 없다고 탄식하는 것은 〈취미삼선록〉에서 광무제의 간택으로 곽후의 장녀인 무양이 무도한 양송과 혼인하게 되는 것을 연상시킨다. 이러한 점을 고려할 때 〈취미삼선록〉의 작자는 〈옥환기봉〉에 제시된 부운루 관등 이야기에서 생모와 이별하고, 남편과 불합하여 고통의 삶을 살아가는 세 공주에 관한 이야기를 구상한 것이 아닌가 생각된다.

이러한 사실들을 통해 〈취미삼선록〉은 〈옥환기봉〉의 내용을 일정하게 수용하면서 곽후 폐출 이후의 부분만을 독립시켜 새롭게 구성한 작품임을 알 수 있다.

3. 구조와 의미

1) 전반적인 특성

〈취미삼선록〉은 크게 보아 곽후 소생의 장녀인 무양의 혼인, 무양·관도·여읍 세 공주의 취미궁 은거, 그리고 음후 소생인 날양의 꿈 등 세 부분으로 구성되어 있다. 그런데 이 세 부분은 서로 밀접하게 관련된다기보다는 각기 독립적으로 존재한다는 느낌을 준다. 그것은 무양의 혼인 부분의 중심 인물은 당연히 무양이라고 할 수 있지만, 취미궁 은거 부분에서는 세 공주 가운데 여읍이 중심에 놓이며, 날양의 꿈 이야기 부분에서는 광무제와 음후, 곽후를 비롯한 황실의 모든 사람에게 두루 초점이 맞춰지기 때문이다. 뿐만 아니라 무양의 혼인 이야기는, 앞으로 있을 결말을 미리 제시한 것이겠지만 무양과, 양송의 조강인 허씨가 양송을 내조함으로써 양송이 차차 개과하고, 공주는 2남 1녀, 허씨는 3남 1녀를 낳아 부귀영화를 누리는 것으로 마무리되어 있어 그 자체로 완결된 느낌을 준다. 또 취미궁 은거와 날양의 꿈 이야기 사이에는 시간적 비약이 있어 날양과 동평왕 등 몇 사람을 제외한 대부분의 인물들이 세상을 떠나는 긴 과정이 생략되어 있다. 이는 결과적으로 세 부분의 이야기가 일관된 서사적 맥락을 이루고 있지 않다는 것을 말해주는 것이다.

사정은 취미궁 은거 부분을 구성하고 있는 세부적인 이야기의 경우에도 마찬가지이다. 취미궁 관련 부분은 다시 세 공주의 취미궁 은거 요청과 광무제의 허락, 태후·광무제·음후 등의 취미궁 방문, 공주들의 태도에 불만을 품은 부마들의 취미궁 돌입 기도, 곽후의 어머니인 곽주의 취미궁 방문, 날양과 연양의 취미궁 방문, 광무제의 꿈 등의 작은 이야기들로 이루어져 있다. 그런데 이것들 사이에서는 시간적인 순서 이외에는 어떤 계기적인 연속성을 찾기 어렵다. 곧 그것들은 앞 뒤 사건과 밀접한 관련을 맺고 있는 것이 아니라 각기 독립적인 삽화로 존재하는 것처럼 보일 뿐인 것이다.

따라서 '취미삼선록'이라는 제목이 지시하는 것처럼 곽후의 세 공주가 비중 있게 다루어지고 있기는 하지만 작자의 의도가, 일정한 주인공을 중심으로 한 일관된 서사구조의 형상화와 그것이 제공하는 흥미에 있지 않다는 것을 알 수 있다. 그런데 파편화된 것처럼 보이는 이야기들 사이에서도 질서를 발견할 수 있는데 그것은 우선 세 공주의 문제와 곽후의 문제에 대한 서술이 교체되어 간다는 것이다. 다시 말하면 공주들의 문제에 관한 서술만으로 작품이 짜이는 것이 아니라 공주들의 문제와 곽후의 문제에 대한 서술이 번갈아가며 제시된다는 것이다. 물론 곽후는 폐출되어 번국에 있기 때문에 곽후가 직접 작품 속에 등장하지는 않는다. 하지만 여러 인물들이 곽후에 대해 이야기하거나 곽후의 폐출과 관련된 문제에 대해 논란을 벌이기 때문에 서술의 초점이 곽후에게 있다고 할 수 있는데 이러한 서술이 공주들의 문제에 관한 서술과 교체되면서 제시되는 것이다. 요컨대 모든 사건들이 공주들이 중심이 되거나 그들이 참여하는 가운데 벌어지지만 어느 하나의 사건이 공주들의 문제에 초점을 맞춰 서술된다면, 그 다음 사건에서는 곽후의 문제에 서술의 초점이 맞춰진다는 것이다.

여기에서 삽화식 사건 구성 방식을 취한 이유를 짐작해 볼 수도 있다. 곧 작자는 등장인물인 공주들만의 문제를 다루기보다는 공주들을 통해 곽후의 문제를 제기하고, 그것을 공주들의 문제와 병치함으로써 보다 확대되고 심화된 차원에서 그들 모두의 문제를 아우르고 싶었던 것이다.

그런데 이러한 서술의 특성과 관련하여 또 하나 주목할 것은, 제시된 삽화들을 공주들의 문제와 곽후의 문제로 나누어 정리해 보면 그 각각에 나름대로의 대체적인 연속성이나 질서가 있음을 확인할 수 있다는 것이다. 사실 그것들이 파편화된 것처럼 보이는 것은 서술의 교체를 위한 사건 구성 때문이었던 것이다. 이러한 점들을 고려할 때 이 작품의 성격을 제대로 파악하기 위해서는 그 서술상의 특성에 주목해야 한다. 이제 사건 전개 과정을 살피면서 그에 따른 서술의 교체 양상과 의미를 구체적으로 검토하기로 한다.

2) 무양의 혼인과 곽후 문제의 제기

무양은 아버지 광무제의 간택으로 양송과 혼인하게 된다. 광무제가 어느 날 제왕(諸王)과 더불어 바둑을 두다가 양송이 연승하는 것을 보고는 양송을 무양의 배필로 정한 것이다. 무양은 혼인 후 양송에게 조강지처 허씨가 있으며 그녀가 출거되었다는 사실을 알고는 광무제에게 청하여 허씨를 다시 맞아들이게 하여 서로 화합한다. 이처럼 무양의 혼인 이야기는 혼인하기까지의 과정과 혼인 후 허씨를 맞이하는 과정의 두 부분으로 구성되어 있다.

우선 무양의 혼인 과정에는 광무제와 양송에 대한 비판적 시각이 부각되어 있다. 광무제가 바둑을 잘 둔다는 이유 하나만으로 사위를 고른 데 대해 음후는, 생모를 원별(遠別)하고 있는 무양의 혼사를 정하면서 조금도 가슴 아프게 생각지 않고, 양송에게 부인이 있는지 여부를 확인하지도 않은 채 마치 궁녀를 허하듯이 하고, 자신에게는 상의조차 하지 않았다고 광무제를 힐난한다. 음후는 또한 양송이 복파장군(伏波將軍) 마원(馬援)을 모함한 적이 있으며, 공주와의 혼인을 사양하지 않았음을 들어 혼인을 물리려고까지 한다. 실제 양송은 조강 허씨를 구박하여 내친 인물이며, 부마간선을 재삼 사양하였으나 성교(聖敎)가 엄절하여 어쩔 수 없었다고 아버지에게 거짓말을 하는 위인이다. 서술자는 이러한 양송에 대해 이(利)를 보면 의(義)를 잊고 색(色)을 보면 행실을 잊으며 부귀에 급급한 탕자라는 설명을 추가한다.

이처럼 무양의 혼인 과정은, 생모를 이별한 슬픔에 젖어있는 무양이 아버지의 무분별한 결정에 의해 남편까지 무도한 인물을 맞아 기구한 삶을 살아갈 수밖에 없게 되었음을 보여주고 있으며, 이를 통해 남성의 횡포에 대한 비판적 시각을 드러내고 있음을 알 수 있다. 이러한 시각은 혼인 후 무양이 허씨의 존재를 알고 허씨를 맞아들이는 과정에서도 확인된다.

허씨의 존재를 알게 된 무양이 광무제에게 청하여 허씨에게 원비 직첩이 내리도록 하는데 허씨는 자기 아버지에게 사양하는 표문을 올리게 하고, 양송의 허락이 없으면 돌아갈 수 없다고 한다. 이에 양송이 할 수 없이 허씨를 찾아가 돌아갈 것을 청하고, 허씨는 양송을 힐난한다. 결국 허씨는 시아버지의 말을 좇아 양부로 돌아오지만 남편이 자기를 내치던 일을 생각하고 눈물을 흘린다. 그런데 주목할 것은 이 과정에서 서술의 초점이 일정 부분 곽후로 옮겨진다는 것이다.

무양이 광무제에게 허씨 문제를 거론할 때 곽후의 편지가 전달된다. 곽후는 편지를 통해 자신이 무양의 혼인을 주관하지도, 보지도 못한 심회를 토로한 다음 무양에게 허씨를 맞이하여 허씨가 원망하는 일이 없도록 하고, 허씨에게 중궤(中饋)를 맡겨 집안을 온전하게 하라고 당부한다. 그런데 문면에 직접 드러나 있지는 않지만 편지는 곽후 본인의 문제를 연상시키기에 충분한 내용들을 담고 있다. "부마의 원비 널노 ᄒᆞ녀 무죄히 영폐ᄒᆞ니 엇지 뉸긔을 산란하미 아니리오"33)라는 말은, 음후 때문에 정궁인 곽후가 폐출되었고 그것은 윤기가 어지럽혀진 일이라는 것을, 또 "부마가 죠강을 ᄉᆞᆫ코 너을 취ᄒᆞ냐 슈뉴불이코져 ᄒᆞ다니 이난 호신기구하는 풍뉴탕ᄌᆞ의 무신박힝이오 뎡인군ᄌᆞ의 되 아니라"34)라는 말은, 광무제가 음후의 곁을 잠시도 떠나지 않으면서 이를 시기하고 투정하는 곽후를 멀리했던 것35)을 연상시키기에 충분하다. 곧 곽후의 편지에는 광무제와 음후에 대한 은근한 비난이 내재되어 있는 것이다.

그렇기 때문에 음후는 편지를 보고나서 자신이 곽후에게 죄인이라며 눈물을 흘린다. 음후는 곽후의 편지를 통해 곽후와 자신의 문제를 떠올리고는 곽후가 폐출되고, 다시 복위되지 못하는 것이 자기 때문이라고 자책하는 것이다. 광무제가, 자신이 곽후를 폐출한 것은 양송의 경우와 다르고, 만약 폐하지 않았더라면 개과함이

33) 23면.

34) 상동.

35) 이러한 내용은 〈취미삼선록〉에는 별반 제시되어 있지 않으나 〈옥환기봉〉에는 매우 구체적이고, 지속적으로 제시되어 있다.

없었을 것이라고 하자 음후는, 곽후가 개과하였는데 광무제는 왜 개과하지 못하며, 곽후에 훨씬 못 미치는 허씨는 다시 맞아들이게 하면서도 곽후는 왜 복위시키지 않느냐며 항의한다. 이에 대해 광무제가 제왕가(帝王家) 법은 일개 조신(朝臣)의 집과 다르고 곽후는 아성(亞聖)의 덕이 있으나 음후는 대성(大聖)의 덕이 있지 않느냐 하자 음후는 자신의 말이 아무 소용이 없음을 알고 탄식하기만 한다.

이처럼 허씨의 문제는 광무제와 곽후, 음후의 문제로 확대된다. 새로운 숙녀를 맞기 위해 조강을 버린 양송, 남편에게 버림을 받은 허씨, 허씨의 일을 알고 가슴 아파하는 무양은 그대로 광무제, 곽후, 음후와 대응되면서 관심이 곽후로 집중되는 것이다. 따라서 무양이 양송에 의해 부당하게 출거된 허씨를 다시 맞아 서로 화합하는 것은 무양의 문제를 넘어서서 곽후를 폐출한 채 버려두는 광무제의 횡포와 그렇게 희생을 강요당한 곽후의 시련을 아울러 보여주고 있는 것이다. 이와 같이 무양의 혼인 이야기는 혼인 과정에서는 무양에 서술의 초점이 놓여있지만 혼인 후 허씨에 관한 부분에서는 일정 부분 곽후로 그 초점이 이동하고 있음을 알 수 있다. 이러한 서술의 교체는 세 공주의 취미궁 은거 부분에서도 그대로 확인된다.

3) 취미궁 은거와 곽후 문제에 대한 비판

무양의 혼인 이야기가 마무리된 다음에는 곽후 소생의 세 공주가 취미궁에 은거하게 되면서 벌어지는 이야기가 제시된다. 이 부분은 앞에서 말한 바와 같이 몇 개의 작은 삽화들로 구성되어 있다. 어느 날 광무제가 세 공주에게 각각 소원을 묻자 무양은 부마를 피해 산수 좋은 곳에서 여생을 보내고 싶다 하고, 관도는 수정렴(水晶簾)을 갖고 싶다고 한다. 그리고 여읍은 한가히 노닐면서 부마의 미친 거동을 보고 싶지 않으니 취미궁을 빌려주고, 제왕과 부마들이 그곳에 들어오지 못하도록 해달라고 청한다. 광무제가 이러한 여읍의 청을 받아들임으로써 세 공주가 취미궁에 거처하게 된다. 여기에서 세 공주가 취미궁에 은거하게 된 직접적인 동기가 남편들의 횡포에서 벗어나기 위함이라는 것을 알 수 있다.

그런데 이들의 행위가 과연 정당한 것인가에 대한 의문을 음후의 소생인 날양이 제기한다. 날양은 먼저 여읍에게 성현의 말을 인용하면서 부인이 지켜야 할 도리를 설파하고, 이어 광무제가 한실을 중흥할 수 있도록 한, 태후의 모훈(母訓)과 곽후・음후의 내조, 그리고 여읍 자신의 보신과 근심하는 부모에 대한 효도 등을 거론하면서 시부모와 남편을 떠나 취미궁에 은거하려는 여읍의 태도가 잘못된 것임을 지적한다. 곧 여읍의 태도와 행위는 부도(婦道)에 비춰볼 때 용납될 수 없는 것이니 물러가 부창부수(夫唱婦隨)하라는 것이다. 이러한 날양의 주장은 남성 지배를 합리화하는 유교적 명분론에 입각해 있는 것이라 할 수 있다. 여읍은 이에 대해 다음과 같이 반박한다.

> 녀읍이 고두사례 왈 현형의 교훈이 녀ᄎᆞᄒᆞ시니 쇼데 명심감골치 아니릿가마는 년이ᄂᆞ 덕이 갓지 못ᄒᆞ고 되 다르로니 푸른 년입과 흰 년쏫치 한 뿌리 한 근원이요 노ᄌᆞ와 공즁이 ᄒᆞᆫ 가지 덕이로되 빗과

> 되 다르오니 뎨〃와 쇼데 맛는 ᄇᆡ 다르고 지죄 각〃이라 어니 일괴로 칙지 못ᄒᆞ리라 뎨〃 셩현의 도로 이르시니 소데 그ᄃᆡ로 ᄃᆡᄒᆞ리다 안직 이른바 군녕불위ᄒᆞ며 …… 녜지션물야라 뷔화치 아니면 쳬 엇지 졍ᄒᆞ며 뷔 위치 못ᄒᆞ면 쳬 엇지 유ᄒᆞ리오 녜긔예 왈 부혼례는 만셰지시내니 …… 남녀유별 년후의 부ᄌᆞ친ᄒᆞ고 부ᄌᆞ친ᄒᆞᆫ 년후의 의ᄉᆡᆼᄒᆞ고 의ᄉᆡᆼᄒᆞᆫ 년후의 녜작ᄒᆞ고 녜작ᄒᆞᆫ 후의 만물이 안ᄒᆞᄂᆞ니 무별무의는 금슈지도라 ᄒᆞ시니 져 날 취ᄒᆞ미 무별무의ᄒᆞ야 금슈의 되니 ᄂᆡ 어이 금슈의 ᄶᆨ 되이리오 …… ᄂᆡ 긋ᄣᆡ 물의 ᄲᅡ져 죽지 아니믄 삼젼 불효을 두리올 분 아냐 실노 부〃의 의을 이음이 업스모로 ᄡᅧ미라 져의 포려ᄒᆞᆫ 노가 나의 사ᄉᆡᆼ을 도라보지 아니ᄂᆞ니 타일 쳔명으로 죽지 못ᄒᆞᆯᄀᆞ 넉녀더니 형은 견식 볼근 ᄉᆞ람이라 그 념녀ᄒᆞᄂᆞᆫ ᄇᆡ 지극ᄒᆞᆫ ᄯᅳ즐 다 아ᄂᆞ니 스ᄉᆞ로 몸을 앗겨지 아니미이다 져 비록 포혼ᄒᆞ고 슈광ᄒᆞᄂᆞ 황야 슬ᄒᆞ의 쳔츄시봉ᄒᆞᄆᆡ 져 감히 ᄒᆡ치 못할이니 불효 면ᄒᆞ미 다힝치 아니릿가[36]

여읍은 자신과 날양이 지조가 각기 다르고, 만난 남편이 서로 다르니 한 가지 가르침으로 자기를 책망할 수 없다면서 남편의 책무와 관련된 성현의 말과 『예기(禮記)』를 인용하여 그러한 책무를 다하지 못한 남편을 비판하고 자신의 행위가 정당하다는 것을 주장한다. 특히 혼인의 본질적 의미를 밝히고 있는 『예기』의 대목[37]

---

36) 61~4면.

37) 夫昏禮 萬世之始也 取於異姓 所以附遠厚別也 幣必誠 辭無不腆 告之以直信 信事人也 信婦德也 壹與之齊 終身不改 故夫死不嫁 男子親迎 男先於女 剛柔之義也 天先乎地 君先乎臣 其義一也 執摯以相見 敬章別也 男女有別 然後父子親 父子親然後義生 義生然後禮作 禮作然後萬物安 無別無義 禽獸之道也(『예기』「교특생(郊特牲)」).

을 길게 인용하고 나서는 부마가 모든 예의 근본이 되는 남녀유별을 처음부터 지키지 않은 금수와 같은 존재이고, 자신이 죽지 않고 부마와 혼인한 것은 불효를 두려워했고, 부부의 의를 이을 생각이 없었기 때문이라고 하였다. 이에 음후가 만약 여읍이 군자를 만났더라면 부덕이 날양보다 높았으리라며 탄식한다. 〈취미삼선록〉에는 드러나 있지 않지만 앞에서 언급한 것처럼 여읍이 음풍의 '무별무의(無別無義)'한 행동으로 말미암아 억지로 그와 혼인하게 되는 과정은 〈옥환기봉〉에 자세하게 제시되어 있다. 여읍은 그 때문에 음풍을 남편으로 인정하지 않으면서 그를 피해 취미궁에 은거할 생각까지 하게 되었던 것이고, 다른 사람들도 그러한 여읍의 사정을 용인할 수밖에 없었던 것이다.

이처럼 여읍을 비롯한 공주들은 자기들이 처한 현실을 더 이상 묵수하고만 있을 수 없는 심각한 것으로 인식하고, 부덕이라는 명분에 의해 강요된 현실적 고통에서 벗어나기 위해 취미궁 은거를 선택하게 된 것이다. 그렇지만 취미궁 은거 이야기가 부마들의 횡포와 공주들의 저항만을 문제 삼고 있지는 않다. 광무제가 세 공주를 앞에 앉히고 소원을 물었을 때 처음 그들은 생전에 모후를 만나는 것이라고 대답하였었다. 그리고 취미궁 생활을 시작하자 그들은 먼저 곽후의 화상(畵像)을 그려 정전에 봉안한다. 따라서 공주들에게 있어 취미궁이라는 공간은 모후를 이별한 자매들이 서로 의지하며 지내기 위한 곳이기도 한 것이다.

곽후에 대한 문제는 태후와 광무제를 비롯한 황실 가족들이 취미궁을 방문하면서 다시 전면에 부각된다. 취미궁을 찾은 사람들은 무양이 그린 곽후의 화상을 보고 모두 눈물을 흘린다. 광무제는 곽후의 옷이 왜 평복이냐고 물으면서 17년 동안 황후의 자리에 있었는데 어찌 법복을 못 입겠느냐고 하고, 다시 그리라는 태후의 말에 음후가 자청하여 화상을 그린다. 이어 태후는 곽후 소생들에게 정성을 쏟는 음후를 칭찬하고, 무양은 그것을 잘 알고 있다고 대답한다.

광무제와 음후를 비롯한 황실의 모든 사람들이 곽후에 대한 그리움과 연민의 정을 느끼고 눈물을 흘리는 것은, 곽후에 대한 이들의 태도가 상당히 긍정적이라는 것을 말해준다. 폐출과 관련된 곽후의 잘못을 구체적으로 제시하지 않으면서 시련을 겪고 있는 곽후에 대한 긍정적인 시각을 줄곧 유지하고 있는 것은 곽후를 그렇게 만든 광무제, 나아가 남성 지배의 횡포를 문제 삼기 위한 것이라 할 수 있다. 물론 곽후를 직접 내친 광무제가 곽후의 화상을 보고 눈물을 흘리면서 평복을 입은 모습을 보고 안타까워 하기는 한다. 그러나 이것은 오히려 곽후의 희생이 부당한 것이었다는 것을 보여주는 한편, 곽후를 그렇게 만든 광무제의 처사가 지나친 것이었다는 것을 역설적으로 보여주는 기능을 한다고 할 수 있다.

이후 서술의 초점은 다시 공주와 부마들에게로 전환된다. 세 공주가 취미궁에 머물러 있자 부마들은 심화가 대발하여 욕하는 글을 공주들에게 보내지만 그것이 전달되지 않는다. 그러자 마침내 양송과 음풍은 군졸들을 이끌고 취미궁에 돌입하려 한다. 이 사실을 양송의 부인 허씨가 무양에게 전하고 세 공주가 다시 날양에게 알려 날양의 남편인 두부마가 달려와 이들을 꾸짖어 물리친다. 두부마는 다시 관도의 남편인 한부마를 찾아갔다가 한부마가 어사 풍양을 종용하여 공주를 논핵하는 상소를 올리려는 것을 보고는 상소를 찢고 한부마를 질책한다. 음후는 이 사실을 알고 세 공주에게 시가와 남편에게 사죄하라고 하고, 한편으로는 직접 부마들을 위로하는데 무양은 순순히 음후의 뜻에 따르지만 여읍은 끝내 남편에게 사과하지 않는다.

이 삽화는 부마들의 횡포가 지속적이고 물리적이라는 것을 구체적으로 제시하는 기능을 하고 있다. 아내를 핍박하기 위해 군졸을 동원해 취미궁에 돌입하려 하거나 아내를 논핵하기 위해 상소를 올리려 하는 것은 부마들의 성품과 횡포를 구체적으로 보여주는 것으로 공주들의 저항이 당연한 것이라는 것을 보여준다고 할 수 있다.

이 사건 후 곽후의 어머니 곽주가 취미궁을 찾아옴으로써 서술의 초점은 다시 곽후로 넘어온다. 취미궁에 온 곽주는 곽후와 광무제가 나란히 앉아 있는 모습의 화상과, 광무제가 곽후를 생각하면서 지은 시를 본다. 그리고 광무제가 곽후의 초년 고생과 내조, 천명에 따라 어쩔 수 없이 곽후를 폐할 수밖에 없었던 사정, 그리고 곽후를 생각하고 슬퍼하는 자신의 심사 등을 기술한 글을 보자 곽주는 광무제의 생각이 이와 같으니 금일부터는 서러워하지 않겠다고 한다. 그리고 음후가 직접 화상을 그리고, 황후와 귀인 사이였던 당시의 명분을 고치지 않고 정성을 다해 섬기며, 곽후가 음후를 해하려 하였지만 오히려 그 자녀를 양육하는 데 정성을 다한다며 음후를 칭송한다. 그러면서 곽주는 곽후의 표정을 화기 있게 그린 것을 두고 본디 곽후에게 화기가 없었다면 조롱하여 그렸다고 하겠지만 음후가 태후와 광무제를 통해 곽후의 소시 적 거동을 알고 화기가 있도록 그렸다고 칭송하면서 "그 마음이 ᄇᆞ르고 쇽이 현혜ᄒᆞ시기 녀ᄎᆞᄒᆞ시니 엇지 쳔지을 감동ᄒᆞ며 군왕을 농쥰케 아니리오 우리 휘 이 ᄉᆞ람으로 병셰ᄒᆞᄆᆡ 어이 젼졍을 안과ᄒᆞ며 그 위을 보젼ᄒᆞ믈 ᄇᆞ라리오 도시 쳔야라"[38]라며 한탄한다.

그런데 곽주의 이 말에 대해 여읍이 항거한다. 여읍은 곽주가 음후의 덕을 모른다며 "이 모후 지공무ᄉᆞᄒᆞ신 ᄃᆡ셩닌의 규모시라 어이 죠롱ᄒᆞ녀 그리실 마음이 잇스며 군왕을 농쥰ᄒᆞ기ᄂᆞᆫ 달긔 비년 갓튼 후궁의 비ᄒᆞ올 말솜이오 만고셩모의게 ᄒᆞ실 말솜이 아니로쇼이다"[39]라고 한다. 곽주는 이에 대해 음후의 성덕을 잘 알고 있다면서 "ᄂᆡ 쇽의 지통이 ᄊᆞ히고 실노 황상의 금실은 그 말을 면치 못ᄒᆞ시리라 후셰 공논 ᄯᅩᄒᆞᆫ 그리ᄒᆞ려이와 ᄂᆡ 군신의 명분으로 그릇ᄒᆞ녀시니 지죄〃〃ᄒᆞ노라"[40]라고 대답한다.

음후가 성덕을 갖추고 있으나 광무제와의 관계에 있어서는 '농준(濃蠢?)'이라는 표현을 면할 수 없으며 후세의 공론도 그러하리라는 곽주의 말은 음후의 덕을 인정하고 칭송하면서도 음후 때문에 자신의 딸이 폐후가 될 수밖에 없었던 데 대한 심정을 토로한 것이다. 곽주는 광무제에 대해서도 섭섭한 심정을 감추지 않는다.

> 황상이 후을 ᄉᆡᆼ각ᄒᆞ시고 결발의 정과 죠강의 공을 잇지 아니ᄒᆞ시고 쳔심으로 지으신 글이 이갓흐시니 셩덕이 지극ᄒᆞ시ᄂᆞ 그 가온ᄃᆡ 음후을 이ᄃᆡ도록 기리지 아니ᄒᆞ신들 뉘 그 셩덕을 모르리오 ᄂᆡ 가만히 웃노라 슈년이ᄂᆞ 노신이 망발 만니 ᄒᆞ녓시니 사죄〃〃ᄒᆞᄅᆞ[41]

---

38) 103면.

39) 104면.

40) 105면.

광무제가 곽후를 생각하는 글을 지으면서도 천명이 음후에게 있어 곽후의 폐출이 어쩔 수 없는 것이었다고 한 데 대한 불만이다. 곧 곽주는 곽후를 생각하는 광무제의 마음에 감동하면서도 광무제가 곽후를 폐출한 데 대한 섭섭한 마음을 숨기지 않으며, 음후가 곽후에 대한 명분을 여전히 지키면서 그 자녀들을 양육하는 덕이 있음을 칭송하면서도 바른 마음과 현혜(賢慧)함으로 광무제의 마음을 무르녹게(?) 하여 마침내 곽후가 폐출된 데 대한 섭섭함 역시 굳이 감추려 하지 않는 것이다. 이러한 섭섭함은 곽주가 곽후의 친정어머니이기 때문에 당연히 가질 수 있는 마음일 것이나 후세의 공론도 그러할 것이라는 말에서 짐작할 수 있듯 곽주의 비판은 단순히 곽주 개인의 비판에 그치는 것이 아니라 초년의 고생을 함께 한 조강지처를 내치고 애정을 좇으면서 그것을 천명으로 합리화하는 광무제에 대한 문제 제기이며, 여성들에게 희생을 강요하는 남성들에 대한 비판이라 할 수 있다.

곽주가 떠난 후 서술의 초점은 다시 공주들에게로 맞춰지면서 그들의 저항이 좌절되는 모습을 보여준다. 어느 날 날양, 연양이 취미궁을 찾아 세 공주와 함께 소유하고 서로 심회를 토로한다. 세 공주가 취미궁에서 종신할 뜻을 말하자 날양이 가치 않다고 한다. 그리고 날양이 관도에게 한부마 상소의 내용을 알려주면서 돌아가 흔단(釁端)을 내지 말라고 하자 관도는 "넉시 날고 담이 ᄎᆞ니 골돌ᄒᆞ기을 마지 아니"[42]한다. 이어 연양이 남편 곽부마의 흉을

41) 107면.

42) 119면.

일컬으면서 “이 무리들이 울이을 맛츠려고 낫시니 나ᄂᆞᆫ 감슈ᄒᆞ녀 셤겨 ᄂᆡ셰을 닥고 모후 ᄉᆞᆷ부마로 하 셜워ᄒᆞ시니 나ᄂᆞᆫ 흉을 됴히 듯덥펴 ᄂᆡ 불효을 위로”43)하겠다고 한다.

여읍과 무양의 태도가 제시되어 있지는 않지만 관도가 남편의 위세에 두려움을 느끼고, 세 공주와 함께 있지는 않지만 남편의 횡포를 참고 견디겠다는 연양의 말은 부덕을 닦아 부창부수해야 한다는 명분론적 사고가 지배하는 현실의 장벽이 이들의 저항을 용납하지 않을 만큼 높아 그들의 저항이 필연적으로 좌절될 수밖에 없다는 것을 말해준다.

그러면서도 작자는 광무제와 곽후의 처지를 뒤바꿔놓는 상상력을 발휘하면서 남성에 대한 비판 의식을 늦추지 않는다. 광무제는 취미궁에 있던 세 공주를 불러 보고 곽주가 취미궁에서 무슨 꿈을 꾸었다고 하더냐고 물으면서 자기의 꿈 이야기를 한다. 곽주가 꿈속에서 곽후, 광무제, 음후를 만나고, 광무제 역시 꿈속에서 이들을 만남으로써 광무제의 꿈과 곽주의 꿈은 서로 연결되어 있었다. 이는 광무제의 꿈이 곽후 문제에 대해 곽주가 제기한 비판의 연장선상에 있음을 말해주는 것이다.

꿈속에서 광무제는 음후와 함께 취미궁에 갔는데 곽후가 이들을 보고 대로한다. 그러자 곽주가 부채로 곽후를 부치니 곽후가 남자로 변한다. 이어 곽주가 대추 둘을 광무제와 음후에게 바치면서 곽후가 원한을 풀지 않아 윤회를 겪지 않을 수 없다며 이것들을 맛보고 또 한 세계를 지내라고 한다. 이에 광무제와 음후가 대추

---

43) 상동.

를 먹자 두 사람이 여인으로 변하는데 광무제는 산하 모옥에 사는 곽랑의 아내가 되어 있었다. 집이 가난하여 곽랑은 밭 갈고, 자기는 무 캐고 나물 뜯으며 감지(甘旨)를 공궤(供饋)하여 몸이 피곤하고 기갈을 면하기 어려우나 시어머니가 사랑하고 형제가 우애하며 곽랑이 후대하였다. 이후 곽랑이 대장군이 되어 집안에 여유가 생기자 곽랑은 음씨를 데려와 잠시도 그 곁을 떠나지 않고, 자신은 눈물로 세월을 보낸다. 곽랑이 대원수가 되어 동정서벌하고 자신도 위태한 경우를 무수히 겪으면서도 곽랑을 걱정하였다. 곽랑이 마침내 천자가 된 후 새 부인을 황후로 삼고, 자신을 후궁으로 삼으려 하자 주야로 울며 지냈는데 태후가 역권(力勸)하여 자신이 마침내 황후가 되었으나 곽랑과 음씨는 연리지(連理枝), 비익조(比翼鳥)처럼 화락하였다. 자신은 이를 분하게 여겨 계교를 썼으나 암술을 행하지는 않았는데 좌우의 말을 듣지 않다가 마침내 폐후가 되었다. 곽랑은 둘째 아들을 번왕에 봉하여 자기를 맡기고, 음씨를 황후로 책봉하였다. 자신이 태후에게 하직할 때 함께 실성유체(失性流涕)하였고, 태후는 깁부채를 주면서 지하에서 서로 만나자고 하였다. 친정에 이르러 분하고 설운 마음을 달랠 길이 없었는데 자기가 떠날 때 곽랑이 와서 보고 그냥 머물라고 하였으나 회심(回心)할 뜻이 없었다. 어린 딸을 데려가고자 하였으나 곽랑이 이를 허락하지 않았다. 자신은 태자에게 대통이 이어질 것을 생각하고 마음의 의지를 삼았는데 태자가 폐위되어 자기를 맡으니 반가우면서도 분하고 서러운 마음을 주체할 수 없었다. 곽랑이 득병하자 태자가 경사로 달려가고 자신은 곽랑을 따라 죽을 생각을 하다가 잠에서 깨어났다는 것이다. 꿈에서 깨어난 광무제는 곽후의 지난 일을 생각하고 눈물을 흘리고 다시 잠을 이루지 못하였다고 하였다.

나중에 곽후는 꿈 이야기를 전해 듣고 상쾌하게 여기며, 음후 또한 쾌하게 여기면서도 자기 때문에 시련을 겪게 된 곽후를 생각하고 눈물을 흘린다. 음후는 자신이 곽후에 대한 가해자이기는 하나 그것이 자기의 의지와 관계없이 광무제에 의해 이루어진 것이기 때문에 상황을 그렇게 만든 남편에 대한 비판 의식과 곽후에 대한 죄의식을 떨쳐버리지 못하는 것이다.

광무제의 꿈은 광무제가 곽후로, 곽후가 광무제로 바뀌어 광무제가 곽후의 삶을 꿈속에서 살아본 것이다. 앞에서 말한 바와 같이 이 부분은 〈옥환기봉〉에 제시된, 곽후에 관한 서술 내용을 그대로 요약한 것이다. 이를 통해 독자들은 여태껏 논란이 되어 온 곽후라는 인물과 그녀의 폐출에 대한 사실을 구체적으로 확인할 수 있게 된다. 그리고 작품내적으로는 광무제가 곽후의 심정과 고난을 실질적으로 이해하도록 하여 자신의 부당한 처사를 돌이켜 보는 계기가 된다고 할 수 있다. 이처럼 남편에 의해 가해진, 아내의 시련을 남편이 직접 체험하여 그 고통을 이해하도록 하는 것은 그러한 남편의 횡포가 부당한 것이라는 것을 보여주는 가장 효과적인 방법일 수 있다.

광무제의 꿈 이야기에 이어 공주들이 취미궁에 자주 가지 못하다가 광무제의 누이인 영평공주와 함께 잠시 취미궁을 찾았다는 사실이 제시된 후 다음과 같은 말로 취미궁 이야기가 마무리되고 있다.

> 오공쥬 팔ᄌᆞ 신셰 한갈갓치 아니나 자숀은 보응이 닛셔 삼공쥬의 ᄌᆞ손이 더옥 번셩ᄒᆞ고 후려의 명인니 마나 융혁ᄒᆞ고 챵셩ᄒᆞ니 날양공쥬 ᄌᆞ숀의 더으니 이은 ᄉᆞᆷ공쥬의 쳥고ᄀᆡ결ᄒᆞᆫ 덕을 하날이 갑푸시미요 여웁은 부마을 비록 원거ᄒᆞ녀 ᄌᆞ숀이 읍스나 션화ᄒᆞ녀 옥경으로 도라가 만겁쳥츈을 하로갓치 지ᄂᆡ니 일시 인간 환낙의 비기리오[44]

후일 그 자손이 번창하여 하늘의 보답을 받았다거나 선화(仙化)하여 인간의 환락이 비길 수 없는 영원한 삶을 누리게 되었다는 것은 그들이 겪고 있는 시련과 고통이란 것이 그들 당대의 현실 속에서는 결코 해소될 수 없으며, 그 때문에 그들의 저항도 필연적으로 좌절될 수밖에 없었다는 것을 말해주는 것이다. 따라서 위의 진술은 하늘의 보답을 구실로 현실적 고통을 합리화함으로써 문제의식의 약화를 드러내는 것이라 하기보다는 오히려 부덕이라는 이름으로 강요되는 여성의 현실적 고통이 지닌 심각성을 드러내는 것이라 할 수 있다.

4) 총괄적 대미로서의 날양의 꿈과 작품의 지향

시간이 흘러 광무제, 곽후, 음후가 세상을 떠난 후 광무제의 아들 현종 효명제(顯宗孝明帝)의 황후 마씨가 세상을 떠나던 날 날양이 대내에서 꿈을 꾼다. 꿈속에서 옥제는 광무제와, 광무제를 좇아 인간에 내려갔던 28수, 12신장을 맞아 요지에서 잔치를 한다. 광무제는 음후와의 삼생 인연이 다한 것을 슬퍼하며 옥제에게 헌

44) 139~140면.

수하고, 효명제와 마후는 가사 입고 염주를 두르고서 연화대 위에서 세존을 모신다. 왕모 또한 광한전에서 여인들을 맞는데 태후, 곽주, 음후, 무양·관도·여읍·연양공주, 동해왕비 등이 여기에 참석하고, 금상(今上)인 숙종과 동해왕, 동평왕 등은 옥제를 모시고 있었다. 날양이 자기 형제들을 찾자 음후가 날양을 불러 수가 진하지 아니하였으나 어찌 참여하지 않겠느냐며 형제 차례로 좌에 들라 한다. 이어 대연이 시작되고 음후는 곽후를 청하여 서로 반기며 종일토록 진환(盡歡)한다. 꿈에서 깨어난 날양이 꿈속에서 본 일을 기록하자 남편 두부마가 보고 기이하게 여기고, 동평왕도 자기의 몽사와 부합한다며 역시 기이하게 여긴다.

이러한 날양의 꿈에는 황실의 모든 사람들이 참여하고 있다. 그런데 여태껏 중요한 역할을 하던 세 공주는 간략히 이름만 거론될 정도이고, 앞부분에서 별다른 역할을 하지 못하던 태자, 곧 효명제가 부인 마씨와 함께 석가세존을 모신다거나, 태후가 일찍 죽은 아들과 딸, 곧 광무제의 두 형과 누이를 만난다거나, 광무제와 음후의 삼생 인연이 다했다거나 하는 전혀 낯설고 새로운 사실들이 제시됨으로써 이 부분이 단순히 〈취미삼선록〉의 결말을 이룬다고 하기는 곤란하다. 여기에 제시된 낯선 사실들은 〈옥환기봉〉에서 자세하게 다루어진 내용과 직접 관련된 것들이다.

〈옥환기봉〉에는 광무제와 음후, 효명제와 마씨의 전생담(轉生談), 그리고 광무제의 맏형 연이 경시제에 의해 억울하게 죽음을 당하고 중형 중(仲)과 누이 원(元)이 전란 중에 세상을 떠난 사실, 또 광무제를 도운 제장이 28수 12신장의 환생이라는 사실 등이 모두 제시되어 있다. 그런데 〈옥환기봉〉은 음후의 죽음으로 작품을 마무리하고 있을 뿐 중요 인물들이 천상으로 복귀하는 이야기는 전혀 제시하고 있지 않다. 따라서 이러한 〈옥환기봉〉의 결말에 대해 불만을 느낀 〈취미삼선록〉의 작자는, 취미궁 이야기와 시간적 단절을 무릅쓰고서도 날양의 꿈을 통해 황실의 모든 사람이 등장하는 천상의 세계를 보여줌으로써 두 작품을 종합한 결말을 제시하고자 했던 것이라 할 수 있다.

그런데 꿈속 천상계에서 광무제가 음후와의 삼생 연분이 다한 것을 슬퍼하는 반면, 음후는 그것을 기다렸다고 하면서 곽후와 담소화락하는 것은 남편의 횡포에 대한 비판의식의 표현이라 할 수 있다. 자신의 뜻과 전혀 관계없이 결과적으로 곽후에게 시련을 부과하게 되었던 음후는 자신도 남편의 횡포에 의한 희생자라는 생각에서 곽후와 동류의식을 느끼고 있었던 것이다. 광무제와 음후의 결합, 그리고 이에 따른 곽후의 시련은 광무제와 음후의 천정연분에 따라 이미 예정된 것이었다. 그런데도 음후가 광무제와의 천정에 의한 연분이 다하기를 고대했다고 말하는 것은 여성으로서 걸머져야 했던 고통이 천정의 인연을 부정하고 싶을 정도였다는 것을 말해주는 것이라 할 수 있다. 이런 점에서 곽후 문제에 관한 날양의 꿈은, 현실적 질곡은 일시적인 것이므로 괴로워할 필요가 없음을 깨우쳐주는 자위적 기능을 하는 것[45]이라기보다는 오히려 여성의 현실적 시련을 첨예하게 드러내는 역할을 한다고 할 수 있다.

이상에서 검토한 바와 같이 〈취미삼선록〉은 공주들의 문제와

---

45) 전성운, 앞의 글, 86면.

곽후의 문제가 두 축을 이루고 있다. 공주들의 문제에 있어서는 무도한 남편과의 혼인에 의해 시련이 시작되고, 공주들이 남편들의 횡포에 대해 저항하고, 남편들의 횡포와 공주들의 저항이 서로 충돌하다가 결국에는 현실적 장벽 때문에 그러한 저항이 좌절되는 모습을 차례로 보여주고 있다. 또 곽후의 경우에는 곽후의 편지를 통해 멀리서 자녀들을 애타게 그리는 곽후의 고통을 제시하고, 황실의 모든 사람이 곽후를 생각하고 눈물 흘리는 모습을 통해 곽후의 시련이 지나치거나 부당하다는 것을 보여준 다음, 그러한 부당한 희생에 대한 비판을 곽후의 입장에 선 곽주의 항변, 희생을 강요한 광무제 본인의 꿈, 그리고 자신의 의지와 관계없이 가해자가 된 음후가 천상계에서 보이는 태도를 통해 제기하고 있다. 공주들의 문제는 대체로 계기적인 연관성에 따라, 곽후의 문제는 그것에 대한 여러 인물들의 태도를 차례로 제시하는 방식에 의해 구성되어 있다.

그러면서 작자는 이 두 축이 제기하고 있는 문제가 별개가 아니라는 것을 보여주기 위해 서술의 초점을 빈번하게 교체하면서 두 축을 병치시켰던 것이다. 두 축이 밀접하게 연결될 수 있는 근거는 세 공주가 곽후 소생이라는 점, 그리고 그들 모두 남편의 횡포에 의한 희생자라는 점이다. 곽후는 남편에게 버림 받았고, 공주들은 남편들의 횡포에 맞서려고 했지만 현실의 높은 장벽을 넘을 수 없었다. 그들은 모두 남성 중심적 사고의 희생자들이었던 것이다. 결국 〈취미삼선록〉은 이처럼 대를 이어 반복되는 여성들의 고통과 시련, 좌절을 보여줌으로써 남편, 나아가 남성 지배의 횡포를 문제 삼고 있는 작품이라 할 수 있다.[46]

4. 소설사적 의의

〈취미삼선록〉의 소설사적 의의는 무엇보다 이 작품이 여성에게 희생을 강요하는 남성 지배를 여성 중심적 시각에서 비판하고 있다는 점에서 찾을 수 있을 것이다. 17세기부터 자리 잡기 시작한 가부장적 질서 체계에 따라 가문의식이 고조되고, 이러한 가문의식 자체를 작품 성립의 근거로 삼고 있는 많은 작품들이 창작되고 있던 상황에서 남성 지배의 문제점을 정면에서 다루고 있는 이 작품은 그 자체로 충분한 의의를 지니고 있다.[47]

그런데 놓쳐서는 안 될 것은 이 작품이 지향하는 의미가 〈옥환기봉〉이라는 선행 작품을 수용하면서 이루어졌다는 점이다. 따라

46) 소인호는 무양의 혼인 이야기를 분석하는 자리에서 양처 대 남편의 갈등 구도를 이루는 무양의 갈등은 곽후·음후 대 천자의 관계에 비유되고 있는데 작자는 동질적인 두 사건을 중첩시키면서 가부장의 횡포로 인해 벌어진 2대에 걸친 여성의 비극을 집요하게 문제 삼고 있다고 하였다. 그런데 공주들의 문제와 곽후의 문제는 무양의 혼인 이야기에 한정되지 않고 작품 전체의 의미를 규정하는 두 축의 기능을 한다고 할 수 있다.

47) 소인호는 〈현씨양웅쌍린기〉나 〈명주기봉〉이 가문소설의 기본 설정 내에서 가문소설이기를 거부하고 있다면, 〈취미삼선록〉은 그 반발의 수위를 한층 높여서 가문소설이 갖는 외연의 극한점에 위치하고 있다고 하였다. 여기에는 이러한 소설적 반발이 가문소설과 대등한 차원에서 논의될 수 있는 또 다른 소설의 흐름을 이루고 있었던가 하는 문제에 대해 좀 더 신중한 검증이 필요하다는 단서가 달려 있기는 하지만 〈취미삼선록〉을 가문소설의 범주에 포함하는 것은 문제가 있다고 할 수 있다. 물론 가문소설의 개념과 범위를 어떻게 규정하느냐에 따라 달라질 수 있겠지만 그것은, 〈취미삼선록〉이 가부장적 질서 체계의 바탕 위에서 가문의 안정과 번영을 지향하고 있는 것이 아니라 오히려 남성 지배 체제가 초래하고 있는 문제점을 비판하는 데 역점을 두고 있기 때문이다.

서 여기에서는 〈취미삼선록〉이 나름의 의미를 구현하기 위해 선행 작품을 어떻게 변용하였는가 하는 것을 살펴 그 창작 기제를 확인함으로써 또 다른 측면에서 이 작품이 지니고 있는 소설사적 의의를 확인하고자 한다.

우선 작품의 한 축을 이루는 공주들의 문제, 곧 곽후에 대한 그리움을 마음 속 깊이 간직하고 있는 공주들이 횡포하고 탐욕스런 부마들을 만나 심적 고통을 겪는 것은 〈옥환기봉〉에도 제시되어 있다. 여읍은 광무제에게 곽후의 문제를 자주 거론하며, 음풍과 원하지 않는 혼인을 하였다가 결국 음풍 때문에 세상을 떠나고 만다. 그런데 무양과 관도의 경우에는 곽후를 그리워하고, 남편의 횡포로 고통을 겪는 그들의 모습이 구체적으로 형상화되어 있지 않다. 그들의 시련은 대체로 그들과 부마에 대한 서술자의 단편적인 설명, 그리고 이들을 바라보는 음후의 내면에 대한 짤막한 기술 등으로 제시되어 있을 뿐이다.

이에 비해 〈취미삼선록〉에서는 그들의 시련과 저항을 구체적으로 형상화하기 위해 무양의 혼인 및 공주들의 취미궁 은거 이야기 등을 새롭게 창조하였다. 예를 들어 〈옥환기봉〉에서는 무양의 혼인에 대해 "양신 길일의 무양공쥬를 하가ᄒᆞ니 부마 냥송은 본ᄃᆡ 쇼영풍신이라 풍뉴쥰골노 옥면풍광이 ᄲᅧ혀나니 삼젼이 ᄃᆡ희"48)하였다고 하였으며, 다음 해 양송이 사신을 자청하여 나아가 곽후를 만났다고 하였다. 양송에 대해 복파장군 마원을 모함하는 간휼(奸譎)한 인물이고, 주루를 출입하는 방탕한 인물이며, 동해왕의 궁궐

48) 〈옥환기봉〉 권24, 11면.

을 탐내는 탐욕스런 인물이라고 하였지만 무양과 혼인하는 양송은 단지 뛰어난 풍모를 지닌 예의 바른 인물로 제시되어 있을 뿐이다. 그러나 〈취미삼선록〉의 작자는 양송의 무도하고 탐욕스런 성품과 무양의 시련을 형상화하기 위해 무양의 혼인 이야기를 완전히 새로 구성했던 것이다.

한편 〈옥환기봉〉에는 여읍의 혼인과 그로 인해 빚어진 여읍의 갈등과 시련이 비교적 구체적으로 형상화되어 있지만 〈취미삼선록〉에는 그렇지 않다. 이는 무양의 혼인에 이어 여읍의 혼인 과정을 다시 거론하는 것이 번거로워 여읍이 중심이 된 취미궁 이야기 속에 간략하게 그것을 포함하여 제시하려 했기 때문이라 생각된다.

이처럼 〈취미삼선록〉에서는 〈옥환기봉〉에 제시된 사실을 바탕으로 곽후 소생 공주들의 시련과 저항을 구체화하는, 무양의 혼인과 취미궁 이야기를 새로 구성하면서 그 안에 곽후 문제를 제기하기 위해 고안한 장치들을 안배했음을 알 수 있다. 그렇다면 곽후가 등장하는 사건이 제시되지는 않지만 작품의 또 다른 축을 이루는 곽후 문제에 대한 시각은 〈옥환기봉〉의 그것과 어떻게 같고, 다른가. 먼저 〈옥환기봉〉에서 확인할 수 있는 곽후 폐출 이후의 광무제, 음후, 곽후의 모습과 태도를 살펴보자.

광무제는 곽후가 폐출된 이후 곽주의 회갑에 참석하여 대연을 베풀기도 하는 등 곽후의 친정 식구들을 예우하기도 하고, 어린 여읍이 모후의 얼굴을 잊지 않으려 애쓴다고 하자 추연해하기도 한다. 또 곽후가 득병하여 위중할 때에는 어찰을 보내 보중할 것을 당부하면서 다시 만나 전과(前過)를 떨쳐버리자고 하기도 한다. 이처럼 광무제는 자신이 폐위시키기는 하였지만 조강 곽후에 대해 안스러운 마음을 지니고 있었다.

그러나 광무제는 곽후를 다시 복위할 마음은 전혀 갖고 있지 않았다. 어느 날 광무제가 깨어진 옥대를 보고 때우라고 지시하는 것을 본 여읍이 사람도 허물을 고치면 되느냐며 은근히 곽후의 복위 문제를 거론한다. 이에 광무제는 부부 사이는 한번 갈라지면 소용이 없다면서 곽후를 잊지는 않고 있다고 답하는데 이 말이 곽후에 대한 광무제의 생각을 단적으로 나타내는 것이라고 할 수 있다.

반면 음후에 대한 광무제의 애정은 무분별하고, 치기(稚氣)가 어려 있다고 할 만하다. 음후가 입궐한 자기의 어머니와 함께 있을 때 광무제는 공주들을 시켜 수차 음후를 불러내 자기 곁에 있도록 하기도 하고, 음후가 어머니에게 광무제의 태도를 괴로워하면서 내세에는 남자가 되고 싶다고 말했다는 것을 전해 듣고는 천추만세에 서로 만나 즐길 것이라며 음후를 희롱하기도 한다. 또 광무제는 자신이 병이 들자 음후에게 곁에서 구완하라고 보채면서 정무를 폐할지라도 음후는 곁을 떠나지 못하게 하겠다고 한다. 사실 음후에 대한 광무제의 이러한 태도는 처음 음후를 만난 이후부터 줄곧 변함이 없는 것이기도 하다.

음후는 광무제가 곽후를 폐하고, 나아가 곽후 소생의 태자를 동해왕에 봉하고 자기 소생을 태자로 삼은 것에 대해 광무제를 비판한다. 그러면서 곽후 소생의 자녀들에게 정성을 쏟는다. 동해왕 형제의 혼인을 주관하여 길복을 손수 마련하기도 하고, 동해왕의 헌수를 받을 때에는 왕의 정성을 자기 혼자 받는다면서 곽후를 생각하고 슬퍼하기도 하며, 여읍이 남편과 화합할 수 있도록 중간에서 애를 쓰기도 하는 것이다. 또 동해왕의 혼인 때 곽주를 청하게 하기도 하며, 곽주의 회갑 때에는 따로 어찰과 물품을 보내기도 하는 등 곽후의 친정에 대한 예우를 게을리 하지 않는다. 그리고 음후는 광무제의 편벽된 애정을 괴로워하기도 하지만 천정 연분의 증표인 옥환을 손에서 뺀 적은 없다.

한편 곽후는 무양의 혼인 사실을 전해 듣고는 기쁜 가운데 자기가 직접 보지 못한 것을 슬퍼하는 등 자식에 대한 그리움을 간직하며 지낸다. 그리고 남편의 애정을 독점하기 위해 음후를 핍박했던 자신의 잘못을 뉘우치면서도 음후와 광무제에 대한 원망과 한을 떨쳐버리지는 못한다. 곽후는 동해왕이 음후의 덕을 칭송하자 동해왕을 책하면서 서로 용납하지 못할 사이라고 한다. 또 음후에게 편지를 보내 음후가 곽주의 회갑 때 보여준 정성에 대해 사례하면서도 자신은 음후에게 굽힐 뜻이 없다고 한다. 편지를 보내기에 앞서 동해왕이 이 부분을 고쳐줄 것을 청하자 곽후는 일편 강개지심은 고칠 수 없다고 대답한다. 득병하여 위중할 때에도 광무제가 자신을 버리지 않겠다는 약속을 지키지 않은 것을 들어 광무제를 힐난하다가 보중하라는, 광무제의 어찰을 보고서는 눈물을 흘리고 세상을 떠난다.

이와 같이 곽후 폐출 이후 곽후 문제와 관련하여 〈옥환기봉〉에 제시된, 세 사람이 보여주는 태도는 기본적으로 〈취미삼선록〉에서 볼 수 있는 것과 유사하다고 할 수 있다. 〈취미삼선록〉에서 광무제가 곽후의 편지나 화상을 볼 때 처연해하기도 하고, 곽후를 생각하는 시와 글을 짓기도 하지만 자기는 양송의 경우와 다르니 곽후를 복위할 수 없다고 하면서 음후가 곽후보다 훌륭하다고 하거나, 천상에서 삼생의 인연이 다한 것을 슬퍼하기도 하는 것은 〈옥환기봉〉에 제시된, 음후와 곽후에 대한 광무제의 태도와 다르지 않다. 또 〈취미삼선록〉에서 곽후 소생의 자녀에게 정성을 쏟으며, 곽후에 대한 미안한 마음을 떨쳐버리지 못하는 음후의 모습 역시 〈옥환기봉〉의 그것과 큰 차이가 없다고 할 수 있다. 그리고 자녀들을 그리워하면서 광무제와 음후에 대한 섭섭한 마음을 떨쳐버리지 못하는 곽후의 모습 또한 〈옥환기봉〉에 제시된 곽후의 모습과 마찬가지라고 할 수 있다.

그러나 자세하게 살펴보면 〈취미삼선록〉의 작자는 세 인물의 이러한 태도를 수용하면서도 그것을 구체화하는 과정에서 다소의 변개를 가하고 있음을 볼 수 있다. 광무제의 경우에는 무양의 혼인을 아무런 생각 없이 즉흥적으로 결정함으로써 음후를 비롯한 모든 사람의 실망과 반대를 초래한다. 특히 음후의 강한 질책을 받자 광무제는 '눈을 겁나게 뜨고 무류 불안해' 하며 스스로를 변명하기에 바쁘다. 따라서 〈취미삼선록〉의 광무제의 모습에는 무양과 곽후에 대해 무책임한 가장, 무관심한 남편의 이미지가 덧칠되어 있음을 알 수 있다.

그리고 음후는 무양의 혼인을 곽후가 보지 못하는 것을 슬퍼하기도 하고, 곽후의 편지를 서안에 놓고 배례하면서 자신이 죄인이라고 자책하기도 하며, 곽후의 복위 문제를 직접 거론하기도 한다. 또 곽후의 화상을 보고서는 눈물을 흘리고 법복을 입은 새 화상을 자청하여 그리고 나서 재배하기도 하며, 광무제가 꿈속에서 곽후의 시련을 체험한 사실을 알고는 곽후의 입장에 서서 그것을 '쟁그럽고 쾌하게' 여기기도 한다. 〈옥환기봉〉에서는 곽후와 관련된 문제를 포함한 여러 사건들을 시간적 순서에 따라 자세하게 제시하고, 서술의 초점을 광무제와 음후에게 맞추고 있음에 비해 〈취미삼선록〉에서는 곽후 문제에 초점을 맞춰 집중적인 서술을 했기 때문이기도 하겠지만, 곽후의 편지와 화상에 재배까지 하는 모습 등에서 보듯 곽후를 생각하는 음후의 마음이 〈옥환기봉〉에 비해 좀 더 부각되어 있다고 할 수 있다.

곽후의 경우 광무제와 음후에 대한 섭섭함과 원망은 곽후가 무양에게 보낸 편지 가운데 암시되어 있을 뿐이고 직접적인 비난은 곽주를 통해 제시된다. 따라서 곽후는 편지 속에 드러난 바와 같이 자식을 그리워하면서 눈물로 지새우는 버림받은 여인의 모습만이 선명하게 부각되어 있다.

이처럼 〈취미삼선록〉에서는 〈옥환기봉〉에 비해 광무제의 무심한 남편의 모습이 확대되고, 곽후를 생각하는 음후의 마음이 강조되며, 곽후의 외롭고 고달픈 시련이 부각되는 방향으로 변용이 이루어졌음을 확인할 수 있다. 이는 남성의 횡포를 비판한다는 작품의 의미 지향을 위한 의도적 변용으로 생각된다. 물론 〈옥환기봉〉에서 〈취미삼선록〉이 지향하는, 남성 지배에 대한 비판과 연결될 수 있는 면을 발견할 수 없는 것은 아니다. 그러나 〈옥환기봉〉에서 곽후가 절도 있는 효부열녀이면서도 조협(躁狹)하고 투기가 심하여 남편의 애정을 독점하고자 하는 자신의 욕구가 위협받을 때마다 불만을 거침없이 드러내며, 폐출 이후에도 음후와 광무제에 대한 원망과 한을 달래지 못하고 비분강개한 모습을 보이는 것과, 〈취미삼선록〉에서 곽후가 어머니와 자식을 그리워하면서 눈물로 세월을 보내는 것이 같을 수는 없다. 따라서 〈취미삼선록〉의 작자는 〈옥환기봉〉에 드러난 광무제, 음후, 곽후의 모습과 태도를 수용하면서도 자신의 의도에 부합하도록 그 중 어느 한 부분을 강조하는 방식으로 변용을 시도한 것이다.

결국 〈옥환기봉〉이 전체적으로 곽후에 대한 긍정적이고 부정적인 시각의 균형을 유지하면서 음후가 황후가 된 것은 음후의 숙덕과 천정에 따른 당연한 결과라는 것을 보여주고 있다면, 〈취미삼선록〉은 곽후 폐출 이후로 국한하여 남편에 의해 희생을 강요받은 가련한 여인인 곽후와 그것을 안스러워 할 수밖에 없는 음후의 모습을 통해 남성 지배에 대한 비판적 의식을 담고자 하였다고 할 수 있다. 이는 〈취미삼선록〉이 선행 작품을 수용하면서도 그것을 나름의 의도와 목적에 의해 재해석하고 있음을 말해주는 것이다. 〈옥환기봉〉은 음후가 자색으로 광무제의 총애를 입었고 그래서 곽후 소생의 태자마저도 그 위(位)를 잃었다는 세인들의 평가에 대해 음후가 숙덕을 지닌 성녀현비(聖女賢妃)로 황후가 될 만한 충분한 자격이 있었다는 것을 보여주기 위해 창작되었으며,[49] 〈옥환기봉〉의 한 필사자는 음후에 대한 작자의 편향된 시각을 비판하고 있기도 하다.[50] 곧 역사적 사실의 해석과 관련하여 소설이 창작되었고, 그러한 해석의 시각에 대해 논란이 있기도 했던 것이다. 〈취미삼선록〉 역시 이러한 맥락에서 여성의 희생을 강요하는 가부장적 질서 체계가 지닌 현실적 문제에 대한 인식에 따라 〈옥환기봉〉에 제시된 곽후 폐출 문제를 곽후 소생 공주들의 문제와 함께 다루면서 그것을 남성 지배의 횡포라는 시각에서 확대, 재해석

49) 이에 대해서는 이승복(2000. 3) 참고.

50) 이 글에서 대상으로 한 규장각 소장본 〈옥환기봉〉 말미에 기록된 필사기의 내용이다. 이에 대해서는 이승복(2000. 5)에서 소개하였다.

하고 있는 것이다.

이처럼 〈취미삼선록〉은 선행 작품을 나름대로 재해석하면서 부족하거나 불만스럽게 여긴 부분을 수정, 보완하기 위해 창작된 작품이라 할 수 있다. 이렇게 창작된 〈취미삼선록〉과, 작품 속에 다른 여러 작품의 인물들을 한 자리에 등장시켜 평가를 시도하고, 그러한 평가에 대한 불만에서 새로운 속편이 창작되었던 〈여와전〉 연작의 존재[51]를 아울러 고려하면 그와 같은 창작 방식이 18세기 고전소설 창작의 중요한 방식 중의 하나였다는 것을 알 수 있다. 이야기가 완결된 전편을 이어서 그 중심 인물의 자손들에 대한 이야기를 위해 속편이나 파생작이 창작되는 평면적인 연작 형태 이외에 전편에 대한 비판과 불만에서 후속편이 창작되기도 하였다는 사실은 고전소설의 창작과 향유가 상당히 적극적이고 활발했었다는 것을 말해주는 것이다. 〈취미삼선록〉이 이와 같은 사실을 분명하게 확인해주고 있다는 점에서 이 작품이 지닌 또 하나의 소설사적 의의를 찾을 수 있을 것이다.

5. 맺음말

이 글에서는 〈취미삼선록〉의 성격과, 고전소설 창작 및 향유 방식에 대한 이해를 심화할 목적으로 작품의 구조적 특성과 소설사적 의의 등을 이 작품에 창작적 원천을 제공한 〈옥환기봉〉과 관련

51) 지연숙, 「〈여와전〉연작의 소설 비평 연구」, 고려대 박사논문, 2001. 6 참고.

지어 검토하였다.

이를 위해 우선 〈취미삼선록〉과 〈옥환기봉〉의 직접적인 관련성을 인물과 그 성격, 세부적인 사건의 일치 등을 통해 확인하고, 또 〈취미삼선록〉에는 〈옥환기봉〉에 제시된 사실을 알고 있어야만 제대로 이해될 수 있는 부분들이 존재한다는 것을 확인함으로써 〈취미삼선록〉이 〈옥환기봉〉을 수용하면서 창작된 작품이라는 사실을 밝혔다. 곧 〈취미삼선록〉은 후한 광무제의 한실 중흥과 곽후의 폐출이라는 역사적 사실을 다루고 있는 〈옥환기봉〉에서 곽후 폐출 이후의 부분만을 따로 떼어 재구성한 작품이라는 것이다.

이러한 두 작품의 관계를 고려하면서 〈취미삼선록〉의 구조적 특성을 살핀 결과 이 작품은, 곽후 소생의 세 공주가 남편들의 횡포에 의해 시련을 겪으면서 그것에 저항하고 좌절하는 모습을 보여주는 한편, 여러 인물들의 태도를 통해 곽후의 폐출이 지나치고 부당하다는 것을 제시하는 두 축으로 구성되어 있고, 서술의 초점을 빈번하게 교체하여 이 두 축을 병치함으로써 대를 이어 반복되는 여성의 고통과 시련을 효과적으로 형상화하고 있으며, 이를 통해 여성에게 희생을 강요하는 남편, 나아가 남성 지배의 횡포를 비판하고 있음을 확인할 수 있었다.

또한 두 축의 이야기를 〈옥환기봉〉에 제시된 것과 비교해 본 결과 공주들의 이야기는 〈옥환기봉〉에 제시된 단편적인 사실을 바탕으로 새로 창조하고, 곽후 문제에 대한 여러 인물들의 태도는 〈옥환기봉〉의 그것을 의도적으로 변용함으로써 〈옥환기봉〉과 구분되는 〈취미삼선록〉 나름의 의미를 구현하고 있다는 사실을 알 수 있었다. 이처럼 17세기 이후 확고하게 자리 잡은 가부장적 질서 체계를 정면에서 문제 삼고 있다는 점, 그리고 선행 작품을 나름대로 재해석하면서 부족하거나 불만스럽게 여긴 부분을 수정, 보완하기 위해 새로운 작품을 창작했다는 사실을 구체적으로 보여줌으로써 이 작품이 창작된 것으로 짐작되는 18세기 무렵 고전소설의 창작과 향유에 대한 이해를 심화할 수 있게 한다는 점 등에 이 작품이 지닌 소설사적 의의가 있다고 생각한다.

Ⅲ. 인물 형상을 통해 본 〈도앵행〉의 의미
-〈옥환기봉〉과 관련하여

1. 머리말

이 글은 고전소설 〈도앵행〉이 〈옥환기봉〉과 밀접한 관련 아래 창작된 작품임을 밝히고, 그 인물 형상을 통해 작품의 함의를 검토하는 것을 목적으로 한다. 18세기 중엽 이전에 창작된 것으로 추정되는 장편소설 〈옥환기봉〉은 17~8세기 고전소설의 향유 방식을 이해하는 데 중요한 단서를 제공하고 있다. 그것은 이 작품이 중국의 역사를 바탕으로 상상과 허구를 가미하여 창작되었다는 점, 속편과 파생작을 발생시켰다는 점, 그리고 그 속편이나 파생작이 단순히 전편(前篇) 인물들의 후속 세대 이야기이거나 원작에 등장한 주변적 인물을 주인공으로 내세운 곁가지 이야기에 그치지 않는다는 점 등에서 그러하다. 이 글의 대상인 〈도앵행〉은 〈옥환기봉〉과 밀접한 관련 아래 18세기 중엽 이전에 창작된 작품이다.

따라서 〈도앵행〉에 대한 검토는 이 작품 자체는 물론 〈옥환기봉〉 연작군, 나아가 당시 고전소설 향유 방식에 대한 이해에 기여할 수 있을 것으로 생각한다.

〈도앵행〉에 대해서는 이수봉이 이본 상황을 비롯한 서지 사항을 확인하고, 내용을 검토하여 도선화소(道仙話素)를 원용하면서 혼속반정(婚俗反正)을 주제로 내세운 가문소설로 그 성격을 규정한 바 있다.[52] 이는 〈도앵행〉에 대한 최초의 본격적 논의라는 점에서 연구사적 의의를 지닌다고 할 수 있다. 그러나 작품의 궁극적 지향이 과연 혼속반정인지, 그리고 도선적 요소가 있다면 그것은 작품에서 어떠한 성격과 의미를 지니는지에 대한 좀 더 철저한 검토가 요청된다고 할 수 있다. 여기에서는 이 작품과 〈옥환기봉〉의 관계를 밝히고, 기존 논의를 비판적으로 수용하면서 작품의 함의를 인물을 중심으로 살펴보고자 한다. 작품의 의미를 인물 형상을 통해서 검토하고자 하는 것은, 이 작품의 서사구조는 비교적 단순한 유형적 틀에서 크게 벗어나지 못한 반면 인물들은 작자의 세밀한 의도와 계획에 따라 배치되고 형상화된 것으로 판단되기 때문이다. 작품의 내용은 인물 형상을 검토하는 자리에서 아울러 소개하기로 하고, 먼저 〈옥환기봉〉과의 관계부터 검토한다.[53]

---

52) 이수봉, 「〈도앵행(桃櫻杏)〉전 연구」, 『개신어문연구』 11, 개신어문연구회, 1994.

53) 〈도앵행〉의 이본은, 이수봉 교수가 소개한 3종을 포함하여 현재까지 16종이 확인되었다(조희웅, 『고전소설 이본목록』, 집문당, 1999). 그리고 19세기 후반에 필사된 것으로 추정되는 서울대 규장각 소장 『언문고시(諺文古詩)』의 「언문칙목녹」 맨 끝에 제시된 〈잉도힝〉은 〈도앵행〉과 같은 작품일 것으로 생각된다. 이러한 사실들에서 〈도앵행〉이 오랜 동안 비교적 널

2. 〈옥환기봉〉과의 관계

〈도앵행〉은 1786년에서 1790년 사이에 필사된, 서울대 규장각 소장 〈옥원재합기연〉 권14 표지 안쪽에 그 작품명이 제시되어 있다.[54] 여기에는 〈옥환기봉〉과 그 파생작인 〈취미삼선록〉의 제목도 함께 기록되어 있어 세 작품 모두 18세기 중반 무렵에는 이미 창작되어 향유되고 있었음을 알 수 있다. 물론 거기에 제목이 제시된 작품들 모두가 서로 밀접한 관련을 맺고 있는 것 같지는 않지만 〈옥환기봉〉, 〈취미삼선록〉과 함께 〈도앵행〉의 제목이 한 자리에 기록되어 있는 것은 당시 독자들이 이 세 작품들 사이의 밀접한 관계를 인식하고 있었을 것이라는 짐작을 가능하게 한다. 〈도앵행〉과 〈옥환기봉〉의 본문이나 필사기에 두 작품의 관계를 직접적으로 밝히고 있는 부분은 없다. 그러나 그 내용을 비교하여 살펴보면 두 작품 사이에 서로 밀접한 관계가 있음을 알 수 있다.

〈옥환기봉〉은 후한 광무제가 초야에서 일어나 무너진 한실을 회복하는 이야기와 곽후를 폐하고 음귀인을 황후로 세워 삼생 연분을 이루는 이야기를 서로 병치시켜 다루고 있다. 그리고 〈도앵행〉은 태원처사 주당(周黨)의 아들인 주원성과 혼인한 광무제의 누이 백희(伯姬), 곧 영평공주(寧平公主)가 시가에 현구고지례(見

리 읽힌 작품임을 알 수 있다. 이 글에서는 서울대 규장각에 소장된 2권 2책의 국문 필사본 〈도잉힝〉을 대상으로 하였다.

54) 심경호, 「낙선재본 소설의 선행본에 관한 일고찰 - 온양 정씨 필사본 〈옥원재합기연〉과 낙선재본 〈옥원중회연〉의 관계를 중심으로」, 『정신문화연구』 38, 한국정신문화연구원, 1990 참고.

舅姑之禮)를 행하러 왔다가 전에 남편과 정혼한 적이 있는 정위주라는 여인이 남편을 위해 수절하고 있음을 알고는 정위주를 부마의 부인으로 맞이하는 과정을 그리고 있다. 이처럼 두 작품은 그 시대적 배경이 일치하고, 영평공주와 주당, 광무제와 그 형제, 누이와 같은 등장인물들이 서로 일치하고 있다.

그런데 두 작품에 같이 등장하는 인물들은 그 성격까지도 서로 일치하고 있다. 특히 〈도앵행〉의 중심 인물인 영평의 경우 그것을 더욱 분명히 확인할 수 있다. 〈옥환기봉〉에서 영평은 곽후와 음귀인의 갈등이 원만히 해결되어 서로 화합하도록 애를 쓰는 인물로 그려져 있다. 광무제가 조강지처인 곽씨 대신 음씨를 황후로 삼으려는 생각에서 일단 두 사람 모두를 귀인으로 봉하자 영평은 곽씨를 위로하면서 광무제에게는 위차(位次)를 바꾸는 것은 옳지 않으니 빨리 곽씨를 황후로 봉하라고 청하기도 하며, 광무제의 편벽된 애정을 비판하기도 한다. 또한 영평은 곽후에게 진상품이 생기면 음귀인에게도 나눠 보낼 것을 권하기도 하고, 음귀인을 투기하는 곽후의 잘못을 극간하기도 하며, 곽후의 투기를 부추기는 윤보모와 왕첩여를 꾸짖어 물리치기도 하는 등 곽후가 황후로서 지켜야 할 본분과 도리를 깨닫도록 하기 위해 노력한다.

그런 가운데 한편으로는 음귀인의 현숙함과 현명함을 인정하여 그녀를 아끼고 존중한다. 영평은 태후가 음귀인을 연금하자 무죄한 귀인을 가두는 것은 유해무익하다고 태후에게 간하기도 하고, 자신이 시아버지의 시병(侍病)을 위해 출궁할 때에는 음귀인과 애끊는 이별을 하기도 한다. 이 때문에 음귀인이 자기를 아는 사람은 영평이라고까지 한다.

영평의 이러한 태도는 곽후와 음귀인이 서로 명분을 지키며 화합하도록 하기 위한 것이다. 영평의 역할이 얼마나 중요한지는 영평이 궁중에 없을 때 문제가 발생하는 것에서 알 수 있다. 영평이 자녀들의 병과 부마의 일로 인하여 수월간 궁중에 들어오지 못한 사이에 회양공주의 천거로 이후 문제를 야기하는 왕첩여가 궁중에 들어오고, 시아버지를 시병하러 출궁한 동안에는 음귀인이 곽후 소생의 황자인 경왕 살해의 누명을 쓰고 귀양을 가며, 시아버지가 세상을 떠나 출궁했을 때에는 마침내 영평의 염려대로 곽후가 폐출되고 마는 것이다. 이와 같이 〈옥환기봉〉에 등장하는 영평은 초년 고생을 같이 한 곽후에 대해 정과 의리를 지키면서도 한편으로는 음귀인을 존중하여 그들이 화합하도록 노력을 기울이는 화해자, 조정자로 형상화되어 있다.

그런데 영평의 이러한 면모는 〈도앵행〉의 그것과 큰 차이가 없다. 다시 자세히 검토할 것이지만 〈도앵행〉의 영평은 엄정함과 포용력을 겸비한 인물로 결혼 전에는 가족의 화합과 화해를 위해 노력하고, 혼인 후에는 남편을 위해 수절하고 있는 정위주를 맞아들이기 위해 심복 가씨에게 정위주의 인물됨과 거처를 확인하게 하는 한편, 그녀를 받아들이도록 시아버지에게 직접 간청하기도 한다.

이와 같이 두 작품에는 같은 인물들이 등장하고, 영평과 같은 인물의 성격이 거의 유사하게 그려져 있다. 영평공주는 역사상 실재했던 인물이다. 그러나 『후한서』와 같은 역사서에서는 그녀의 행적이나 성격에 관한 자세한 기록을 찾을 수 없는 데 비해 그것이 두 작품에만 유사하게 제시되어 있다는 것은 다른 별도의 원천이 없는 한 두 작품이 서로 밀접한 관련을 맺고 있다는 증거가 될 수 있다.

또한 두 작품 모두에서 광무제의 제일 큰 누이를 '회양공주'라고 밝히고 있는데 실제 『후한서』에는 '호양공주(湖陽公主)'로 기록되어 있다. 마찬가지로 두 작품 다 광무제의 조강지처를 곽씨라고 하였는데 실제로는 음씨가 먼저 광무제와 혼인하였다. 그런데 이보다도 〈도앵행〉과 관련하여 놓쳐서는 안 될 것이, 두 작품에서 모두 영평이 주당의 아들 주원성과 혼인하였다고 하였는데 『후한서』에 따르면 실제 영평의 남편은 광무제를 도와 대업을 이룩한 이통(李通)이란 인물이라는 것이다.[55] 이처럼 역사서와 달리 표기된 인명이나 실제와 달리 허구적으로 설정된 인물 관계가 두 작품에서 공통적으로 확인된다는 것은 두 작품의 밀접한 관련성을 말해주는 것이 아닐 수 없다.

이와 같이 두 작품이 밀접한 관계를 맺고 있다면 둘 가운데 어느 것이 다른 것에 영향을 미친 선행본인가 하는 것이 문제이다. 사실 이에 대한 명확한 증거는 없지만 추정을 해볼 수는 있다. 영평공주는 역사상 실재했던 인물이지만 그의 성격이나 행적을 역사서를 통해 구체적으로 확인할 수 없는, 다시 말해 널리 알려지지 않은 인물이다. 그렇기 때문에 어떠한 계기나 원천이 없이 이러한 인물을 중심 인물로 내세우면서 작품을 창작했으리라고는 생각되지 않는다. 그것은 알려지지 않은, 알려고 해도 자세히 알 수 없는

55) 更始使通持節還鎭荊州 通因娶光武女弟伯姬 是爲寧平公主(『후한서(後漢書)』 권15, 「이왕등래열전(李王鄧來列傳)」).

역사적 인물을 배경적 인물이 아닌 중심 인물로 굳이 설정할 필요는 없을 것이기 때문이다. 이에 비해 광무제의 한실 중흥 과정이나 광무제가 곽후를 폐하고 음귀인을 황후로 세운 사실은 역사서에 기록되어 이미 널리 알려져 있었으며,[56] 또 흥미를 제공할 수 있는 요소도 충분히 갖추고 있다고 할 수 있다.

따라서 흥미를 끌 수 있는, 널리 알려진 사실을 바탕으로 하고 있는 〈옥환기봉〉이 먼저 창작되고, 그것을 원천으로 〈옥환기봉〉에서 비로소 의미 있는 인물로 부각된 영평을 중심 인물로 내세운 〈도앵행〉이 나중에 창작되었다고 보는 것이 타당하다고 할 것이다. 〈옥환기봉〉의 속편인 〈한조삼성기봉〉에서 영평을 위옥희라는 인물로 환생시켜 작품의 중심적 역할을 수행하도록 한 것이나,[57] 〈옥환기봉〉의 파생작인 〈취미삼선록〉[58]에 미약하기는 하지만 곽후 소생의 세 공주를 중심으로 한 사건의 틈바구니에 영평을 등장시킨 것은, 〈옥환기봉〉에 제시된 영평의 비중이 적지 않고, 또 그녀의 긍정적인 이미지가 선명했기 때문이라 할 수 있는데 〈도앵

---

56) 서울대 규장각 소장 〈옥환기봉〉 권29 말미에 음후는 숙덕을 갖춘 성녀현비로 광무제가 처음 황후를 봉할 때 황후 자리를 곽씨에게 양보했었는데 후세 사람들이 그 덕은 일컫지 않고 자색으로 광무제의 총애를 입었고, 그래서 곽후 소생의 태자마저도 그 위를 잃었다고 비난하니 가탄스럽다는 서술이 있는데 이를 통해서도 곽후의 폐출 문제가 사람들 사이에 널리 알려져 있었다는 것을 확인할 수 있다.

57) 이승복, 「〈한조삼성기봉〉의 구조와 성격」, 『고전문학과 교육』 3, 청관고전문학회, 2001. 6 참고.

58) 이승복, 「〈옥환기봉〉과의 관계를 통해 본 〈취미삼선록〉의 성격」, 『국문학연구』 6, 국문학회, 2001. 11에서 〈취미삼선록〉과 〈옥환기봉〉의 관계를 밝힌 바 있다.

행〉에 영평이 중심 인물로 그려진 것 역시 이러한 맥락 속에서 이해할 수 있을 것이다.

3. 인물 형상

1) 영평공주와 정위주

〈도앵행〉의 기본적인 서사구조는 영평공주가 주원성과 혼인한 후 남편과 정혼한 적이 있는 정위주라는 여인이 수절하고 있다는 사실을 알고 그녀를 받아들여 서로 화합한다는 것이다. 이처럼 혼인한 부인이, 남편과 정혼하였던 다른 여인의 존재를 알고 나서 그 여인을 맞이한다는 이야기는 고전소설에서 그리 낯설지 않다. 〈도앵행〉보다 먼저 창작되거나 동시대에 창작된 것으로 추정되는 작품들에서도 이러한 이야기는 어렵지 않게 찾을 수 있다. 예를 들어 〈구운몽〉에서 난양공주 이소화는 양소유와 정혼한 정경패의 재모와 숙덕을 직접 확인한 후 태후에게 청하여 함께 양소유와 혼인하며, 〈유씨삼대록〉에서 진양공주는 남편 유세형이 자기와 혼인하기 전에 장혜영과 정혼한 적이 있다는 것을 알고 태후와 천자에게 청하여 장혜영을 부실로 맞게 한다. 또한 〈취미삼선록〉의 경우에도 양송과 혼인한 무양공주는 남편에 의해 출거된 조강지처 허씨의 존재를 알게 되자 광무제에게 청하여 남편이 허씨를 다시 맞이하게 한다.

물론 이러한 이야기들 사이에는 작품내적인 기능, 의미 등에서

크고 작은 차이가 있다. 쉽게 눈에 띄는 큰 차이라면 정실의 그러한 노력으로 맞아들인 여인이 현숙한 경우가 있고, 그렇지 않은 경우가 있다는 것이다. 〈구운몽〉이나 〈취미삼선록〉처럼 현숙한 여인일 경우에는 정실과 화합하여 집안의 안정이 이루어짐으로써 이러한 이야기는 그 자체로 어느 정도 완결성을 갖지만, 〈유씨삼대록〉에서 보듯 그렇지 않을 경우에는 일반적으로 정실과 새로 혼인한 여자 사이에 갈등이 발생함으로써 이 이야기는 갈등의 여건을 마련하는 예비 단계의 기능을 한다고 할 수 있다.[59] 그러나 어떤 경우든 이 이야기들에 공통적으로 드러나는 것은 다른 여인을 남편의 또 다른 아내로 받아들이는 정실의 현숙함과 아량이다. 〈도앵행〉의 작자가 〈옥환기봉〉에 제시된 여러 인물 가운데 영평에 주목한 이유 중의 하나가 바로 그녀의 숙덕과 아량 때문이었을 것이다. 이제 영평과 정위주를 중심으로 그들이 어떻게 형상화되어 있는지 구체적으로 살펴보자.

작품의 서두에는 영평이 절세한 기질에 백행을 겸비한 여인이라는 서술자의 설명에 이어 그것을 구체적으로 보여주는 사례들이

---

59) 〈유씨삼대록〉에서 유세형은 아버지끼리 정혼한 장혜영을 자신이 직접 찾아가 만나본 후 혼인날을 손꼽아 기다리다가 진양공주를 늑혼(勒婚)으로 맞이하자 진양공주를 소대(疏待)한다. 남편의 태도를 통해 장혜영의 존재를 알게 된 진양공주는 장혜영을 맞이하도록 하지만 장혜영은 정실로 예정되어 있던 자신이 부실이 되고 말았다는 불만과, 남편의 애정이 현숙한 정실에게로 차차 옮겨갈 것이라는 불안 때문에 진양공주를 모해하여 집안에 파란을 일으킨다. 따라서 이 작품에서 정실에 의한 부실의 혼입(婚入)은 정실의 숙덕과 아량을 보여주면서 한편으로는 앞으로 진행될 본격적인 갈등의 여건을 마련하는 기능을 하고 있다(이승복, 『고전소설과 가문의식』, 도서출판 월인, 2000, 302~7면 참고).

집중적으로 제시되어 있다. 영평은 여공(女功)에 힘쓰면서 밤에는 『예기』와 시서(詩書)를 읽고, 낮에는 방적하여 집안일을 돌본다. 또 아버지가 일찍 세상을 떠나 가세가 영락하였지만 오빠 백승(伯升)[60]과 중(仲)이 천하를 광구(匡救)할 뜻을 지녀 집안을 돌보지 않고 막내 오빠인 광무제마저 숙부에게 의지하고 있자 영평은 광무제로 하여금 집에 돌아와 농사에 힘쓰면서 편친(偏親)을 봉양하도록 하기도 한다. 이처럼 영평은 숙덕을 갖추고 집안을 돌보는 현숙한 여인으로 제시되어 있다.

그런데 이러한 영평의 현숙한 면모 가운데 작자가 반복해서 보여주고 있는 것은 가족 간의 화합을 위해 애쓰는 영평의 모습이다. 백승의 처 이씨는 부잣집 딸로 성품이 거만하여 남편은 물론 시누이들과도 화합하지 못하지만 영평만은 이씨를 공경하면서 백승과의 부부 관계가 깨지지 않도록 노력하여 마침내 이씨를 감동시킨다. 또 둘째 올케인 최씨가 질둔(質鈍)하여 가족들이 개탄해 하고 서로 마음이 맞지를 않자 어머니에게 간하여 최씨를 사랑하도록 하고, 재주가 성취된 최씨가 이번에는 삼가고 조심하지 않자 다시 어머니가 최씨를 엄중하게 다스리도록 하여 최씨로 하여금 공경함을 얻어 완전한 가족의 일원이 되도록 한다. 그리고 열녀의 풍이 있고 성효(誠孝)가 동촉(洞屬)한, 광무제의 처 곽씨와는 골육과 같은 정을 나누며 지낸다.

영평의 이러한 모습이 올케들과의 관계에서만 보이는 것은 아니다. 큰 언니 회양공주가 백승의 빈객을 엿보아 남자들을 폄론(貶

60) 광무제의 맏형인 유연(劉縯). 백승(伯升)은 자(字).

論)하고 병서를 읽어 고금 성패를 일컫자 둘째 언니 원(元)이 회양의 방탕함을 일컬으며 타일 가풍을 추락하고 부모와 자매를 욕 먹이리라며[61] 힐난하는 일이 벌어진다. 그러자 영평은, 회양에게는 원의 강렬한 성품을 일컫고, 원에게는 회양이 맏이니 공경해야 한다고 깨우쳐 두 사람을 서로 화해시키기도 한다. 또 곽씨의 친정어머니 곽주가 여자들의 의복을 보내오자 회양은 치사(致謝)하며 받고, 원은 단호하게 물리쳐 받지 않는 데 비해 영평은 온순하게 치사하면서도 간절히 재삼 사양하여 받지 않는다.

이처럼 중도를 지켜 어느 한 쪽에 치우지지 않는 엄정함과 온화한 성품을 바탕으로 화합을 지향하는 영평의 모습은 숙덕을 완비한 이상적인 여인상 그 자체라 할 수 있다. 이러한 면모를 서두에서 강조하고 있는 것은 앞으로 진행될 사건, 곧 남편과 정혼했던 여인을 적극적으로 나서서 맞아들이는 과정에 필연적인 근거를 제시하기 위한 것이다.

영평은, 아들 원성과 함께 천하를 주유하다가 영평의 현숙함을 듣게 된 주당의 청혼으로 주원성과 혼인한다. 남편이 시아버지와 함께 떠난 후 영평은, 광무제가 기병하여 집안에 경황이 없었기 때문에 오랫동안 현구고지례를 행치 못하다가 광무제 즉위 후 황성에 올라온 남편과 함께 시가가 있는 태원으로 내려온다. 시아버지

61) 이는 이 작품에는 제시되어 있지 않지만 홀로 된 호양공주(湖陽公主)가 개가할 의사가 있자 광무제가 송홍(宋弘)을 불러 속마음을 떠보았는데 그 때 송홍이 '빈천지교불가망 조강지처불하당(貧賤之交不可忘 糟糠之妻不下堂)'이라 하면서 거절하였다는 '조강지처'에 관한 고사를 염두에 둔 것이다. 〈옥환기봉〉에서는 이 일이 벌어지자 영평이 회양에게 『열녀전』을 보냈다고 하였다.

주처사는 영평이 공주가 된 것을 달갑지 않게 여기지만 영평의 검소한 모습을 보고는 이내 칭찬하고 사랑하며, 영평은 효성으로 시부모를 봉양한다. 그러던 중 수절하고 있는 주인 정위주를 돕기 위해 영평의 궁녀가 된 장란에게서 정위주의 일을 듣게 된 영평은 심복 가씨를 장란과 함께 보내 정위주를 만나보게 하고, 주처사에게 전후 사정을 고하면서 재삼 정위주를 맞아들일 것을 청하지만 주처사는 영평의 청을 들어주지 않는다. 영평은 가씨가 신분을 밝히지는 않았지만 정위주가 내막을 짐작하여 자취를 감추었으리라 생각하여 가씨를 보내 그것을 확인한 다음 그 사실을 들어 다시 주처사에게 청하지만 주처사는 여전히 허락하지 않는다. 할 수 없이 영평은 일단 가씨를 시켜 정위주의 거처를 찾게 한다. 이후 가씨가 장란을 찾아 함께 주처사의 마음을 돌릴 방책을 마련하는 동안 영평은 정위주에 관한 소식을 듣지 못해 근심하면서 황성으로 돌아가지 않고 태원에 계속 머문다. 이후 장란과 가씨의 노력으로 마침내 주처사가 정위주를 며느리로 맞이하자 영평은 크게 기뻐하며 정위주와 골육 같은 정을 나누며 지내다가 다음해 삼전(三殿)에 청하여 정위주를 월국부인에 봉해 부마의 우부인으로 삼도록 한다.

이러한 과정에는 정위주의 일을 알리기 위해 장란이 깁부채에 그린 그림만 보고도 정위주의 일을 눈에 본 듯이 그려내고, 정위주가 거처를 옮겨 숨을 것을 미리 아는 등 영평의 총혜(聰慧)한 면모가 제시되어 있기도 하다. 그러나 그보다는 정위주를 열녀숙원(烈女淑媛)이라고 칭찬하면서 시아버지에게 정위주를 받아들일 것을 수차례 청하고 가씨로 하여금 그녀를 찾게 하는 데에서 볼 수 있듯 남을 배려하면서 화합을 지향하는 영평의 성품이 사건의 실마리를 푸는 중요한 열쇠로 작용하고 있음을 알 수 있다. 물론 나중에 주처사의 마음을 돌이키는 직접적이고 결정적인 역할을 하는 사람은 장란과 가씨이지만 그것은 영평의 양해가 전제되지 않고는 불가능한 것이었다.

그렇다면 정위주는 어떠한 인물인가. 그녀는 부모에 대한 조석문안 외에는 『열녀전』에 잠심(潛心)하는 인물로 아버지 태원백 정원이 황제를 참칭한 왕망(王莽)의 녹을 받는 것을 부끄럽고 애닯게 여겨 아버지로 하여금 왕망에게 칭신(稱臣)하기를 그치고 토지와 관작을 내어놓게 한다. 서술자는 이러한 정위주에 대해 "닝담ᄒᆞ고 한아ᄒᆞ미 찬 ᄆᆡ화 셜월의 ᄇᆞ익고 츄월이 옥호의 비최는 듯ᄒᆞ니 그 심당은 비록 단년ᄒᆞᆫ 금옥을 연히"[62] 여길 정도라고 설명한다. 이는 작자가 정위주를 영평의 엄정하면서도 온화한 성품과는 달리 냉엄한 면모를 지닌 인물로 설정하고 있음을 말해주는 것이다. 이는 그녀가 우여곡절 끝에 주원성과 혼인하게 되는 과정에서 그대로 확인된다.

딸의 배필을 구하던 정원은 주처사의 아들 주원성이 적합한 사윗감이라 생각하고 매파를 보내 통혼한다. 이를 부인 막씨에게서 전해들은 주처사는 평소 정원의 훼절을 더럽게 여기고 있던 터라 냉소하면서 거절한다. 그러나 아들이 부잣집 사위가 되기를 바라는 막씨는, 주처사가 아들을 데리고 집을 떠나 있는 사이에 매파를 불러 빙폐(聘幣)를 보낸다. 이에 대희한 정원은 술김에 딸의 팔에

62) 권1, 20～1면.

앵혈(鶯血)로 '주씨지부(周氏之婦)'라 쓰기도 한다. 아들을 영평과 혼인시키고 돌아온 주처사가 이 사실을 알고는 대경대로하여 빙물을 도로 찾아오게 함으로써 결국 정위주와 주원성의 혼인은 무산되고 만다. 정위주는 아버지가 다른 데 구혼하려 하자 한사코 사양하다가 부모가 세상을 떠난 후에는 외인과의 접촉을 끊고 수절한다.[63] 그러던 중 장란을 통해 가씨를 만나본 정위주는, 가씨가 영평이 보낸 사람인 줄 짐작하고 백운산 연화봉으로 거처를 옮겨 숨는다. 이후 남장을 하고 신분을 감춘 장란이 주처사와 유람하다가 백운산에 도착하였을 때 정위주가 거처하는 백옥루에 불이 나는데 정위주는 피화하기를 거절한다. 이를 목도한 주처사가 주씨를 위해 수절한다면 자기의 말을 들어야 한다며 정위주를 권하여 피화하게 하고, 다음날 청혼하여 마침내 그녀를 며느리로 맞아들인다.

빙폐를 받았었고, 비상앵혈(臂上鶯血)이 남아있다 하더라도 보지도 못하고 혼례를 올리지도 않은 남자를 위해 평생을 수절해야 한다는 것은 명분만을 중시하는 사고 방식의 소치라 할 수 있다. 그런데 정위주는 다른 혼처를 구하는 아버지를 만류하고 스스로 시련을 걸머진다. 그녀는 빙폐를 돌려보낼 때 반죽(斑竹) 붓꽂이는 남겨두고 비슷한 것을 대신 보내며, "쇼녜 나히 뎍고 쥬싱이 쏘흔 청츈이 머러시니 죠용이 쳐ᄉᆞ의 ᄯᅳᆺ을 두루혀 젼졍을 도모홀 거시오 비록 그러치 못ᄒᆞ여도 쇼녜 다른 형뎨 업고 부모 노경을 위

63) 정위주의 집 봉래부는 도원동 행화촌이란 곳에 있으며, 정위주는 집 안 깊숙한 곳에 있는 앵도원 정렬당에서 수절하고 있었다. 이 작품의 제목이 '도앵행'인 것은 여기에서 연유한 것으로 보인다.

로ᄒᆞ리 업ᄉᆞ니 시봉ᄒᆞ여 쳔년을 즐기미 ᄯᅩᄒᆞᆫ 쾌식 아니리잇가"[64] 라며 이버지를 위로한다. 빙물로 받은 붓꽂이를 남겨두고 후일 주처사가 마음을 돌이키면 며느리로 대접받을 수도 있다고 하는 것은, 인정을 받든 그렇지 않든 간에 스스로를 주씨 집안 사람으로 생각한다는 것이다. 이는 그녀가 명분론적 사고에 철저한 인물이라는 것을 말해주는 것인데 그녀가 가씨를 만나본 후 영평이 자신을 받아들일 의사가 있음을 알고는 심산궁곡으로 자취를 감추고,[65] 불길이 다가오는 데에도 피하지 않는 것에서 그러한 의식이 얼마나 철저한가 하는 것을 단적으로 알 수 있다. 특히 "빅희ᄂᆞᆫ 부인이로되 오히려 보뫼 니ᄅᆞ디 아니므로 ᄂᆞ리디 아냐ᄂᆞ니 ᄒᆞ물며 나ᄂᆞᆫ 쳐ᄌᆞ의 몸 가의롤 어그릇고 사ᄂᆞᆫ 거ᄉᆞᆫ 죽음만 ᄀᆞᆺ디 못ᄒᆞ니라"[66]라며 피화하기를 거절하는 데 이르러서는 편집증에 가까울 정도로 그녀가 예와 명분에 집착하고 있음을 알 수 있다.

이와 같이 영평은 엄정함과 온화함을 겸비하고 화합을 지향하는 인물로, 정위주는 죽음까지 불사할 정도로 명분론적 사고에 철저

64) 권1, 29면.

65) 정위주는 주처사가 아닌 영평으로 인해 주씨 집 며느리가 되는 것을 명분에 어긋나는 구차스런 일로 여겼던 것으로 보인다.

66) 권2, 68~9면. 백희(伯姬)는 송나라 공공(恭公)의 부인으로 남편이 친영을 하지 않았다고 하여 부부의 도를 이루려 하지 않았으며, 나중에 처소에 불이 나자 부인네는 보모(保母)와 부모(傅母)가 없이는 밤에 당을 내려갈 수 없는 법이니 도리를 벗어나면서까지 사는 것은 도리를 지키다가 죽는 것만 못하다고 하면서 불에 타 죽었다(유향(劉向), 『열녀전(列女傳)』, 이숙인 역, 예문서원, 1997, 215~7면 참고). 작자는 영평의 이름이 같은 '백희(伯姬)'라는 점에 착안하여 정위주의 피화 거절 삽화를 구성한 것으로 보인다.

한, 냉엄한 성격의 소유자로 그려져 있다. 사실 혼인한 여인이 남편과 정혼했던 다른 여인을 맞아들여 화합한다는 이야기가 성립되기 위해서는 두 여인 각각에 이러한 성품들이 요구될 수밖에 없다. 그렇기 때문에 그러한 화소를 채택하고 있는 이 작품의 경우 앞에서 살핀 영평과 정위주의 성격은 어느 정도 예견된 것이라 할 수 있다. 하지만 그것이 부각되는 정도는 그러한 화소의 작품내적 의미와 기능에 따라 작품 별로 차이가 있다.

〈구운몽〉에서는 양소유가 이소화, 정경패를 동시에 부인으로 맞이하는 것은 물론, 진채봉과 가춘운도 함께 첩으로 맞으며, 태후가 정경패가 이미 죽었다고 양소유를 속임으로써 작은 소동이 벌어지기도 하는 등 풍류적인 색채가 진하게 덧씌워짐으로써 이소화와 정경패의 성격적 면모가 그 자체로 심각하게 문제되고 있다고 하기 어렵다. 또 〈취미삼선록〉에서는 무양공주의 혼인, 그리고 조강지처 허씨의 출거와 귀환 과정에 남편 양송의 무도함이 부각됨으로써 무게 중심이 여성들의 성격보다는 남성의 횡포에 놓여 있다고 할 수 있다.

그렇다면 이 작품에서 여인들의 성품과 행실, 특히 정위주의 절행이 죽음까지 불사하는 극단적인 모습으로 선명하게 부각되고 있는 이유는 무엇인가. 이에 대한 해답을 찾기 위해 주처사, 장란, 가씨 등의 인물 형상을 살피기로 한다.

2) 주당과 장란 · 가씨

정위주의 문제에 있어 남편 주원성은 아무런 역할을 하지 않는다. 그는 빙물이 돌아왔을 때 붓꽂이가 바뀐 것을 알았지만 아버지가 노할까 봐 아무런 말을 하지 않으며, 영평이 정위주의 일을 알고 정위주를 맞이하라고 권하자 아버지의 명을 따를 뿐이라고 한다. 이어 멀리 있는 선산을 돌보러 떠남으로써 정위주의 문제가 해결되는 동안 주원성은 작품의 전면에서 사라진다. 따라서 정위주 문제의 해결은 전적으로 주처사에 의해 결정되는데 주처사의 마음을 돌이키는 결정적인 계기를 제공하는 인물들이 영평의 궁인 가씨와, 장란을 비롯한 정위주의 비복들이다.

주당은 역사상 실재 인물이다. 실제 주당은 왕망이 찬역(簒逆)하자 두문불출하며 지내다가 광무제 즉위 후 잠시 벼슬길에 나왔으나 병으로 그만두고 은거하였다. 다시 부름을 받아 어쩔 수 없이 광무제를 만났지만 주당은 신하의 예로 알현하지 않으면서 자기 뜻을 그대로 지킬 수 있기를 원하였다. 이에 범승(范升)이 주당의 치국지도(治國之道)를 시험해 보겠다며 불경스러움을 논하였으나 광무제는 명왕성주(明王聖主)에게도 복종하지 않는 신하가 있다며 굳이 그 뜻을 꺾으려 하지 않았다.[67] 〈옥환기봉〉에서는 주당을 영평의 시아버지로 설정하고 이러한 역사서의 내용을 요약해서 제시하고 있다.

〈도앵행〉에서도 주당은 세상과 절연한 채 지조를 지키는 은자로 그려져 있다. 서술자는 주처사를 "항고쥰녈ᄒᆞ여 만승지쥬 보기ᄅᆞᆯ 초개ᄀᆞᆺ치 하고 왕후 부귀ᄅᆞᆯ 분토ᄀᆞᆺ치 녁이니 고금을 녁수ᄒᆞ여 그 향모ᄒᆞᄂᆞᆫ ᄇᆡ 소허 슉제오 더브러 벗ᄒᆞᄂᆞᆫ ᄇᆡ ᄌᆞ릉 왕셩 등이니 그

67) 『후한서』 권83, 「일민열전(逸民列傳)」 참고.

긔기 숑빅 ᄀᆞᆺ고 〃운과 야학 ᄀᆞᆺᄐᆞᆫ 풍되 상산ᄉᆞ호ᄅᆞᆯ 우이"[68] 여기는 인물이라고 소개한다. 이 때문에 그는 영평이 공주가 됨으로써 태원에 화려한 공주궁이 세워지고, 영평이 현구고지례를 행하기 위해 태원으로 오는 것을 번요(煩擾)하다 하여 못마땅해 하면서 공주를 호행(護行)한 황질(皇姪) 진왕과 예부상서 등에게 공주와 함께 빨리 돌아가 자기의 마음을 편하게 하라고 한다. 또 영평의 검소한 모습과 공손한 태도를 대하고 탄복하기는 하지만 쏟아지는 비를 맞을지언정 공주궁에 속한 화각(畵閣)에는 오르려하지 않는다.

그는 정원의 청혼을 물리치고, 부인이 보낸 빙폐를 되찾아오게 함으로써 정위주를 둘러싼 사건의 발단을 제공하는데 그 이유는 정원이 왕망에게 칭신하였기 때문이다. 여기에서 두 임금을 섬기지 않는다는 것, 곧 군신의 명분은 반드시 지켜져야 한다는 그의 생각을 알 수 있다. 그는 자신이 지조를 지켜 세상에 나아가지 않는 이유를 직접 밝히기도 하는데 영평을 호행하여 온 예부상서와 태수가 자신의 태도를 힐난하자 다음과 같이 대답한다.

> 문왕이 그 텬하의 그 둘을 두샤 오히려 은쥬ᄅᆞᆯ 복ᄉᆞᄒᆞ시니 이ᄂᆞᆫ 고금의 고티디 못ᄒᆞᆯ 의라 문왕이 덕이 브족ᄒᆞ시미 아니오 쥬왕이 사오납디 아니미 아니라 무왕이 죄민벌죄ᄒᆞ시니 그 공업이 져그미 아니오 그 덕이 셩인이 아니시미 아니로ᄃᆡ ᄇᆡᆨ이슉졔 고마이간ᄒᆞ고 슈양산의 수머 신ᄉᆞ티 아니믄 그 신하로ᄡᅥ 님군 되믈 그ᄅᆞᆺ 넉이미라니 이제 황상의 발난반정ᄒᆞ샤 듕흥태평ᄒᆞ신 공덕을 모ᄅᆞ미 아니오 경시의 혼암무도ᄒᆞ믈 올타 ᄒᆞ미 아니로ᄃᆡ 군신지의ᄂᆞᆫ 마ᄎᆞᆷ니 밧고

---

68) 권1, 17~8면.

> 이니 ᄇᆡᆨ승의 ᄯᅳᆺ만 ᄀᆞᆺ디 못ᄒᆞ신디라 고듁군의 이ᄌᆡ 잇게 되면 나모라 디 아니랴 …… 나ᄂᆞᆫ 이 ᄀᆡ녀의 나그ᄂᆡ오 산곡야인이라 엇디 간ᄃᆡ로 그ᄃᆡᄅᆞᆯ 두리〃오 본ᄃᆡ 들 가온와 수풀 아래셔 텬하ᄅᆞᆯ 의논ᄒᆞ고 뎨왕을 폄논ᄒᆞ미 우리 일니라 ᄎᆞ고로 되 잇시면 나고 되 업ᄉᆞ면 숨ᄂᆞ니 구〃히 아당ᄒᆞ고 쳑〃히 권년ᄒᆞᄂᆞᆫ 뉴와 ᄀᆞᆺ디 아니〃라 ᄒᆞ물며 ᄂᆡ 블힝ᄒᆞ여 홍진이 ᄂᆡ 집을 두ᄅᆞ고 쳘마의 소ᄅᆡ ᄂᆡ 귀예 미쳐 왕공이 츌입ᄒᆞ고 텬ᄌᆞ의 므ᄅᆞ시미 ᄌᆞ〃시니 엇디 ᄂᆡ 본의 아닌 줄을 ᄒᆡ셕ᄒᆞ미 가티 아니리오[69]

무왕(武王)의 벌주(伐紂)를 거론하면서 경시제(更始帝)가 있음에도 불구하고 광무제가 천자에 즉위한 사실을 문제 삼고 있다. 실제 경시제는 무너진 한나라를 회복하기 위해 군웅들이 옹립한 인물인데 혼암하고 무능하였으며 나중에 적미군에게 장안이 함락되자 단신으로 도주하였다. 〈옥환기봉〉에서는 군웅들이 처음에는 광무제를 옹립하고자 하였으나 경시제가 울면서 하소연하여 어쩔 수 없이 그를 천자로 삼았다고 하여 그가 천자의 재목이 아님을 단적으로 표현하고 있다.

그러나 주처사는 경시제가 혼암하고 무도하다고 하더라도 신하가 스스로 임금 자리에 올라 군신의 명분을 바꾸는 일은 도에 어긋난 것이기 때문에 받아들일 수 없고, 그래서 자신이 세상에 나아가지 않는 것이라고 하였다. 여기에서 그가 단순히 세상에 얽매이지 않고 유유자적한 삶을 추구하는 은일지사가 아니라 철저히 명분에 입각하여 세상을 바라보고 비판하는 도학자임을 알 수 있다.

---

69) 권1, 49~51면.

정위주와의 혼사를 물리치고, 영평이 정위주 맞을 것을 재삼 청해도 절행을 나타내 주씨 집안 사람이 될 계책을 꾸민다며 정위주를 비난하는 것은 모두 이러한 명분론적 사고의 결과인 것이다.

그런데 그의 이러한 생각이 현실을 정확하게 인식하지 못한 허상에 불과한 것이라는 비판이 제기되고, 마침내 주처사 자신도 그것을 인정하게 된다. 장란은, 주처사가 정위주의 절행을 제대로 알아야만 그녀를 용납하리라는 생각에서 남장을 하고 주처사에게 접근하여 그의 제자가 된다. 장란은 자기가 누이에게서 글을 배웠고, 누이는 정위주에게서 배웠다면서 정위주의 절행을 이야기하여 주처사로 하여금 다소나마 정위주를 측은하게 여기는 마음이 들게 한다. 그리고 장란은 정위주의 비복 녹기를 자기의 제자 녹랑이라고 주처사에게 소개하여 글을 배우게 한다. 그런데 바로 이 녹랑에 의해 주처사의 지조가 허상을 좇고 있는 것이라는 사실이 드러난다.

녹랑이 『대학』의 뜻을 물으면서 어찌 세상에 나아가 도를 행치 않느냐고 묻자 주처사는 "금샹이 경시ᄅᆞᆯ ᄂᆡ치고 신위군ᄒᆞ니 이ᄂᆞᆫ 무도ᄒᆞᆫ 님군이라 ᄂᆡ 어이 셤기리오"[70]라고 대답한다. 이후 『맹자』의 '무왕벌주(武王伐紂)' 대목에 이르러 녹랑은 처사의 태도를 다음과 같이 비판한다.

> 낭왈 연즉 무왕이 쥬ᄅᆞᆯ 티시믈 시군이 아니라 ᄒᆞ시믄 엇던 말슴이시니잇고 션싱왈 쥐 무도ᄒᆞ고 포학ᄒᆞ여 졔휘 ᄒᆞᆫ가지로 치니 이러

70) 권2, 17면.

므로 그리 니ᄅᆞ미니라 낭왈 경시ᄂᆞᆫ 되 잇더니잇가 션ᄉᆡᆼ이 좌우ᄅᆞᆯ 도라보아 다ᄅᆞᆫ 말 ᄒᆞᆫ대 낭이 ᄯᅩ ᄀᆞᆯ오ᄃᆡ 졔ᄌᆡ 션ᄉᆡᆼ긔 슈혹ᄒᆞ믄 ᄌᆞ시 ᄇᆡ호고져 ᄒᆞ미니 ᄌᆞ시 니ᄅᆞ쇼셔 ᄃᆡ지 듯ᄌᆞ와지이다 션ᄉᆡᆼ왈 경시 되 업더니라 낭왈 포학은 무어ᄉᆞᆯ 니ᄅᆞ미니잇고 션ᄉᆡᆼ왈 쥐 황음ᄒᆞ녀 달긔ᄅᆞᆯ 춍ᄒᆞ고 참소ᄅᆞᆯ 미더 …… 텬해 반ᄒᆞ고 ᄉᆡᆼ민이 구학의 드러 졔휘 ᄒᆞᆫ가지로 치니 무왕이 일노이안텬하지민ᄒᆞ시니라 낭왈 쇼ᄌᆡ 드ᄅᆞ니 경시 혼암ᄒᆞ여 졍ᄉᆞᄅᆞᆯ 폐ᄒᆞ고 간신 쥬유ᄅᆞᆯ 춍ᄒᆞ여 됴모의 마자 셰운 튱신 ᄇᆡᆨ승을 간ᄒᆞ물 노ᄒᆞ여 쥬ᄒᆞ고 금상은 활달대도의 지친이오 텬하 평ᄒᆞᆫ 고신이어ᄂᆞᆯ 죽이기ᄅᆞᆯ 뫼ᄒᆞ녀 병을 드러 치니 이ᄂᆞᆫ 잔적지인이라 텬해 반ᄒᆞ고 ᄉᆡᆼ민이 도탄ᄒᆞ녀 한이 다시 망ᄒᆞ야 샤딕이 복망ᄒᆞ고 능텸이 훼ᄒᆞ니 쥬상이 ᄇᆞᆫᄃᆞ시 벌쥬지의로 치셤 즉 ᄒᆞᄃᆡ 신절을 다ᄒᆞ며 발검ᄌᆞ살ᄒᆞ려 ᄒᆞ며 군하ᄅᆞᆯ 물니치시고 피위호남ᄒᆞ시니 엇디 무왕긔 비기리오 경시 스〃로 위ᄅᆞᆯ 일코 촌낙의 뉴락ᄒᆞ얏거ᄂᆞᆯ 마자 왕낙으로 통케 ᄒᆞ니 은이 망ᄒᆞ여 탕식 ᄉᆞᆺ처지고 쥐 보옥을 닙고 회신이 됨과 ᄀᆞᆺᄐᆞ니잇가 그러나 문무ᄂᆞᆫ 대셩인이시니 공부ᄌᆡ 일ᄏᆞ라 쥬나라 덕이 셩타 ᄒᆞ엿ᄂᆞ니 션ᄉᆡᆼ이 임의 슈양산의 아ᄉᆞᄒᆞ믈 판득디 못ᄒᆞ여 한속을 식지ᄒᆞ고 한공쥬ᄅᆞᆯ 위부ᄒᆞ고 홀노 허명을 빙쟈ᄒᆞ셔 실지ᄅᆞᆯ 폐ᄒᆞ시리잇고 쇼ᄌᆡ 션ᄉᆡᆼ을 만나 슈혹ᄒᆞᆫ 낭일의 경ᄉᆞ의 대춍을 아니 공ᄌᆡ 텬하ᄅᆞᆯ 쳘환ᄒᆞ시고 ᄆᆡᆼᄌᆡ 졔량지간의 오유ᄒᆞ샤 왕의 ᄡᅳ시믈 여일망지ᄒᆞ시믄 님군을 구ᄒᆞ여 그 도ᄅᆞᆯ 텬하의 ᄒᆡᆼ코져 ᄒᆞ시미오 …… 이제 텬해 태평ᄒᆞ고 셩쥐 나셔 안거포륜으로 산님은덕지인을 구ᄒᆞ시미 대댱부의 공명사업을 셰울 ᄢᅵ오 대군ᄌᆞ의 왕도ᄅᆞᆯ ᄒᆡᆼᄒᆞᆯ 시절이라 션ᄉᆡᆼ이 티군칙민ᄒᆞᆯ 지덕이 업ᄉᆞ면 말녀니와 엇디 황뎨의 후례ᄅᆞᆯ ᄉᆞ양ᄒᆞ며 시절을 나모라시리오 션ᄉᆡᆼ이 비록 도덕이 놉흐시나 공ᄆᆡᆼ의 밋디 못ᄒᆞᆯ 거시오 …… ᄒᆞ물며 보텬지해 막비왕토요 솔토지민이 막비왕신이니 그 나라히 잇셔 그 님군을 훼방ᄒᆞᆯ 도리 잇시리잇고 …… 엇디 ᄒᆞᆫ갓 ᄇᆡᆨ년을 숑독ᄒᆞ며 스〃로 ᄒᆡᆼ티 못ᄒᆞ시ᄂᆞ니잇가

> …… 볽은 셰샹의 폐치 못홀 거순 오륜이라 텬하의 무부무군지인이 업ᄉᆞ니 원컨대 닙신힝도ᄒᆞ야 이현부모ᄒᆞ며 진ᄉᆞ진튱ᄒᆞ고 퇴ᄉᆞ보과ᄒᆞ며 군자지ᄉᆞ친지힝과 ᄉᆞ샹지도롤 다ᄒᆞ여 오륜을 ᄀᆞ쵸쇼셔[71]

녹랑은 대화를 회피하려는 주처사를 상대로 그의 현실인식이 불철저하고, 따라서 그에 바탕한 절조가 허상임을 논파한다. 주왕이 포학하여 천하의 인심이 이반하고 생민이 구학(溝壑)에 빠진 것처럼 경시가 혼암하여 정사를 폐하고, 간신을 등용하고 충신을 죽임으로써 천하가 반하고 생민이 도탄에 빠져 한나라가 다시 망하게 되었지만 광무제는 오히려 신절을 다하고자 하였고 위를 잃고 유락하던 경시에게 은혜를 베풀었으니 군대를 움직여 주왕을 친 무왕보다 낫다고 하였다. 이어 백이숙제(伯夷叔齊)를 제대로 본받지 못해 한나라 곡식을 먹고 한나라 공주를 며느리로 삼았으면서 허명을 빙자하고 있다고 비판하고, 광무제를 헐뜯지 말고 나아가 도를 행하라고 하였다. 단순히 군신의 명분이 뒤바뀐 것만을 문제삼지 말고 상황을 정확히 인식하라는 것이다. 이러한 신랄한 비판에 대해 주처사는 아무런 말도 하지 못한다. 장란이 대신 사과하자 주처사는 자신의 잘못을 인정하고 "이후로 다시 황상을 훼방ᄒᆞ디 마라 신절을 폐티 말고 본의만 딕희리"[72]라고 한다.

하루는 다시 녹랑이 이윤(伊尹)과 관중(管仲)이 두 임금을 섬긴 사실을 들어가며, 정원에 대한 주처사의 인식이 잘못된 것이라 주장한다. 곧 왕망이 찬위하였을 때 정원이 의병을 일으키려다 주위

71) 권2, 19~24면.

72) 권2, 25면.

사람들의 만류로 10년을 기약하고 때를 기다리면서 한나라 평제(平帝)의 연호를 그대로 쓰고 초창한 충의의 글을 짓기도 하였지만 여의치 않자 마침내 왕망에게 칭신하기를 그쳤다는 것이다. 사실 이 말의 진실성 여부는 분명치 않다. 그것은 작품의 서두에서 정위주가 아버지의 훼절을 부끄러워하여 아버지에게 간하여 칭신하기를 그치고 토지와 관작을 돌려보내게 하였다고 했기 때문이다. 그러나 어느 경우든 주처사에 대한 비판의 의미를 담고 있는 것은 마찬가지이다. 만약 녹랑의 말이 진실이라면 이는 주처사가 현실을 정확히 파악하지 못한 채 신하는 두 임금을 섬기지 않는다는 명분에만 얽매여 있음을 비판한 것이며, 설사 그것이 진실이 아니라 하더라도 주처사를 속이고 희롱하는 것 자체가 주처사에 대한 비판, 풍자의 의미를 담고 있기 때문이다.

광무제에 대한 비판이 실수임을 인정하는 것과 마찬가지로 녹랑의 이 말에 의해 주처사의 마음이 점차 누그러진다. 주처사는 정원의 남은 자취를 찾아 녹랑의 말을 확인한 다음 만약 그것이 사실이라면 정위주를 거두리라 생각을 하면서도 의심을 떨치지 못하다가 마침내 장란에게 정위주의 문제를 상의하기에 이르는 것이다. 장란이 정원의 일은 모르겠으나 그 아비를 연좌하여 딸을 버리는 것은 과하다면서 두고 보면 그 지조를 알 수 있을 것이라 하자 주처사는 공주가 자기 슬하에 길이 있겠느냐며 장란에게 정위주의 일을 부탁하기까지 한다.

이와 같이 주처사에 대한 비판이 가해지고 주처사 본인도 그것을 어느 정도 인정하지만 그렇다고 해서 명분을 중시하는 주처사의 사고 방식 자체가 흐트러지지는 않는다. 주처사는 녹랑이 눈물을 흘리는 모습을 보고 감동하기도 하지만 녹랑이 정씨 집 수직(守直)의 아들이라는 말을 듣고는 그 신분이 가동(家僮)임을 혐의하자 녹랑은 자기 아버지가 노예가 아니라면서 물러간다. 이는 주처사가 신분에 대한 편견, 곧 상하의 명분을 고수하려는 의식 역시 갖고 있음을 보여주는 것이다. 그런데 흥미로운 것은 정위주를 맞아들이는 것 역시 그의 명분론적 사고에 입각해 이루어진다는 것이다.

불길을 피하지 않는 정위주를 피화시키고 나서 주처사는 "뎡공이 만일 츙신이 아니면 엇디 져 ᄀᆞᆺᄒᆞᆫ 녀ᄌᆞ롤 두며 션골이 아니면 엇디 이런 션복이 잇시리오 ᄯᅩ 져의 가인이 다 쥬인을 위ᄒᆞ여 ᄉᆞ싱화복을 ᄀᆞᆺ치 ᄒᆞᄂᆞᆫ 의 잇고 녈화 챵황 듕도 녜롤 잡ᄂᆞᆫ 힝실이 잇시니 가힝교화롤 쪽히 알디라 일족 그 얼굴을 보아시ᄃᆡ 위인을 몰나시니 진실노 혼암ᄒᆞ미 심ᄒᆞ도다"[73]라고 차탄한다. 또 다음날에는 "노뷔 당초의 그ᄅᆞᆺ 아ᄂᆞᆫ 일이 잇셔 납폐롤 거두고 비쳑ᄒᆞ엿더니 도금ᄒᆞ여 쇼져의 덕힝을 듯고 녕션군의 깁히 츙의롤 품으신 ᄯᅳ 줄 아니 ᄇᆞ야흐로 뉘웃"[74]쳤다고 하면서 정식으로 청혼한다.

정위주의 뛰어난 절행은 그녀가 충신의 딸이기에 가능할 수 있었다는 것, 정원이 충신인 줄을 몰라 혼사를 거절하였으나 이제 정원의 충의를 알고 청혼한다는 것 등은 정위주를 자기가 본 그대로, 있는 그대로가 아니라 명분론적 사고에 입각해서 평가하고 있다는 것을 말해준다. 명분에 의해 정위주를 거절하고, 명분에 의해 그녀

---

73) 권2, 71면.

74) 권2, 72~3면.

를 받아들이는 것이다. 정위주를 배척했던 명분이 잘못된 것이라는 것을 깨달았지만 그녀를 받아들이기 위해서는 정원이 충신이었다는 명분이 다시 필요했던 것이다. 이면의 진실을 놓침으로써 광무제를 무도한 임금으로, 당시를 도가 행해지지 않는 세상으로 파악했던 그의 불철저한 현실인식의 실상이 밝혀졌음에도 불구하고 그의 인식과 행동은 명분론적 사고 방식에서 자유로울 수 없었다.

그렇다면 주처사의 명분론적 사고가 허상임을 비판한, 장란과 녹기 등은 어떠한 인물인가. 정위주가 주원성과 혼인하기까지 장란을 비롯한 정위주의 비복들과 영평의 궁녀 가씨는 상당히 중요한 역할을 수행한다. 영평이 정위주를 맞기 위해 노력하지만 그것을 실제로 성사시킨 것은 이들이다. 앞의 논의 과정에서 어느 정도 드러나기는 하였지만 이들의 행적을 다시 정리하면 다음과 같다.

장란은 정원을 따라 태원에 왔던 참군별가의 딸로 부모가 모두 세상을 떠나자 정위주가 거둔 인물이다. 그녀는 정위주 몰래 공주궁의 궁인이 되어서 정위주의 사연을 그린 부채를 영평이 보도록 하여 영평으로 하여금 정위주에 관한 사실을 알도록 한다. 가씨는 영평의 명을 받아 장란과 함께 정위주를 만나보고, 다시 정위주가 자취를 감추었는지 여부를 확인한다. 이후 영평의 지시로 정위주의 행방을 찾던 가씨와, 주처사와 정위주가 서로 만날 기회를 만들기 위해 칭병하고 나온 장란이 백운산에서 서로 만나 상의한 다음 부부의 행색을 하고는 주처사 집 근처에 거처한다. 장란은 주처사의 제자가 되어 신뢰를 쌓고 녹기로 하여금 주처사를 비판하여 그 마음을 흔들어 놓게 한 후 주처사와 함께 유람하다가 정위주가 숨어있는 백운산에 이른다. 이때 장란은 다른 비복들로 하여금 정위주의 처소에 불을 내게 하고, 피화하지 않는 정위주의 절행을 주처사가 직접 보도록 함으로써 마침내 주처사가 정위주를 며느리로 맞게 하는 것이다.

이처럼 그들은 주인을 위해 충성을 다하는 인물이다. 그들은 주인을 위해 그 주인이나 주처사를 속이기까지 한다. 그렇다고 해서 이들이 주처사와 같이 맹목적으로 명분을 추종하는 인물들이라 할 수는 없다. 그들이 주처사를 비판하는 데에서도 확인할 수 있듯 그들은 오히려 현실을 정확하게 인식하고 있으며, 탁월한 재능을 바탕으로 명분의 굴레에 얽매이지 않는 자유로움을 즐기는 인물들이다. 가씨가 백운산에서 장란을 만난 자리의 광경은 그들의 이러한 모습을 선명하게 보여준다.

춘난형이라는 정위주의 비복이 뛰어난 솜씨를 자랑하며 거문고를 연주하자 가씨는 그 곡조의 이름들을 일일이 알아맞히며, 장란이 백옥퉁소를 불자 가씨가 다시 그 곡조를 알아듣고 감탄한다. 또 용문이라는 비복이 퉁소를 불자 청학 한 쌍이 날아들어 춤을 추기도 한다. 나중에 주처사가 백운산에 이르렀을 때 청풍이 옥소를 불어 황학이 내려와 춤을 추자 주처사는 자신이 시해(尸解)하여 온 것은 아닌가 하며 감탄하기도 한다. 〈구운몽〉에서 양소유와 정경패, 양소유와 이소화의 결연 과정에 있었던 일들이 여기에서는 하층의 비복들 사이에서 일어나고 있다.

이는 이들이 비복 신분이기는 하지만 오히려 그 때문에 명분에 얽매이지 않고 산수 자연을 즐기며 자유로운 삶을 누릴 수 있었다는 것을 말해주는 것이다. 작품에서 이들이 차지하는 비중과 이들에 대한 작자의 애정이 결코 적지 않아서 이들의 후일담이 작품 말미에 자세하게 제시되어 있다.

장란은 후일 궁에 들어가자 황후가 여중서 관교(官敎)를 주고 육궁을 도우라 하였으나 칭병하고 돌아왔으며, 녹기는 주처사에게 배워 크게 성취하자 천자가 듣고 벼슬을 주어 불렀으나 관작을 더럽히지 못한다며 고사하였고 나중에 부마 두고(竇固)가 서역을 평토할 때 공을 세워 명제(明帝)가 녹훈하려 하였으나 역시 사양하였다. 장란, 녹앵, 죽취, 난형, 가씨 등은 혼인하지 않고 평생 시사(詩詞)를 창화하고 강상승경을 편답(遍踏)하여 백년을 한결같이 즐기면서 영평과 정위주에게 충성하였다. 또 청풍, 명월, 녹기, 용문 등은 벼슬로 발천(發闡)할 것을 구하지 않고 정위주를 섬기며 스승을 찾아 도를 구하였다. 이들 아홉 사람은 주인이 세상을 떠난 후 그 종적이 묘연해졌는데 세상 사람들이 적송자를 찾아갔다고 하였다. 곧 그들은 탁월한 재능을 가지고 있으면서도 어떤 명분의 굴레에도 얽매이지 않는 자유로운 삶을 추구한 인물들인 것이다. 그들이 혼인이나 관작을 거부하는 것도 그것 때문에 떠안을 수밖에 없는 명분이나 이념에서 자유롭고 싶었기 때문이다.[75)]

4. 작품의 의미와 소설사적 의의

앞에서 영평은 중도를 잃지 않는 엄정함과 포용력을 아울러 지

75) 이수봉의 지적처럼 이 작품 곳곳에서 도선적 색채를 느낄 수 있는데 이는 장란을 비롯한 비복들의 유유자적하고 자유로운 삶을 드러내기 위한 것과 관련이 있다고 할 수 있다.

님으로써 부덕을 완벽하게 구비한 인물로, 정위주는 명분을 중시하며 냉엄한 절조를 지닌 인물로 형상화되어 있음을 확인하였다. 혼인한 부인이 남편과 정혼했던 여인이 있음을 알고 그 여인을 받아들여 화합한다는 화소 하나만으로 작품이 짜이고, 그것에 핍진성을 부여하는 두 여인의 태도와 성격이 선명히 부각되어 있다는 점에 시각을 맞춘다면 〈도앵행〉을 집안의 안정과 화합을 지향하는 작품으로 규정할 수도 있을 것이다.[76] 그러나 그렇게만 파악하기에는 주처사와 비복들의 비중이 너무 크다. 주처사와 비복들은 모두 산수 자연을 즐기며 자유로운 삶을 살아가는 모습을 보인다는 점에서는 유사하다. 그러나 주처사는 명분론적 사고에 집착하여 현실을 제대로 인식하지 못하는 반면, 비복들은 명분에 얽매이지 않고 현실을 있는 그대로 정확하게 인식함으로써 진정한 삶의 자유를 누리는 것으로 그려져 있다. 그렇다면 작자의 의도는 처사적 삶의 허구성을 파헤치는 데 있는 것인가. 영평과 정위주를 고려한다면 그렇게 볼 수만은 없다.

앞에서 살핀 인물 형상을 요약하면 영평은 엄정함과 온화함을 아울러 갖춘 이상적인 여인이고, 정위주와 주처사는 이념과 명분을 지향하는 인물들이며, 비복들은 진정한 의미에서 삶의 자유를 누리는 인물들이라 할 수 있다. 그런데 중요한 것은 이념과 명분

76) 이수봉이 이 작품을 가문소설로 규정한 것은 이러한 맥락에서일 것으로 짐작된다. 그러나 가장인 주처사의 권위가 약화됨으로써 모든 문제가 해결된다는 설정에서 보듯 가문의식이 작품 전체를 일관하는 기본 이념이라 하기 어렵다는 점에서 이 작품을 가문소설로 규정하는 데에 선뜻 동의하기 어렵다.

에 집착한다는 공통점을 지니고 있는 정위주와 주처사에 대한 서술시각이 서로 다르다는 점이다.

우선 정위주를 바라보는 작중 인물들의 시각은 주처사를 제외하면 모두 긍정적이다. 영평은 그의 절행을 흠탄하고, 비복들은 주인의 시련을 모두 안타깝게 생각한다. 서술자도 후일 영평의 자손보다 정위주의 자손이 더 잘되었다고 하여 정위주에 대한 긍정적인 시각을 드러낸다. 이에 비해 주처사를 바라보고 형상화하는 시각은 비판적인 데 가깝다. 녹랑에 의해 직접적으로 그가 추구하는 명분과 이념의 진실성 여부가 장황하고 신랄하게 파헤쳐지고 있음은 물론이고, 주처사가 장란을 비롯한 비복들에 의해 속는다는 설정 자체가 주처사에 대한 시각이 결코 긍정적이지 않음을 말해주고 있는 것이다.

이처럼 정위주와 주처사에 대한 시각이 상반되는 것은 이 작품이 명분 추구 그 자체를 문제 삼고 있다기보다는 추구하는 명분이 어떤 성격의 것이냐를 더 중요시하고 있다는 것을 의미한다. 정위주로 하여금 시련을 걸머질 수밖에 없게 한 명분, 곧 정혼하는 데에서 그치더라도 여인은 평생 한 남자만을 좇아야 한다는 것은 기실 남성 지배 이념에 의해 강요된 것이다. 아버지가 술김에 정위주의 팔에 앵혈로 '주씨지부'라고 쓰는 것 자체가 그러한 남성 지배의 횡포를 극명하게 보여준다고 할 수 있다. 이처럼 문제의 핵심이 남성 지배 이념에 있기 때문에 작자는, 자신에게 부과된 시련을 묵수하는 정위주에 대해 사태를 제대로 인식하지 못한다고 탓하기보다 오히려 따뜻한 시선을 보내면서 곧바로 이념적 존재인 주처사를 비판하고 나선다. 주처사가 임금을 충성스럽게 섬기지 않고 스스로 천자가 되었다고 광무제를 무도한 인물로 규정하거나 두 임금을 섬겼다고 정원을 배척하는 것이 모두 현실을 제대로 인식하지 못한 잘못이라는 것을 밝히는 것은, 주처사의 잘못된 인식 때문에 정위주가 주원성을 위해 수절하는 것은 물론이고, 얼굴 한 번 보지 못했어도 빙폐를 받은 적이 있으면 당연히 수절해야 한다며 여성들에게 무조건적으로 한 남자만을 섬길 것을 강요하는 남성 지배 이념의 부당성을 비판하는 것과 다르지 않은 것이다.[77]

요컨대 작자는 여성이 부덕을 온전히 갖추는 것이 바람직하지만 정절이라는 이름 아래 일방적으로 여성에게 희생과 시련을 강요하는 것은 현실과 유리된 이념과 명분의 허상에서 연유한 부당한 것이라 비판하고, 그러한 이념과 명분의 굴레에서 벗어나야 진정한 삶의 자유를 누릴 수 있다는 것을 이 작품을 통해 보여주고 있는 것이다.

남성 지배 이념의 횡포를 문제 삼는 작품은 이 작품 외에도 많다. 그러나 이 작품은 그것만을 직접적으로 문제 삼는 데에서 한 걸음 더 나아가 그것을, 현실과 유리된 허상에 매달려 그것이 진실인 양 명분과 이념으로 재단하고 포장하려는 도학자적 삶의 문제점 속에서 폭넓게 조망하고 있다. 이는 이 작품에 영향을 끼친 〈옥환기봉〉에서 주당과 영평을 시아버지와 며느리 관계로 설정한 데

77) 무조건적인 수절 강요가 부당하다는 것이 작품에 직접 제시되어 있기도 하다. 영평은 정위주의 비상행혈을 알고는 정위주의 행위를 수긍하지만 그 전에는 "쇼졔 도위로 더브러 본딕 알미 업고 엄귀 쏘 글허ᄒᆞ시미 업ᄉᆞ니 이는 우년ᄒᆞᆫ 거조요 ᄆᆞ옴 져ᄇᆞ릴 신이 아니어놀 평싱을 결단ᄒᆞ니 ……(권1, 74면)"라고 하여 무조건적인 수절이 의미 없는 행위라는 것을 지적하고 있다.

주목한 결과이겠으나 그것을 영평의 현숙함과 주당의 처사적 삶을 칭송하는 방향으로 풀어가지 않고, 전혀 새로운 문제의식을 담아낸 것은 이 작품이 이룩한 성과라 할 만하다.

그리고 이 작품을 통해서 17~8세기 장편소설의 속편 내지 파생작이 단순히 전편 인물들의 자손대 이야기이거나 원작의 주변적 인물에 대한 곁가지 이야기에 그치지 않고 깊이 있는 문제의식을 담아내기도 했다는 것을 확인할 수 있다. 물론 이 작품의 문제의식이 〈한조삼성기봉〉처럼 원작에 대해 직접적으로 의문을 제기하거나, 〈취미삼선록〉과 같이 원작에 내포된 문제의식을 이어 받아 확대하는 방향으로 나아가기보다는 원작과의 관계가 인물의 성격이나 인물들의 관계 설정을 수용하는 소재적 차원에 머물고 있어 원작과의 친밀성은 두 작품보다 덜하다고 할 수 있다. 그러나 오히려 파생작으로서 이 작품이 담고 있는 문제의식의 새로움이야말로 고전소설 향유의 다양성을 말해주는 것이 아닐 수 없다.

5. 맺음말

〈도앵행〉은 광무제의 누이인 영평공주가 태원처사 주당의 아들과 혼인한 후 정위주라는 여인이 남편을 위해 수절하고 있음을 알고 그녀를 받아들인다는 내용의 고전소설이다. 그런데 정위주의 시련에 이념과 명분의 문제가 얽힘으로써 의미가 단순하지만은 않다. 이 글에서는 먼저 이 작품이 〈옥환기봉〉과 밀접한 관련 아래 창작된 작품임을 밝히고, 인물 형상을 통해 작품의 함의를 검토하였다. 이 작품과 〈옥환기봉〉의 관계는, 두 작품에 동일한 인물들이 등장할 뿐 아니라 그 인물들의 성격이 유사하다는 점, 그리고 역사서의 기록과 달리 표기된 인명이나 허구적으로 설정된 인물들의 관계가 두 작품에 공통된다는 점 등을 통해 확인할 수 있었다. 그리고 두 작품의 선후 문제에 있어서는 역사상 이름이나 행적이 거의 알려져 있지 않은 영평공주를 중심 인물로 내세운 〈도앵행〉이 먼저 창작되었다기보다는 널리 알려져 있을 뿐더러 흥미를 자극할 수 있는 요소까지 지니고 있는 광무제의 한실 중흥과 곽후 폐출 이야기를 다룬 〈옥환기봉〉이 먼저 창작되고, 이 작품에서 의미 있는 인물로 부각된 영평공주를 중심 인물로 내세운 〈도앵행〉이 나중에 창작되었다고 파악하는 것이 순리일 것이라는 판단을 하였다.

〈도앵행〉에 제시된 인물 형상을 살펴본 결과 영평은 엄정함과 온화함을 아울러 갖춘 이상적인 여인으로, 정위주와 주처사는 명분에 집착하는 이념지향적 인물로, 비복들은 진정한 의미에서 삶의 자유를 누리는 인물들로 형상화되어 있으며, 정위주와 주처사에 대한 서술시각이 긍정과 비판으로 엇갈리고 있다는 사실을 확인할 수 있었다. 이러한 인물 형상과 서술시각을 고려할 때 이 작품의 의미는, 정절이라는 이름 아래 일방적으로 여성에게 희생과 시련을 강요하는 것은 현실과 유리된 이념과 명분의 허상에서 연유한 부당한 것이라 비판하고, 그러한 이념과 명분의 굴레에서 벗어나야 진정한 삶의 자유를 누릴 수 있다는 것을 보여주는 데 있음을 알 수 있었다.

이상의 논의는 여태껏 별반 주목받지 못했던 〈도앵행〉이라는 작품을 통해 〈옥환기봉〉 연작군의 성격, 나아가 17~8세기 고전소설의 창작 내지 향유 방식의 일단을 이해하기 위한 것이었다. 앞으로 많은 장편소설들의 속편이나 파생작으로 논의가 확대, 심화되기를 기대한다.

Ⅳ. 〈옥환기봉〉 연작의 여성담론과 소설사적 의미

1. 머리말

이 글은 〈옥환기봉〉 연작,[78] 곧 〈옥환기봉〉과 그 속편 및 파생작을 대상으로 이들 사이에 형성되어 있는 여성담론의 양상과 의미를 검토하고, 이를 바탕으로 〈옥환기봉〉 연작이 지니고 있는 소설사적 의미를 구명하는 것을 목적으로 한다. 〈옥환기봉〉은 고전 장편소설의 하나이다. 그런데 이 작품은 가문의식을 바탕으로 하고 있는 여타의 장편소설들과 구별되는 독특한 성격을 지니고 있다. 그것은 역사상 실재 인물인 한 여인에 대한 사회적 통념을 비판하기 위해 허구와 상상을 동원해 역사서의 기록을 보충하고 합

---

78) 속편 외에 파생작까지 아우르기 위해서는 '〈옥환기봉〉 연작군'이라고 하는 것이 정확하겠지만 이 글에서는 이 작품들을 편의상 '〈옥환기봉〉 연작'이라고 지칭한다.

리화하고 있다는 점이다. 이는 분명 다른 작품에서는 찾아보기 힘든 이 작품만의 특성이라 할 수 있다. 〈옥환기봉〉의 이러한 특성은 속편과 파생작까지 다른 장편소설의 그것들과 구별되는 독특한 면모를 지니도록 만들었다. 고전 장편소설의 경우 속편은 원작의 다음 세대 이야기를, 파생작은 주변적 인물의 곁가지 이야기를 다루는 것이 일반적이다. 하지만 〈옥환기봉〉의 속편과 파생작은 이러한 수준을 넘어서서 원작의 시각에 대한 뚜렷한 비판 의식을 드러내 보이고 있다. 다시 말하면 여성의 문제를 둘러싸고 원작, 속편, 파생작 사이에 하나의 뚜렷한 담론 체계가 형성되어 있는 것이다.

독자는 작품을 일방적으로 수용하기만 하는 것이 아니라 나름의 가치관과 방식에 따라 작자의 의도와 작품의 의미를 해석하고 그것에 대해 반응한다. 곧 문학은 적극적인 의사소통의 중요한 방법인 것이다. 이런 점을 고려할 때 하나의 담론 체계를 형성하고 있는 〈옥환기봉〉 연작은 그 모범적인 사례를 보여주고 있다고 할 수 있다. 이에 따라 이 글에서는 〈옥환기봉〉 연작에 속하는 개별 작품에 대한 이해를 넘어 고전 장편소설이 어떻게 확대, 재생산되었고, 여성의 문제가 고전 장편소설에서 구체적으로 어떻게 다루어지고 있었는지를 살펴봄으로써 고전소설에 대한 이해를 심화하고, 이러한 논의가 어떻게 확장될 수 있는지 그 가능성을 아울러 모색해보고자 한다.

〈옥환기봉〉 연작은 구체적으로 〈옥환기봉〉, 그 속편인 〈한조삼성기봉〉, 그리고 파생작인 〈취미삼선록〉과 〈도앵행〉을 가리킨다. 이 가운데 〈옥환기봉〉은 장편 형태의 이본과 그것을 짧게 축약한 이본이 함께 존재하고 있어[79] 이를 같이 다룰 필요가 있다. 이 작품들에 대해서는 그간 몇 차례의 연구가 이루어졌다. 우선 양혜란은 기봉류소설 연구의 일환으로 〈옥환기봉〉의 축약본을 대상으로 남녀 결연의 양상과 의미를 검토한 바 있다.[80] 그리고 이승복은 〈옥환기봉〉 연작에 대한 일련의 작업을 수행하여 〈옥환기봉〉 장편본을 대상으로 〈옥환기봉〉을 『후한서』와 비교하여 역사의 소설화 양상을 분석하였고,[81] 서술방식・구조・인물의 측면에서 장편본과 축약본을 비교하였다.[82] 이어 〈한조삼성기봉〉이 〈옥환기봉〉의 속편임을 확인하고 그 구조와 의미를 〈옥환기봉〉과 관련지어 살폈으며,[83] 〈취미삼선록〉과 〈도앵행〉이 각각 〈옥환기봉〉의 파생작이라는 사실을 밝히고 작품의 구조와 성격 등을 검토하였다.[84] 이후 임치균은 〈옥환기봉〉 장편본의 창작 원천과 축약본의 성격을 검토하고,[85] 장편본에 제시된 갈등의 양상과 의미를 검토

---

79) 이하 이 두 형태의 이본을 각각 '장편본'과 '축약본'으로 지칭한다. '축약본'이라는 용어에는 이것이 장편본을 축약해서 생긴 이본이라는 의미가 내포되어 있는데 두 이본의 관계에 대해서는 다음 절에서 검토한다.

80) 양혜란, 『조선조 기봉류소설 연구』, 이회문화사, 1995.

81) 이승복(a), 「〈옥환기봉〉과 역사의 소설화」, 『선청어문』 28, 서울대, 2000. 3.

82) 이승복(b), 「〈옥환기봉〉의 이본을 통해 본 역사소설 수용의 한 양상」, 『덕성어문학』 10, 덕성여대, 2000. 5.

83) 이승복(c), 「〈한조삼성기봉〉의 구조와 성격 - 전편(前篇) 〈옥환기봉〉과의 관계를 중심으로」, 『고전문학과 교육』 3, 청관고전문학회, 2001. 6.

84) 이승복(d), 「〈옥환기봉〉과의 관계를 통해 본 〈취미삼선록〉의 성격」, 『국문학연구』 6, 국문학회, 2001. 11.; 이승복(e), 「인물 형상을 통해 본 〈도앵행〉의 의미 - 〈옥환기봉〉과 관련하여」, 『국어교육』 107, 한국국어교육연구학회, 2002. 2.

하였으며,[86] 〈한조삼성기봉〉과 〈취미삼선록〉의 내용과 특징을 〈옥환기봉〉과 관련하여 각각 고찰하였다.[87] 이러한 작업들을 통해 〈옥환기봉〉의 성격, 〈옥환기봉〉 장편본과 축약본의 관계, 속편과 파생작의 존재와 각 작품의 성격 등이 어느 정도 드러나게 되었다.

한편 소인호는 〈취미삼선록〉의 성격을 규정하여 이 작품이 남성 우위의 세계에 대한 여성의 반발과 자존의식을 분명히 드러내고 있으나 문제 해결의 현실적 전망을 보여주고 있지는 못하다고 하였으며,[88] 전성운은 〈취미삼선록〉에 제시된 꿈의 성격과 기능을 해석하여 광무제의 꿈은 현실적 질곡을 꿈을 통해 해결하려는 시도로, 날양공주의 꿈은 일종의 자위적 기능을 담당하는 것으로 파악하였다.[89] 또한 이수봉은 〈도앵행〉을 도선화소(道仙話素)를 원용하면서 혼속반정(婚俗反正)을 주제로 한 가문소설로 규정하

85) 임치균(a), 「18세기 고전소설의 역사 수용 일양상 - 〈옥환기봉〉을 중심으로」, 『한국고전연구』 8, 한국고전연구학회, 2002.

86) 임치균(b), 「〈옥환기봉〉 연구」, 『한국사상과 문화』 18, 한국사상문화학회, 2002. 12.

87) 임치균(c), 「〈한조삼성기봉〉 연구」, 『정신문화연구』 92, 한국정신문화연구원, 2003.; 임치균(d), 「사랑과 갈등에 대한 남성의 시각 뒤집어 보기 - 〈옥환기봉〉과 〈한조삼성기봉〉을 중심으로」, 『한국고전여성문학연구』 9, 한국고전여성문학회, 2004.; 임치균(e), 「〈취미삼선록〉 연구 - 〈옥환기봉〉, 〈한조삼성기봉〉과의 비교를 중심으로」, 한국고전문학회 제237차 정례학술발표회 발표 요지, 2006. 4.

88) 소인호, 「〈취미삼선록〉 연구」, 『국어국문학』 113, 국어국문학회, 1995.

89) 전성운, 「장편국문소설에 나타난 몽유양식의 양상과 의미 - 〈현봉쌍의록〉·〈현몽쌍룡기〉·〈몽옥쌍봉연록〉·〈쌍천기봉〉·〈취미삼선록〉을 중심으로」, 『고소설연구』 8, 한국고소설학회, 2000. 12.

기도 하였다.[90] 그런데 이 연구들은 〈취미삼선록〉과 〈도앵행〉이 〈옥환기봉〉의 파생작이라는 사실을 미처 인지하지 못한 상태에서 이루어졌기 때문에 논의가 작자의 의도와 다소간 거리가 있을 수 밖에 없었던 듯하다.

어쨌든 이와 같은 선행 연구들에 의해 〈옥환기봉〉 연작에 속하는 작품들이 확인되고, 각 작품의 대체적인 성격이 드러날 수 있었다. 그러나 〈옥환기봉〉이 역사 수용을 통해 드러내고자 한 작품의 의미, 그와 관련된 속편 및 파생작의 발생과 각 작품의 성격, 연작에 속하는 작품들의 관계 등에 대해서는 좀 더 포괄적이고 정치한 논의가 필요하다고 할 수 있다. 이에 이 글에서는 여성담론에 초점을 맞춰 이러한 문제들을 집중적으로 살펴보고자 한다. 먼저 〈옥환기봉〉 연작에 대한 기본적인 이해를 위해 그 존재 양상부터 검토하기로 한다.

2. 〈옥환기봉〉 연작의 존재 양상

〈옥환기봉〉은 『후한서』를 바탕으로 창작되었는데[91] 광무제(光武帝)가 한실(漢室)을 중흥하는 과정, 광무제가 곽황후(郭皇后)를

---

90) 이수봉, 「〈도앵행〉전 연구」, 『개신어문연구』 11, 개신어문연구회, 1994.

91) 이는 이승복(a)이 처음 확인하였는데 이후 임치균(a)이 광무제가 한실을 중흥하는 과정에 제시된 전쟁담이나 고난담에는 『후한서』 외에 〈동한연의〉의 영향이 있었음을 밝힌 바 있다. 〈옥환기봉〉과 〈동한연의〉의 관계에 대해서는 이 책 '제1부 2장 〈옥환기봉〉의 역사 수용 양상과 의미'에서 상세히 검토하였다.

폐하고 음귀인(陰貴人)을 황후로 세우는 과정의 두 이야기를 골격으로 하고 있다. 이 작품은 현재 십 수종의 이본이 존재하는 것으로 확인되어[92] 비교적 많이 읽힌 것으로 짐작되는데 앞에서 말한 바와 같이 30권 15책의 규장각 소장본,[93] 본래는 9권 9책이나 권1 1책이 없는 국립중앙도서관 소장본[94] 등과 같은 장편본이 있는가 하면 2권 2책의 고려대 도서관 소장본[95]이나 조동일 소장본[96]처럼 적은 분량으로 압축된 축약본이 전해지고 있다.

장편본 가운데 규장각본과 국립중앙도서관본을 비교해 본 결과 권이 나뉘는 위치가 다르기는 하지만 작품의 내용은 거의 대부분 일치한다는 것을 확인하였다. 장편본들은 소설의 내용 서술이 마무리된 다음 음후를 비롯한 여러 인물들의 전이 뒤에 첨부되어 있다. 규장각본의 경우에는 권29에서 작품 내용이 마무리되고 권30에 이러한 전들이 수록되어 있다. 이는 장편본들이 기전체(紀傳體)의 역사 서술 방식을 따르려 했다는 것을[97] 말해주는 것으로

92) 조희웅, 『고전소설 이본목록』, 집문당, 1999, 431~2면.

93) 권20 말미에는 "셰임ᄌᆞ ᄉᆞ월 일 용산 견일뎡 즁슈", 권30말에는 "셰임ᄌᆞ ᄉᆞ월 일 용손 견일졍 필"이라고 기록되어 있다.

94) 국립중앙도서관 소장본은 조희웅의 『고전소설 이본목록』에는 빠져 있다. 국립중앙도서관본의 권2 내지에는 "임인 지월 이십팔일 필셔", 권8 말미에는 "무슐 지월 샴십일 필셔"라고 씌어있다.

95) 권2 끝에 "병오 납월 필셔"라는 필사기가 있다.

96) 『조동일 소장 국문학연구자료』 15, 박이정, 1999. 권수에 각각 '권지이', '권지상'으로 적혀있고 이 순서대로 영인되어 있으나 필체, 이야기의 연결 등을 고려할 때 한 질에 속하는 것을 알 수 있다. 권지상 끝에는 "임인 이월 염오일 필셔ᄒᆞ오나 …… ", 권지이 말미에는 "임인 삼월 초ᄉᆞ일 남창ᄒᆞ의 죵셔ᄒᆞ오나 …… "로 각각 시작하는 필사기가 있다.

97) 이승복(a), 168면.

작자 스스로 자신의 의식을 역사의식으로, 자신의 작품을 역사서에 준할 만한 것으로 생각하고 있었다는 것을 알려주는 것일 수 있다.

반면 축약본들에서는 광무제의 한실 중흥에 관한 이야기는 서술자의 설명으로 대체되고 작품의 내용은 광무제, 곽후, 음후 사이의 인연과 갈등으로 이루어져 있다. 그런데 축약본에는 광무제와 음후의 삼생 연분이나 곽후의 혼인 초 고생에 대한 언급들이 보이기는 하나 그것이 장편본과 달리 구체적으로 형상화되어 있지 못하다. 또 곽후와 음후의 문제에 대한 태후의 태도 역시 장편본과 달리 구체적으로 제시되지 못함으로써 태후의 태도가 일관성이 없는 것으로 비쳐지기도 한다. 이와 같이 같은 사건이나 인물을 제시하더라도 논리성과 핍진성이 장편본에 비해 미약하고, 장편본을 읽지 않으면 충분히 이해되지 않는 부분들이 있다. 따라서 장편본이 먼저 형성되고, 그것을 압축한 축약본이 나중에 이루어진 것으로 보인다.[98)]

축약본 가운데에서는 고려대본과 조동일본, 그리고 박순호본을 서로 비교·검토해 본 결과 이들 사이에 내용과 표현의 큰 차이가 없다는 것을 확인하였다. 고려대본과 조동일본은 모두 2권 2책으로 되어 있으나 분권되는 위치가 다르다. 또 고려대본은 서두가 한 무제(漢武帝)에 대한 서술부터 시작하는 데 비해 조동일본은 서두에 광무제에 대한 언급이 먼저 제시된 다음 한 무제에 대한 서술로 넘어가는 차이가 있다. 결말 부분도 약간의 차이가 있는데

---

98) 이승복(b), 257~8면 참고.

고려대본은 음후와 광무제가 차례로 세상을 떠나는 데에서 작품이 마무리되지만 조동일본은 고려대본에 없는 광무제와 엄광(嚴光)에 대한 이야기가 길게 제시된 다음 광무제가 폐출된 곽후의 친족을 다시 불러 등용한다는 데에서 작품이 끝나고 있다. 그리고 광무제와 음귀인이 별원으로 행차할 때 광무제가 연(輦)을 같이 타자고 하자 음귀인이 이를 극구 사양하는 삽화가 고려대본에는 있으나 조동일본에는 보이지 않는다. 이와 같이 서두와 결말의 내용, 그리고 일부 삽화의 유무, 표현의 차이 등이 있기는 하지만 서사 진행의 구체적인 부분들은 모두 일치하고 있다.

박순호 소장본으로는 권수에 '권지일', '권지이'라고 각각 씌어 있어 마치 2권 2책본으로 보이는 것이 있는데[99] 내용을 검토해 본 결과 '권지일'이라고 되어 있는 것은 결말 부분에 몇 장의 낙장이 있는 1권 1책본이고, '권지이'로 되어 있는 것은 '권지일'이 없는 별도의 낙질본이었다.[100] 1권 1책본은 표현의 미세한 차이를 제외하면 고려대본과 거의 같다. 낙질본 역시 음후의 딸인 경양공주의 태몽이 결말 부분에 제시되어 있는 것을 제외하면 1권 1책본이나 고려대본과 거의 차이가 없다.

〈한조삼성기봉〉은 〈옥환기봉〉의 속편이다. 이는 〈옥환기봉〉 규장각본의 "후셰의 상과 휘 다시 츌셰ᄒᆞ여 슉년을 이으미 타셜의 젼ᄒᆞ미 잇ᄂᆞᆫ이라"[101]와, 조동일본의 "이 후록의 긴 셜화 무궁ᄒᆞ나

99) 월촌문헌연구소 편, 『한글필사본고소설자료총서』 36, 오성사, 1986.

100) 낙질본의 말미에는 "긔미 츄팔○ 이십구일 근필ᄒᆞ노라"라는 필사기가 있다.

101) 규장각본 권22, 9면. 국립중앙도서관본의 해당 부분에는 이러한 서술이 없다.

다 씰 슈 업시니 ᄎ청하회 분셕홀지어다"[102]라는 서술, 국립중앙도서관본 말미에 "소셜을 보고ᄌ ᄒ거든 호조숌셩긔을 열남ᄒ라"[103]라는 언급, 그리고 현재 전해지고 있는 〈한조삼성기봉〉의 내용 등을 통해 확인할 수 있다. 이 작품은 〈옥환기봉〉의 중심 인물들이 환생해서 벌이는 사건들로 구성되어 있는데 14권 14책 한 질이 한국학중앙연구원에 소장되어 있다.

〈취미삼선록〉은 현재 3종이 전해지고 있는데[104] 곽후가 폐출된 다음에 황실 내부에서 벌어지는 몇 가지 사건들로 구성되어 있다. 이 작품이 〈옥환기봉〉의 파생작이라는 것은, 역사 기록에서 확인되지 않는 인물이 두 작품 모두에 등장한다는 점, 인물들의 성격이 〈옥환기봉〉과 공통된다는 점, 곽후와 관련된 내용이 〈옥환기봉〉과 미세한 부분까지 일치한다는 점, 그리고 이 작품 역시 〈옥환기봉〉의 내용을 알아야 이해될 수 있는 부분들이 있다는 점 등에서 확인할 수 있다.[105] 국립중앙도서관본 〈옥환기봉〉에서 작품의 내용이 마무리되는 부분에 "ᄎ젼의 무양도위 양송의 픠망ᄒᆫ 말이 위루ᄒ이 딕져 전후 언시 분명치 못ᄒ미 절통ᄒᆫ져"[106]라는 언급이

102) 조동일본 권2, 99면.

103) 국립중앙도서관본 권9, 92면. 규장각본 권30 54면에도 "쇼셜을 보고져 홀진딕 한됴숌셩쇠(긔)를 볼지어다"라는 같은 내용의 언급이 있다.

104) 연세대 도서관 소장본, 한국학중앙연구원 소장본, 일본 천리대 금서룡 문고본 등이 그것이다(조희웅, 앞의 책, 785면). 이 글에서는 상하 2권 1책의 한국학중앙연구원본을 대상으로 하였다. 한국학중앙연구원본의 권하 말미에는 "긔묘 정월 상원의 온양 운성 무사ᄒᆫ 노흔은 아히을 명ᄒ야 긔록ᄒ노라"라는 필사기가 있다. 천리대본은 한국학중앙연구원본과 내용이 동일하다(임치균(e), 44면, 주4).

105) 이승복(d), 161~6면 참고.

있는데 이는 양송의 무도함을 그리고 있는 〈취미삼선록〉을 읽은 필사자가 〈옥환기봉〉에는 그 일이 분명하게 제시되어 있지 않다는 불만을 토로한 것으로 보인다. 이를 통해 당시 독자들이 〈옥환기봉〉과 〈취미삼선록〉을 서로 견주어가며 읽기도 했다는 것을 알 수 있다.

〈도앵행〉은 〈한조삼성기봉〉이나 〈취미삼선록〉보다 많은 10여 종의 이본들이 전해지고 있다.[107] 이는 다른 작품들은 〈옥환기봉〉의 내용을 알아야 이해될 수 있는 부분이 많아 〈옥환기봉〉을 읽지 않으면 작품의 내용을 제대로 파악하기 어려운 반면, 〈도앵행〉은 굳이 〈옥환기봉〉을 읽지 않더라도 그 자체로 충분히 이해할 수 있기 때문일 것이다. 이 작품은 광무제의 누이인 백희(伯姬), 곧 영평공주(寧平公主)의 혼인 후 그 시가에서 벌어지는 사건을 다루고 있는데 〈옥환기봉〉과 비교할 때 등장인물들이 같고, 그들의 성격이 유사하며, 실제와 달리 잘못 표기된 인명이나, 영평이 주당(周黨)의 며느리라는 허구적 설정이 일치한다. 그런데 영평이라는 인물은 역사상 실재 인물이지만 그 행적이 뚜렷하지 않은 점에 비춰볼 때 〈옥환기봉〉이 먼저 창작되고, 〈옥환기봉〉에서 의미 있는 인물로 부각된 영평에 관한 이야기를 별도로 구성해서 이 작품을 창작한 것으로 보인다.[108]

---

106) 권9, 69면.

107) 조희웅, 앞의 책, 134면. 이 글에서는 서울대학교 규장각에 소장되어 있는 일사문고본을 대상으로 하였다. 2권 2책으로 되어 있는데 권2 말미에 "갑인 뉵월 십칠일 필셔 …… "라는 필사기가 있다.

108) 이승복(e), 374~8면 참고.

그런데 1786년에서 1790년 사이에 필사된, 서울대 규장각 소장 〈옥원재합기연〉 권14 표지 안쪽에 기록된 소설 목록에 〈옥환기봉〉, 〈취미삼선록〉, 〈도앵행〉의 작품명이 보이고 있다.[109] 따라서 이 세 작품이 18세기 중엽에는 이미 창작되어 있었던 것으로 보인다. 이제 이들 작품에 나타난 여성담론의 양상과 의미를 구체적으로 살펴보자.

3. 여성담론의 양상과 의미

1) 역사 기록의 공백 메우기와 통념에 대한 반론 : 장편본 〈옥환기봉〉

장편본 〈옥환기봉〉은 앞에서 말한 바와 같이 『후한서』의 「광무제기(光武帝紀)」와 「황후기(皇后紀)」의 내용을 바탕으로 광무제가 한실을 중흥하는 과정과, 광무제가 곽후를 폐하고 음귀인을 황후를 세우는 과정을 그리고 있다. 두 이야기는 서로 교체되어 서술되다가 한실 중흥이 어느 정도 마무리된 이후에는 곽후와 음후에 관한 이야기가 작품의 중심을 이룬다. 한실 중흥 과정은 허구와 상상이 가미되기는 하였지만 『후한서』의 내용을 비교적 충실히 따르고 있다고 할 수 있다. 그러나 곽후와 음후에 관한 이야기는

---

109) 심경호, 「낙선재본 소설의 선행본에 관한 일고찰 - 온양 정씨 필사본 〈옥원재합기연〉과 낙선재본 〈옥원중회연〉의 관계를 중심으로」, 『정신문화연구』 38, 한국정신문화연구원, 1990 참고.

사정이 좀 다르다. 우선 이 부분의 내용부터 살펴보자.

광무제와 먼저 혼인한 곽씨는 직접 길 짜고, 나물 캐는 고생을 하면서 남편을 내조하고 시어머니를 극진히 섬긴다. 이에 광무제는 곽씨에게 후일 용상에 앉게 해주겠다고 하고, 곽씨는 희첩을 두지 말라고 광무제에게 당부한다. 하지만 곽씨와 혼인하기 전 꿈속에서 선고(仙姑)를 만나 전생 숙연을 확인하고 '천(天)'자가 새겨진 옥환(玉環)을 얻은 광무제는 '지(地)'자 옥환의 임자를 자신의 진정한 배필이라고 생각하고 있었다. 군대를 이끌고 동분서주하던 광무제는 우연히 서기가 어려 있는 집을 보고 찾아갔다가 이것이 계기가 되어 '지'자 옥환의 임자인 음여화(陰麗華)를 다시 아내로 맞이하게 된다. 이후 천자에 즉위한 광무제는 음씨를 황후로 봉할 생각을 하면서 우선 곽씨와 음씨 모두를 귀인으로 봉하지만 결국 태후의 뜻에 따라 곽씨를 황후로 삼는다. 곽후의 보모 윤씨는 곽후를 위하여 음귀인과 그 자녀들을 살해하려 하는 등 갖은 모해를 자행한다. 그러나 음귀인과 그 자녀들은 음귀인의 기지와 초월계의 도움으로 위기를 무사히 넘긴다. 그러다가 곽후가 음귀인의 아들인 동평왕을 매질하고, 이를 광무제에게 알린 후궁을 곽후가 윤보모와 왕첩여를 시켜 죽인 사건이 벌어지는데 이것이 발각되어 마침내 윤보모와 왕첩여가 처형되고 곽후는 폐출된다. 이어 음귀인이 황후가 되고, 곽후는 중산태후(中山太后)로 봉해져 둘째 아들 중산왕의 봉토로 가게 되며, 곽후 소생인 태자 강(彊)이 태자위를 극구 사양하여 물러나자 음후의 아들 양(陽)이 태자가 된다. 이후 곽후가 먼저 세상을 떠나고 이어 광무제, 음후가 차례로 세상을 떠난다.

광무제가 곽후를 폐하여 그 둘째 아들의 봉토로 보내고, 태자를 음후 소생으로 바꾼 것은 실제 있었던 역사적 사실이다. 하지만 곽후의 폐출 이유와 경위에 대한 『후한서』의 내용은 상당히 간략하다.

> 그 후 [곽]후는 은총이 점점 쇠해지자 자주 원망하는 마음을 품었다. 17년 마침내 폐하여 중산왕태후를 삼았다. …… 곽후는 황제의 은총이 쇠하고 멀어져 폄척을 당했다 여겨 성내고, 원망하여 허물을 이루었으나 오히려 은총이 별관에 가해지고 친척에게 은총이 더해졌으며, 동해로 물러남에 이르러서는 거취를 예로써 하여 후세 사람들로 하여금 후박과 진퇴의 간격을 보지 못하게 하였으니 또한 옛날에 비해 빛나지 아니한가.[110]

> 광무가 즉위하자 시중 부준으로 하여금 [음]후를 맞이하게 하여 호양・영평공주를 비롯한 여러 궁인과 함께 낙양에 이르자 후를 귀인으로 삼았다. 황제는 후가 성품이 우아하고 어질어 황후로 삼고자 하였으나 후가 굳이 사양하고 곽씨에게 아들이 있는 것을 들어 끝내 감당하려 하지 않자 마침내 곽황후를 세웠다. …… [음]후는 위(位)에 있을 때 공검하고, 기완함이 적었고, 웃고 희롱하는 것을 좋아하지 않았다. 성품이 어질고 효성스러웠으며, 가엾게 여기는 마음과 자애로움이 많았다. 일곱 살에 아버지를 여의었는데 비록 수십 년이 지났어도 말이 미치면 일찍이 눈물을 흘리지 않음이 없었다. 황제가

110) 其後 后以寵稍衰 數懷怨懟 十七年 遂廢爲中山王太后 …… 郭后以衰離見貶 恚怨成尤 而猶恩加別館 增寵黨戚 至乎東海逡巡 去就以禮 使後世不見隆薄進退之隙 不亦光於古乎(「황후기」 제10상, 『후한서』 권10상).

보고 항상 탄식하였다.[111]

앞의 인용문은 곽후가 광무제의 은총이 쇠하자 성내고 원망하다가 마침내 폐후가 되었는데 광무제는 이러한 곽후를 끝까지 예로 대우했다는 사실을 밝히고 있으며, 뒤의 인용문은 음후가 숙덕을 구비하여 황후의 자격을 충분히 갖추고 있었다는 것을 제시하고 있다. 그러나 『후한서』에는 곽후에 대한 광무제의 은총이 쇠한 이유가 무엇이고, 또 곽후가 어떻게 원망했는지에 대해 분명하고 구체적인 언급이 없다.[112] 곧 이 부분은 역사 기록에서 상당 부분이 공백으로 남아있는 것이다. 따라서 앞에서 살펴본 곽후와 음후의 갈등담은 이러한 역사 기록의 공백을 메우고 있다고 할 수 있다.[113] 그렇다면 작자가 굳이 역사 기록의 공백을 메우려 한 동기 내지 이유는 무엇인가.

종고 이리로 셩녀현비는 딕마다 흔치 아닐 쁜 아니라 쳔고를 역졈ᄒᆞ나 복과 덕이 겸젼ᄒᆞ고 ᄌᆞ손이 번셩ᄒᆞ여 친쳑의 니로히 어질며 츙의녈힝이 한 시의 딕두ᄒᆞ리 업ᄉᆞ미 광열황후갓ᄒᆞ니는 젼쳔고 후

111) 光武卽位 令侍中傅俊迎后 與胡陽寧平主諸宮人俱到洛陽 以后爲貴人 帝以后雅性寬仁 欲崇以尊位 后固辭 以郭氏有子 終不肯當 故遂立郭皇后 …… 后在位恭儉 少嗜玩 不喜笑謔 性仁孝 多矜慈 七歲失父 雖已數十年 言及未曾不流涕 帝見 常歎息(상동).

112) 곽후 폐출시 광무제가 내린 조서에서 곽후의 태도에 대한 약간의 단서를 얻을 수는 있다. 이에 대해서는 이 책 '제1부 3장 〈옥환기봉〉의 인물 형상과 작가의식'에서 검토하였다.

113) 이승복(a), 175면. 임치균도 이 점에 대해 역사 기록에서 비어있는 부분을 허구적으로 확장하고 있다고 하였다(임치균(a), 153면).

> 만셰의 가히 쉽지 못ᄒᆞᆫ지라 우(후)인이 젼을 지으니 일언반ᄉᆞ도 셤개 만ᄒᆞᆫ 허언이 아니오 실젹이 아니미 업ᄂᆞᆫ지라 후의 지귀지ᄃᆡᄒᆞ심과 빅ᄌᆞ쳔숀이 계〃창셩ᄒᆞ문 니르도 말고 온양겸공ᄒᆞ신 덕과 지효지셩ᄒᆞ시미 가히 님샤마증으로 더부러 병구ᄒᆞᆯ 거시로ᄃᆡ 블힝이 몬져 ᄌᆞ식(ᄉᆡᆨ)으로 일홈을 어더 계신ᄃᆡ 오ᄅᆡ 후궁지녈의 거ᄒᆞ샤 광무황뎨의 은춍이 편벽ᄒᆞ고 과도ᄒᆞ신ᄃᆡ 다시 폐입ᄒᆞ시ᄂᆞᆫ 거조를 당ᄒᆞ샤 비혹 초의 양위ᄒᆞ시ᄂᆞᆫ 덕이 만셰의 증안이 되여시나 하ᄌᆞᄒᆞ리 업술 거시로ᄃᆡ 후셰의 그 덕을 니ᄅᆞᆫ 지 업고 그 ᄉᆡᆨ으로뻐 광무의 춍을 어더 혹음여화지식ᄒᆞ여 탈젹ᄌᆞ지위라 ᄒᆞ미 가탄ᄒᆞ염즉 ᄒᆞ더라[114]

위는 소설 본문이 마무리되는 부분에 서술된 내용으로 뒤에는 등장인물들의 전이 제시된다. 규장각본과 국립중앙도서관본에 모두 제시된 것으로 보아 작자 자신의 진술로 보인다. 설사 그렇지 않다 하더라도 곽후와 음후 이야기에 대한 작자의 의도를 정확히 지적한 것이라 할 수 있다. 위에서 주목할 것은 음후가 덕을 갖춘 성녀현비인데 후세 사람들이 그 덕은 일컫지 않고 자색으로 광무제의 총애를 얻었고, 그래서 마침내 곽후 소생의 태자마저도 태자 자리를 빼앗겼다고 하니 가탄스럽다는 것이다. 곧 작자는 음후가 황후가 된 것이 자색이 아닌 숙덕 때문이라는 것을 확신하고, 처첩 갈등담을 활용하여 이를 구체적으로 제시하려 했던 것이다. 다시 말하면 작자는 곽후의 허물과 음후의 숙덕을 단편적으로만 언급하고 있는 역사 기록의 공백을, 나름대로 구성한 곽후와 음후 이야기를 통해 메움으로써 음후에 대한 세상의 통념이 잘못되었다는 것

114) 규장각본 권29, 39~40면.

을 보여주고자 했던 것이다.

그러면서도 작자는 곽후를 부정적이기만 한 인물로 형상화하지 않았다. 곽후는 부유한 집안의 딸로 가난한 집에 시집와 어려운 살림을 꾸려가면서 시어머니를 극진히 봉양하였다. 그런 한편 남편의 애정을 독점하려는 욕구는 매우 강하였다. 하지만 곽후는 음귀인을 모해하려고 스스로 계교를 짜내지는 않았다. 광무제가 출정하였을 때에는 편한 것을 물리치고 음귀인을 핍박하지도 않았다. 또 윤보모가 계교나 요약을 권해도 자기 스스로 음귀인을 제어할지언정 암휼(暗譎)로 행계(行計)하지는 않겠다거나 박명지인(薄命之人)이 될지라도 요음(妖淫)한 일을 행치 않겠다며 물리쳤다. 하지만 이러한 태도를 끝까지 기키지 못해 윤보모의 모계(謀計)를 짐작하면서도 그녀를 제어하지 못하고, 자신의 감정을 주체하지 못해 결국 폐출되고 말았던 것이다. 이후 곽후는 광무제를 원망하기도 하고, 광무제의 편지에 눈물을 흘리기도 하다가 세상을 떠났다. 이처럼 곽후는 투기를 일삼고 음모를 꾸미는 극악한 악인도 아니고 그렇다고 부덕을 완비한 요조숙녀도 아니었다.[115)]

음후의 숙덕과 곽후의 허물을 구체화하면서도 곽후를 악인으로 형상화하지 않은 것은 실제 광무제가 처음 초야에서 일어날 때 곽씨 집의 도움을 받았을 뿐 아니라, 역사 기록에 충실하고자 하는 작자가 구체적인 근거 없이 곽후를 무조건적인 악인으로 형상화하는 것은 무리가 있다고 판단했기 때문일 것이다. 그런데 극악하지

115) 이승복은 곽후의 이러한 모습을 포함하여 광무제, 음후가 형상화된 양상을 살펴 이들이 역사 기록과 달리 살아 숨 쉬는 인간형으로 재창조되었다고 하였다(이승복(a), 179~82면).

않은 곽후를 단순히 투기를 해서 폐출했다고 하는 것은 음후의 숙덕을 아무리 강조하더라도 무리가 따를 수밖에 없다. 작자는 이러한 문제점을 보완하기 위해 광무제와 음후의 삼생에 걸친 인연을 작품의 기본 구조로 설정하였다.

곧 광무제와 음후는 전생에 한 무제 때의 태자와 태자비였고, 곽후는 태자의 양제(良娣) 사씨였다는 것이다. 태자가 역모의 누명을 쓰게 되자 모두 자결하였는데 사씨가 태자비에게 서운한 바가 있어 현세에서 곽후가 음후에게 핍박을 가하게 된다는 것이다. 이러한 전생의 연분이 현세로까지 이어지고 있다는 증거가 바로 '천'자와 '지'자가 새겨진 옥환이다.116) 그리고 무제 때의 태자와 태자비는 또 그 전생에 천상의 선관, 선녀였는데 서로 마음을 주고받다 상제의 노여움을 사 태자와 태자비로 적강하였다고 하였다. 결국 광무제와 음씨의 결연, 음씨의 황후 책봉은 그러한 삼생 연분의 실현이라는 것이다.

그러나 이러한 설정에도 불구하고, 초년 고생을 같이 한 조강지처를 버리고 음씨를 황후로 세운 것에 대해 독자들이 공감하기만 했던 것은 아니다.

> 닉 일즉 규달간 픽스〃를 만히 드르니 만일 향념의 이셰훈 말이 아니면 곳 련블의 허탄훈 일이라 맛춤닉 칙을 어더 훈번 일그믹 가

116) 옥환은 태자비가 무제에게서 받은 것으로 항상 손에 끼고 있었는데 태자가 역모의 누명을 쓰게 되는 과정에서 부부가 서로 이별할 때 그 한 짝이 태자의 소매 속에 들어가게 되고, 이후 태자와 태자비의 무덤에 각각 한 짝씩의 옥환이 같이 묻히게 되었다.

> 장 셩실ᄒᆞ고 다고ᄉᆞ를 의기ᄒᆞᆫ 말이라 엇지 ᄒᆞᆫ갓 규곤의 한ᄣᅢ 좌(파)젹ᄒᆞᆯ 분 아니리오만은 졔왕의 단봉졀이ᄒᆞ며 졔가어방팔감계 ᄯᅩᄒᆞᆫ 쇼쇼ᄒᆞᆫ지라 이 엇지 심상ᄒᆞᆫ 글이리오 작ᄌᆞ의 유의ᄒᆞ미 만히 깁다 이르리로다 ᄒᆞ러나 두어 곳 유○○ᄇᆡ 한이 잇셔 비록 폐휘나 ᄯᅩᄒᆞᆫ 장쳐 단쳐 간 별젼이 잇슬지니 곽후의 본지는 어이 섀히며 음식 형뎨 젼을 지으ᄆᆡ ᄯᅩ 무슴 연고로 곽황의 젼은 짓지 아닌고 ᄉᆡᆼ각건ᄃᆡ 폐후의 별젼을 지으ᄆᆡ 말이 즁언부언ᄒᆞ미 지리ᄒᆞ고 음식 음홍은 군공이 잇고 공업으로 젼을 일운 ᄇᆡ니 고이치 아니라 ᄒᆞ려니와 연양공쥬 본젼은 ᄯᅩ ᄒᆞᆫ(ᄒᆞ)고로 ᄲᅡ히고 부지기죄로다 쇼셜을 보고져 ᄒᆞᆯ진ᄃᆡ 한됴솝셩쇠(긔)를 볼지어다 종 셰임ᄌᆞ ᄉᆞ월 일 용손 견일졍 필117)

이는 규장각본 말미에 있는 기록이다. 〈옥환기봉〉이 남녀간의 애정이나 불교의 허탄함을 다루는 다른 작품들과 달리 많은 고사에 기반하고 있으며 교훈을 얻을 수 있다고 하여 높이 평가하면서도 음후의 전은 있으나 곽후의 전은 없고, 음후의 오빠와 아우인 음식(陰識), 음흥(陰興) 형제의 전은 있으나 곽후의 동기인 곽황(郭況)의 전이 없다는 점을 지적하고 있다. 이는 세상의 통념과 달리 음후를 긍정적으로 서술하고 있는 작자의 시각에 대한 불만에서 나온 것일 것이다.

그런데 만약 작자가 곽후를 악인으로, 음후를 선인으로 형상화하였다면 이러한 불만은 제기되지 않았을지도 모른다. 따라서 문제의 핵심은 곽후에게 있다고 할 수 있다. 곽후는 숙덕을 온전히 갖춘 현숙하기만 한 여인도 아니고, 악행을 일삼는 극악한 인물도

117) 규장각본 권30, 53~4면.

아니다. 가난한 집안에 시집와 남편과 고생을 함께 하면서 시어머니를 극진히 섬기는 한편 때로는 남편에게 사랑을 보채고 다른 여인을 투기도 하는, 어찌 보면 지극히 평범하고 일상적인 여인이다. 아무리 음후가 현숙하고, 천정의 연분이 있다고 하더라도 부덕을 완비한 현숙한 여인이 아니라고 해서 조강지처인 곽후를 내치는 것이 과연 타당한가 하는 것은 논란의 여지가 있을 수밖에 없다. 곧 작자가 곽후를 부덕이라는 이상과, 투기라는 일상성 사이의 균형을 유지하면서 그려나가려 한 데에 문제의 핵심이 있었던 것이다.

요컨대 장편본 〈옥환기봉〉은 다소의 허물이 있더라도 조강지처를 내치는 것, 구체적으로는 다른 여인과의 애정 성취를 위해 조강지처에 대한 신의를 저버리는 것이[118] 옳은가, 그른가 하는 논쟁의 단초를 제공했고, 이에 대한 나름의 의견 제시가 속편과 파생작으로 나타났다고 할 수 있다.

2) 보원(報怨)을 통한 〈옥환기봉〉에 대한 반론 : 〈한조삼성기봉〉

〈한조삼성기봉〉은 〈옥환기봉〉의 속편이다. 연작 관계에 있는 작품들의 경우 후편은 대개 전편 중심 인물의 자녀 대 이야기로

118) 광무제가 음귀인과 떨어져 있을 때마다 병이 들어 위중해진다거나 태후를 비롯한 여러 사람 앞에서 술에 취해 음귀인과의 인연을 늘어놓는 것을 볼 때 광무제와 음귀인의 관계에서 가장 소중한 것은 애정이고, 음귀인의 숙덕은 이러한 애정을 심화하는 중요한 역할을 하고 있다고 이해할 수 있다.

구성된다. 그리고 후편에서 전편의 중심 인물은 한 걸음 뒤로 물러나 새로 중심 인물로 부각된 자녀들의 모습을 지켜보면서 심각한 갈등 상황에서나 간간이 개입하는 모습을 보이는 것이 일반적이다. 그런데 〈한조삼성기봉〉은 이와 전혀 다른 양상을 보인다. 이 작품은 광무제, 곽후, 음후의 자녀 대 이야기가 아니라 그들을 비롯한 여러 인물들이 전편에서 이루고 있던 갈등 관계에 따라 당나라 현종 연간에 환생하여 벌이는 사건들로 구성되어 있다. 따라서 〈옥환기봉〉에 대한 이해가 없이는 〈한조삼성기봉〉을 온전히 이해할 수 없어 전편과 후편이 연계성을 지니면서도 각기 독립적인 성격을 갖는 연작소설의 일반적인 경향과도 차이를 보이고 있다.[119] 그렇다면 〈한조삼성기봉〉이 이러한 특징을 지니게 된 이유는 무엇인가.

> ᄎᆞ 삼인이 젼싱 연업과 슉셰 연업으로 동한 시의 일시의 나 슉연을 일울식 당당ᄒᆞᆫ 옥환의 긔연이 음후긔 ᄆᆡᄌᆞ시ᄃᆡ 조화옹이 혹셩 ᄀᆞᆺ고 하늘 쯧이 당당ᄒᆞᆫ 황손을 두엇시나 총을 공손비의게 아이고 무광ᄒᆞᆫ 신셰ᄅᆞᆯ 늣기다가 원ᄉᆞᄒᆞᆫ 거술 어엿비 넉이샤 다시 한조의 직싱ᄒᆞ야 부귀지문의 귀ᄒᆞᆫ 녀ᄋᆡ 되야 젼싱 미쳔ᄒᆞᆫ 티ᄅᆞᆯ 삣고 직싱ᄒᆞᆫ 뉴슈ᄅᆞᆯ 맛나 슉연을 이으니 뉴가ᄂᆞᆫ 본ᄃᆡ 빈한ᄒᆞ고 곽시ᄂᆞᆫ 부귀호치ᄒᆞ미 황녀ᄅᆞᆯ 불워 아니ᄒᆞᆯ 거시로ᄃᆡ 텬연이 ᄆᆡ인 고로 뉴가의 드러가니 삼

---

119) 이런 점 때문에 〈한조삼성기봉〉을 〈옥환기봉〉의 파생작으로 보기도 한다(임치균(c), 25~8면). 연작과 파생작의 개념에 대해서는 보다 많은 논의가 있어야겠으나 이 글에서는 〈한조삼성기봉〉이 〈옥환기봉〉의 곁가지 이야기가 아니라 뒷이야기라는 점을 중시하여 〈한조삼성기봉〉을 연작에 따른 속편으로 이해하고자 한다.

> 간모옥의 ᄆᆡ죽으로 고모ᄅᆞᆯ 봉효ᄒᆞ야 본부 ᄌᆡ산을 기우려 텬하ᄅᆞᆯ 도모ᄒᆞ니 비록 텬명이 잇셔 텬하ᄅᆞᆯ 어더시나 이 ᄯᅩᄒᆞᆫ 곽시의 ᄂᆡ조ᄒᆞᆫ 공덕인들 엇지 젹다 ᄒᆞ리오마ᄂᆞᆫ 이러틋 무궁ᄒᆞᆫ 간고ᄅᆞᆯ ᄒᆞᆫ가지로 지ᄂᆡ다가 나죵의 져ᄇᆞ리믈 헌 신갓치 ᄒᆞ니 곽시의 원울ᄒᆞ고 분예ᄒᆞ미 엇더ᄒᆞ리오 산비희박ᄒᆞᆫ 은졍을 잇고 폐출홈은 오히려 샹ᄉᆡ나 무죄ᄒᆞᆫ ᄐᆡᄌᆞᄅᆞᆯ 무고히 폐장ᄒᆞ야 동희의 ᄂᆡ치니 실노 후셰 지ᄉᆞ의 가연ᄒᆞᆯ ᄇᆡ라 셕의 한 무제ᄂᆞᆫ 구익부인을 죽여시나 효쇼황제ᄂᆞᆫ 폐치 아냐시니 가히 니른바 관홍대량이라 고금을 논난ᄒᆞ고 역ᄃᆡ 졔왕을 의논ᄒᆞ면 무신불의ᄂᆞᆫ 한 광뮈 웃듬이 되리니 후인이 다 ᄀᆡ연ᄒᆞᆯ ᄇᆡ라 비록 곽 음의 연업이 텬졍이라 ᄒᆞ나 ᄃᆡᄀᆡ ᄉᆞ젹을 살필진대 신셰의 가련ᄒᆞ미 만흐니 고어의 왈 일부함원의 오월비상이라 ᄒᆞ니 곽시의 원민이 엇지 쳔ᄃᆡ의 쇼멸ᄒᆞ리오 유유이 원을 먹음고 지셰의 한번 보복ᄒᆞ기를 발원ᄒᆞᆯ식……[120)]

서두 부분에 제시된 서술자의 설명이다. 〈옥환기봉〉에 따르면 곽후는 한 무제 때 태자의 후궁 사씨였는데 음후의 전생인 공손비, 곧 태자비에게 아들이 없자 사씨가 낳은 아들을 태자비의 아들로 삼아 태자비가 길렀었다. 서술자는 이 사실을 들어 곽후가 전생에서는 황손을 낳았으나 총애를 받지 못했고, 나중에 환생해서는 가난 속에서도 시어머니를 정성껏 섬기고 광무제가 한실을 회복할 수 있도록 친정의 재산을 기울여 내조하였는데도 결국 버림을 받고, 곽후가 낳은 태자마저도 폐장(廢長)되었다고 하여 광무제의 무신불의(無信不義)를 비난하고 있다. 〈옥환기봉〉에서 광무제와 음

---

120) 〈한조삼성기봉〉 권1, 『필사본 고전소설전집』 25, 김기동 편, 아세아문화사, 1980, 12~5면.

후의 결합은 삼생 연분에 따른 것이라고 하였다. 사실 이것은 곽후의 폐출과 음귀인의 황후 책립이라는 역사적 사실에 대해 그것이 곽후의 실덕과 광무제와 음후의 천정 연분에 따라 이루어진 필연적인 것이었다는 것을 구체적으로 확인해 주기 위한 것이었다.

하지만 곽후의 입장에서 본다면 사정은 전혀 다를 수 있다. 곽후는 조강지처로서 고난을 감내하며 남편을 내조했는데도 불구하고 남편의 편벽된 애정 때문에 희생을 강요당한 피해자일 수 있는 것이다. 이에 따라 이 작품에서는 이러한 곽후의 설원(雪冤)을 위해 광무제와 곽후가 환생하여 다시 부부 관계를 이루되 곽후가 남편이 되고, 광무제가 부인이 되게 설정함으로써 곽후의 시련을 광무제가 직접 겪도록 하는 방식을 택하고 있다. 그들이 환생하여 벌이는 사건의 경과를 살펴보자.

천상의 옥제가 조회를 받는 자리에서 곽후가 자신의 억울한 심사를 토로하고 자기가 남자가 되고, 광무제가 여자가 되어 보원(報怨)하기를 바란다고 한다. 그러자 옥제는 광무제와 음후를 명초하여 곽후는 당 현종의 황자 강왕으로, 광무제는 조수아로, 음후는 설여주로, 그리고 전편에서 곽후를 잘 대해주었던 광무제의 누이 영평공주는 위옥희로 환생하도록 한다. 곽후가 환생한 강왕은 도량은 있으나 호색한 인물로 조수아와 혼인한 다음 다시 설여주를 후궁으로 맞고, 이어 자색과 숙덕을 겸비한 위옥희와 혼인한다. 이후 강왕은 황제가 되면서 위옥희를 황후로 세우고, 원비였던 조수아를 귀인으로 삼는다. 이에 조귀인이 놀랍고 분함을 이기지 못하자 조귀인의 아들을 동해왕으로 봉하고, 조귀인을 동해태비로 삼아 아들의 번국(藩國)에서 여생을 보내게 한다. 그리고 음후가 환생한 설여주는 박색인데 천하의 미색으로 오해한 강왕에 의해 후궁이 되었다가 남편에게 끝내 버림을 받는다.

이와 같이 이 작품은 광무제와 곽후가 성별을 바꿔 환생하여 다시 부부가 되도록 함으로써 광무제로 하여금 곽후가 겪었던 시련을 겪게 하고, 광무제의 애정을 독점하여 결과적으로 곽후에게 고통을 안겼던 음후가 천하 박색으로 남편에게 버림을 받게 하고 있다. 이는 전편에서 광무제와 음후의 애정 성취 과정에서 희생을 강요당했던 곽후의 입장에 서서 전편의 시각에 대해 반론을 제기한 것이라 할 수 있다. 곧 덕이 모자라고 다소의 허물이 있다 하더라도 초년의 고생을 같이 하면서 내조를 아끼지 않은 곽후를 내친 것은 잘못이라는 것이다.

그러나 이 작품이 곽후의 문제를 남성 지배에 항거하는 여성 일반의 문제로 확대·심화하는 단계까지 나아갔다고 하기는 어려울 듯하다. 그것은 광무제로 하여금 조비로 환생하여 조강지처임에도 불구하고 버림받은 곽후의 고통을 체험하도록 하였다면 마찬가지로 조강지처인 조비의 폐출 역시 지나치거나 부당하다는 것이 곽후의 경우 못지않게 부각되어야 하지만 실제로는 그렇지 못하기 때문이다. 조비는 곽후와 달리 조강지처로서의 면모가 전혀 부각되지 않고 오직 투기만을 일삼는 인물로 제시되기 때문에 조비의 폐출은 곽후의 경우처럼 심각하게 느껴지지 않는다. 따라서 조비의 폐출을 통해 실현된 곽후의 보원은, 여성의 문제를 고양된 여성적 시각에서 진지하게 다루기 위한 것이라기보다는 피해자가 가해자에게 복수를 하도록 하기 위한 것에 가깝다고 할 수 있다. 이는 전편에서 곽후를 배려하면서 많은 고민과 주저를 했던 음후를 간

단히 천하 박색으로 환생하여 남편에게 철저히 버림을 받게 한 것에서도 확인할 수 있다.[121]

결국 〈한조삼성기봉〉은 〈옥환기봉〉의 시각을 곽후의 입장에서 비판하기 위해 창작되었으나 그 비판이 복수 내지 선악응보의 차원에 머묾으로써[122] 남성 지배라는 보다 근본적인 문제에 대한 반발과 저항으로까지는 나아가지 못했다고 할 수 있다. 하지만 이러한 한계에도 불구하고 이 작품은 전편에 함축되어 있는 문제의 소지를 발견하고 논쟁을 벌여 전편의 시각을 비판하고 반론을 제기했다는 점에서 충분한 의미를 갖는다고 할 수 있다.

3) 〈옥환기봉〉에 대한 반론과 문제의식의 확대 : 〈취미삼선록〉

〈취미삼선록〉은 곽후 폐출 이후 벌어지는 사건들을 다루고 있

---

121) 임치균은 〈한조삼성기봉〉이 〈옥환기봉〉을 '여성적 시각에서 뒤집어 보기'로 드러난 결과물이라고 하였다(임치균(d), 189면). 그런데 〈옥환기봉〉에서 광무제의 편벽된 애정과 그로 인해 시련을 겪는 곽후를 생각하며 많은 심적 고통을 겪었던 음후가 〈한조삼성기봉〉에서 박색으로 환생하여 철저히 버림받도록 설정된 것을 고려할 때 〈한조삼성기봉〉에 드러난 '여성적 시각'은 곽후의 입장에 한정된다는 전제가 필요할 듯하다.

122) 이 작품에는 〈옥환기봉〉에서 음후를 모해하던 윤보모, 왕첩여 등의 악인들도 다시 환생하여 악행을 일삼다가 전생처럼 처형되고 마는데 그들의 악행은 강왕과 조비 문제의 범위, 즉 전생 인연의 범위를 벗어나 무차별적인 것으로 치닫는다. 이를 통해 이 작품의 작자는 전생의 선악 관계를 현세에서 반복 재현하여 복선화음의 이치를 구현하는 데 관심이 있었다는 것을 알 수 있는데 곽후의 복수도 이러한 의식과 관련이 있다고 할 수 있다(이승복(c), 221면 참고).

는데 곽후 소생 장녀인 무양공주(舞陽公主)의 혼인, 곽후 소생 공주들인 무양·관도(館陶)·여읍(酈邑)의 취미궁 은거, 그리고 음후 소생인 날양공주(涅陽公主)의 꿈 등 크게 세 부분으로 이루어져 있다.123) 그리고 취미궁 은거 부분 역시 몇 개의 작은 사건들로 다시 나누어 볼 수 있다. 이러한 각 사건들은 유기적인 서사 맥락을 이루고 있다기보다는 파편화되어 있다는 느낌을 받는다. 하지만 결론부터 말하자면 그 사건들은 남성 지배에 대한 비판이라는 하나의 일관된 의미로 수렴되고 있다.

우선 무양공주의 혼인 과정을 살펴보면, 무양은 단지 바둑을 잘 둔다는 이유 하나만으로 광무제가 선택한 양송(梁松)과 혼인한다. 그런데 양송은 조강지처 허씨를 핍박하여 내치고, 부마 간선을 재삼 사양했으나 성교(聖敎)가 엄절하여 어쩔 수 없었다고 부친을 속이며, 무양과 혼인한 후에는 그 곁을 잠시도 떠나려하지 않는 인물이다. 이처럼 무양은 무분별한 아버지 때문에 무도한 남편을 만나 고통스런 삶을 살게 되는 것이다. 혼인 후 허씨의 일을 알게 된 무양은 광무제에게 청하여 허씨를 다시 맞아들이도록 하는데 무양이 광무제에게 그 일을 거론할 때 허씨를 맞이하여 허씨가 원망하는 일이 없도록 하고, 허씨에게 중궤(中饋)를 맡겨 집안을 온전하게 하라는 곽후의 편지가 도착한다. 이러한 편지의 내용은 곽후 본인의 문제를 연상시킨다. 곧 새로운 숙녀를 맞기 위해 조강지처

123) 이승복은 이 작품의 작자가 〈옥환기봉〉 장편본에서 곽후 소생의 공주들이 무도하거나 어리석은 부마들과 서로 화합하지 못하고 있음을 단적으로 제시하고 있는 부운루 관등 이야기에서 창작의 발상을 얻었을 것으로 추정하였다(이승복(d), 165~6면).

를 버린 양송, 남편에게 버림받은 허씨, 허씨의 일을 알고 가슴 아파하는 무양은 그대로 광무제, 곽후, 음후와 대응되면서 무양의 일과 곽후의 일이 겹쳐지는 것이다. 요컨대 무양의 혼인 이야기는, 무양과 곽후의 문제를 중첩시키면서 무분별한 아버지, 무도한 남편 등 남성들의 횡포에 대한 비판적 의미를 드러내고 있는 것이다.

이후 무양, 관도, 여읍 등 곽후 소생의 세 공주는 광무제에게 청하여 취미궁에 은거하게 된다. 어느 날 광무제가 공주들에게 소원을 묻자 무양은 부마를 피해 산수 좋은 곳에서 여생을 보내고 싶다 하였고, 여읍 역시 부마의 미친 거동을 보고 싶지 않다고 하였다. 남편의 횡포로 인한 시련은 무양만이 아니라 곽후 소생 공주들의 공통된 문제였던 것인데 그들이 부마는 물론 남자 형제들마저 출입하지 못하도록 해줄 것을 광무제에게 청하는 것을 보면 그들이 반발하고 항거하고자 하는 대상이 모든 남성으로 확대되어 있다는 것을 알 수 있다. 세 공주가 취미궁에 은거하자 무양과 여읍의 남편은 군졸을 이끌고 취미궁에 돌입하려 하고, 관도의 남편은 공주를 논핵하는 상소를 올리려 한다. 이는 부마들의 성품과 그들이 아내에게 가하는 횡포의 양상을 구체적으로 보여주는 것이라 할 수 있다. 결국 현실의 장벽을 극복하지 못한 공주들은 마침내 취미궁에서 나오고 만다.

이처럼 세 공주의 취미궁 은거와 부마들의 취미궁 돌입 기도 등에 드러난 부부갈등의 모습은 횡포한 남편, 나아가 불합리한 남성지배에 대한 여성들의 항거라는 의미를 담고 있다. 아버지의 무분별한 판단이나 남편의 무도함에 의해 심적 고통을 겪는 공주들은 그러한 상황에서 탈출을 기도했다. 하지만 현실적 장벽은 그것을 용납하지 않을 만큼 높았기에 그들의 저항은 필연적으로 좌절될 수밖에 없었다.

그런데 무양의 혼인 이야기와 마찬가지로 공주들의 취미궁 은거 삽화 역시 공주들의 문제로 한정되지 않는다. 공주들은 취미궁에 가자마자 생모인 곽후의 화상을 그려 정전에 봉안하고, 취미궁을 찾은 태후, 광무제, 음후 등은 곽후의 화상을 보고 모두 처연해 한다. 광무제가 곽후의 화상을 보고 눈물을 흘리는 것은 곽후를 폐한 자신의 처사가 지나치거나 부당한 것이었다는 것을 스스로 인정하는 것이라 할 수 있다. 이후 곽후의 어머니인 곽주가 취미궁을 방문하여 광무제가 남긴 글, 음후가 다시 그린 곽후의 화상을 보고 감동하면서도 음후가 숙덕이 있으나 광무제를 무르녹게 했다 하고, 또 광무제가 곽후의 폐출을 음후와의 천정 연분 때문이라고 한 것에 대해 자신은 가만히 웃을 뿐이라고 하여 광무제와 음후에 대한 섭섭한 마음을 감추지 않는다. 이는 음후와 광무제에 대한 비판으로 음후의 숙덕을 강조하고 광무제와 음후의 애정을 삼생 연분으로 합리화하고자 한 〈옥환기봉〉의 시각에 대한 반론이라 할 수 있다.

이 과정에서 하나 흥미로운 것은, 광무제의 처사가 부당하다는 것을 광무제 스스로를 통해 확인시키는 작은 삽화가 제시되어 있는 것이다. 광무제는 취미궁에 있는 공주들을 불러 보는 자리에서 자기의 꿈 이야기를 한다. 꿈속에서 성별을 바꿔 자기는 아내가 되고, 곽후는 남편이 되어 〈옥환기봉〉에 제시된 광무제와 곽후 부부의 삶을 그대로 살고 나서 꿈에서 깨어 곽후의 지난 일을 생각하고 눈물을 흘렸다는 것이다. 광무제와 곽후가 성별을 바꿔 서로 상대방의 삶을 살아본다는 설정은 〈한조삼성기봉〉과 마찬가지이다.[124] 하지만 〈한조삼성기봉〉에서는 그것을 곽후의 복수라는 측면에 초점을 맞춰 구체화하고 있다면, 〈취미삼선록〉에서는 그것을 광무제 스스로 자기의 처사가 지나치거나 부당하다는 것을 인정하도록 하는 데 활용하고 있다는 점에서 차이가 있다.

이와 같이 공주들의 취미궁 은거 삽화는 무양의 혼인 이야기와 마찬가지로 공주들과 곽후의 문제를 중첩시킴으로써 남성의 횡포와 그로 인한 여성의 시련을 보여주고 있는데 이는 작품의 결말을 장식하는 날양공주의 꿈으로까지 이어진다.

시간이 흘러 곽후, 광무제, 음후가 차례로 세상을 떠나고, 이후 다시 광무제의 아들 현종의 비 마씨가 세상을 떠나던 날 음후의 딸 날양공주가 꿈을 꾼다.[125] 꿈속에서는 옥제와 왕모가 베푸는 잔치에 〈옥환기봉〉에 등장했던 중요 인물들이 모두 참석하는데 여기에서 광무제는 음후와의 삼생 연분이 모두 끝난 것을 슬퍼하지만 음후는 이때를 기다렸다며 곽후와 담소화락한다. 음후의 이

---

124) 〈한조삼성기봉〉과 〈취미삼선록〉 가운데 어느 작품이 먼저 이루어졌는지 확인하기는 곤란하다. 그러나 성별을 바꿔 상대방의 삶을 살아본다는 설정이 공통된다는 것은 두 작품 사이에 영향의 수수 관계가 있었을 가능성을 말해준다.

125) 꿈속에는 〈옥환기봉〉에 등장했던 중요 인물들이 모두 참석하는데 현종과 마후가 가사 입고 염주를 두르고 세존을 모신다거나 태후가 죽은 광무제의 두 형을 만난다거나 하는 일들이 벌어진다. 이는 앞에서 전개되었던 세 공주의 일과는 직접 관련이 없는 일들이고, 〈옥환기봉〉을 읽지 않으면 제대로 이해할 수 없는 것들이다. 이런 점에서 날양의 꿈을 〈취미삼선록〉 한 작품의 결말이라기보다는 〈옥환기봉〉과 〈취미삼선록〉의 총괄적 결말에 가까운 것으로 파악하기도 한다(이승복(d), 179~82면 참고).

러한 모습은 광무제 때문에 같은 여성인 곽후에게 시련을 안길 수밖에 없었던 고통, 나아가서는 여성이기 때문에 겪을 수밖에 없었던 고통이 천정의 연분을 부정하고 싶을 정도였다는 것을 말해주는 것으로 남성 지배 아래에서 여성이 겪을 수밖에 없는 현실적 시련을 드러내는 것이라 할 수 있다.

〈옥환기봉〉에서 조강지처인 곽후가 폐출된 것은 음후의 숙덕과, 광무제와 음후의 천정 연분에 따른 것이라고 하였다. 그런데 〈취미삼선록〉에서는 곽후의 시련을 광무제와 음후를 비롯한 모든 사람들이 가슴 아파하는 모습, 그리고 곽후 소생의 세 공주가 남편들 때문에 겪는 고통과 시련, 좌절을 보여줌으로써 곽후 문제에 대한 〈옥환기봉〉의 시각에 반론을 제기하는 것은 물론, 여기에서 한 걸음 더 나아가 남성 지배의 횡포를 여성적 시각에 입각해서 심각하게 문제 삼고 있다고 할 수 있다. 따라서 〈옥환기봉〉에 대해 같이 반론을 제기하면서도 〈한조삼성기봉〉이 곽후 한 사람의 문제를 중점적으로 다루고 있다면, 〈취미삼선록〉은 남성 지배 일반으로 문제의식을 확대하고 있다고 할 수 있다.

4) 남성 지배 이념에 대한 비판 : 〈도앵행〉

〈도앵행〉은 광무제의 누이인 백희, 곧 영평공주가 태원처사 주당의 아들 주원성과 혼인한 후 전에 남편과 약혼한 적이 있는 정위주라는 여인이 수절을 하고 있음을 알고 정위주를 맞이하여 화합한다는 내용으로 이루어져 있다. 따라서 〈취미삼선록〉에 나타난 무양의 혼인 이야기와 상당히 유사하다고 할 수 있다.[126] 하지만 그것에 담긴 의미는 차이가 있다.

영평의 현숙함을 알게 된 태원처사 주당이 청혼하여 영평은 그 아들과 혼인한다. 이후 광무제가 즉위함에 따라 공주가 된 영평은 현구고지례(見舅姑之禮)를 행하러 시가에 왔다가 정위주의 일을 알게 된다. 일찍이 정위주의 아버지인 정원이 주처사에게 청혼한 적이 있었는데 그때 주처사는 정원이 왕망(王莽)의 녹을 먹었다 하여 거절하였었다. 하지만 처사의 부인 막씨는 부잣집과 혼인할 생각에서 남편이 집에 없을 때 빙물(聘物)을 보내 정위주와 아들의 혼약을 정하였다. 나중에 이 사실을 알게 된 주처사가 빙물을 도로 찾아오게 하였고, 정위주는 다른 혼처를 마다하고 수절을 하고 있었던 것이다. 영평은 궁인 가씨를 통해 이를 확인하고 주처사에게 정위주를 맞아들일 것을 청하지만 아무 소용이 없었고, 정위주는 이 일을 짐작하고 자취를 감춰버린다. 이후 가씨와 정위주의 시비 장란의 계교와 노력으로 주처사가 결국 정위주를 며느리로 맞아들이자 영평이 삼전(三殿)에 청하여 정위주를 부마의 우부인으로 봉하게 한다.

이러한 과정에서 영평은 엄정하고 온화한 인물로 형상화되어 있다. 이에 비해 정위주는 빙물을 받았었다는 사실만으로 자신을 주씨 집안 사람으로 생각하여 수절을 하고, 영평이 자신의 존재를 알게 되자 자취를 감춰버리며, 또 자기가 피신하여 거처하는 곳에 불이 났을 때에는 보모(保母)와 부모(傅母) 없이 당을 내려갈 수 없

126) 이런 점에서 〈취미삼선록〉과 〈한조삼성기봉〉 사이뿐 아니라 〈취미삼선록〉과 〈도앵행〉 사이에도 영향의 수수 관계가 있었을 가능성이 있다.

다며 불에 타죽은 백희(伯姬)의 고사[127]를 들어 피화를 거절할 정도로 철저히 명분에 집착하는 인물로 제시되어 있다.

그리고 주당은 역사상 실재했던 인물로 왕망이 찬역(簒逆)하자 두문불출하며 지냈고, 이후 광무제가 불렀지만 신하의 예로 알현하기를 거절했던 사람이다. 이 작품에서도 주처사는 세상과 절연한 은자로 그려져 있는데 그는 광무제가 불러도 나아가기를 거부하였다. 그것은 광무제가 경시제(更始帝)가 있음에도 불구하고 신하로서 황제의 자리에 올랐기 때문이다. 이처럼 그는 단순한 은일지사가 아니라 철저히 명분에 입각해 세상을 바라보는 도학자였다. 정위주가 시련을 겪게 된 것은 주처사의 이러한 명분론적 사고 때문이다.

그런데 정위주의 비복인 장란과 녹기에 의해 주처사의 이러한 사고 방식이 현실을 정확하게 인식하지 못한 허상에 불과하다는 것이 드러난다. 녹기는 거짓으로 주처사의 제자가 되어 무왕(武王)과 광무제, 주왕(紂王)과 경시제를 대비하면서 광무제가 무왕보다 훌륭하다는 논지로 주처사를 공박하여 마침내 주처사로 하여금 그것을 수긍하게 만들고, 정위주의 부친이 실은 한실의 회복을 위해 거짓으로 왕망에게 칭신(稱臣)했었다고 하여 정위주에 대한 처사의 생각을 흔든다. 그리고 장란이 정위주가 피화하기를 거절하는 모습을 주처사가 보도록 하여 처사로 하여금 마침내 정위주를 며느리로 받아들이게 하는 것이다.

---

127) 유향(劉向), 『열녀전(列女傳)』, 이숙인 역, 예문서원, 1997, 215~7면 참고.

이 과정에서 흥미로운 것은 처사가 피화를 거절하는 정위주를 보고서는 정위주의 뛰어난 절행은 그녀가 충신의 딸이었기에 가능했다며, 이제 그 아버지의 충의를 알았으니 청혼한다고 하는 것이다. 정위주를 자기가 본 그대로가 아니라 그 아버지의 충의라는 명분에 의해 평가하고 있는 것이다. 표면적인 명분에 얽매여 광무제를 무도한 임금으로, 당시를 도가 행해지지 않는 세상으로 파악했던 그의 현실인식이 불철저한 것이었음이 밝혀졌지만 그의 인식과 행동은 여전히 명분론적 사고에서 자유로울 수 없었던 것이다. 정위주나 주처사 모두 명분과 이념을 지향하는 인물들이지만 정위주에 대한 시각은 긍정적인 데 반해 주처사에 대한 시각은 비판적인 데 가깝다. 하층 비복인 녹기에 의해 그가 추구하던 명분과 이념의 진실성 여부가 장황하고 신랄하게 파헤쳐졌으면서도 다시 명분과 이념을 내세워 정위주를 받아들이는 주처사의 모습은 긍정적이라 하기 어렵다.

이와 같이 주처사가 추구하는 명분과 이념이 현실을 제대로 인식하지 못한 잘못이라는 것은, 그의 잘못된 인식 때문에 정위주가 수절을 하면서 시련을 겪는 것, 나아가 명분론적 사고에 따른 남성지배 이념이 여성들에게 일방적인 희생을 강요하는 것이 부당하다고 하는 것과 다르지 않다. 요컨대 이 작품은 여성이 부덕을 갖추는 것은 바람직하지만 정절이라는 이름으로 여성에게 무조건적인 희생과 시련을 강요하는 것은, 현실과 유리된 명분과 이념의 허상에서 비롯된 부당한 것이라고 비판하고 있는 것이다.

〈도앵행〉은 곽후의 폐출 문제를 직접 다루고 있지 않다. 이런 점에서 이 작품과 〈옥환기봉〉의 관계는 〈한조삼성기봉〉이나 〈취미삼선록〉의 경우보다 다소 소원한 편이라고 할 수 있다. 하지만 이 작품은 〈한조삼성기봉〉이나 〈취미삼선록〉에서 다루고 있는 남성의 횡포를, 현실과 유리된 허상에 매달려 그것이 마치 진실인 양 명분과 이념으로 포장하려는 도학적 삶의 태도와 관련지어 폭넓게 조망하면서 비판하고 있다. 곧 곽후의 폐출이나 남성 지배의 횡포 자체를 비판하기보다는 보다 근본적으로 남성 지배의 바탕을 이루는 명분과 이념의 허상을 드러냄으로써 그것이 잘못되었다는 것을 드러내고 있는 것이다. 이를 통해 이 작품에서는 〈옥환기봉〉에서 제기된 여성 문제가 한층 심화된 차원에서 논의되고 있음을 확인할 수 있다.[128]

5) 문제의식의 약화와 통속성의 개입 : 축약본 〈옥환기봉〉

장편본 〈옥환기봉〉에서는 광무제의 한실 중흥 과정이 작품을 이루는 축 가운데 하나였지만 축약본에서는 그것이 서술자의 설명으로 대치됨으로써 역사적 배경의 구실만을 하게 된다. 따라서 작품의 중심을 이루는 것은 광무제, 곽후, 음후에 관한 이야기인데 전체적인 서사 진행 과정은 장편본과 부합하지만 세부적인 면에서

128) 〈도앵행〉에는 탁월한 재능을 가진 비복들이 명분과 이념의 굴레에서 벗어나 자유로운 삶을 누리는 모습이 제시되어 있기도 하다. 따라서 이 작품에는 남성 지배 이념에 대한 비판뿐 아니라 명분과 이념에서 벗어나야 진정한 삶의 자유를 누릴 수 있다는 의미가 아울러 함축되어 있다고 할 수 있다(이승복(e), 390~2면 참고).

는 많은 차이를 보이고 있다.

우선 광무제와 음후의 혼인 시기가 광무제 즉위 후로 바뀌었으며, 그 과정도 상당 부분 달라졌다. 음씨가 옥환의 임자라 짐작한 광무제는 즉위 후 음씨의 아버지 음공에게 벼슬을 주어 경사로 올라오게 하고, 간택령을 내려 억지로 음공이 단자(單子)를 올리게 한 다음 음씨를 귀인으로 봉해 별전에 머무르게 한다. 음공과 음씨가 이에 반발하자 광무제가 음공을 하옥하기도 하는 등 우여곡절 끝에 서로 천정 연분임이 확인되어 마침내 결연이 이루어진다. 장편본과 달리 광무제와 음씨의 혼인에 혼사장애가 설정되었다고 할 수 있는데 이는 두 사람의 결연 과정을 부각시킴으로써 독자의 흥미를 자극하기 위한 것으로 보인다.

그런데 이보다 더 중요한 차이는 음귀인에 대한 모해가 윤보모가 아니라 곽후에 의해 주도된다는 것이다. 장편본의 경우 곽후는 음귀인을 미워하고 제어하려 하기는 하지만 직접 음모를 꾸미지는 않았다. 그러나 축약본의 곽후는 모든 음모를 자신이 주도한다. 뿐만 아니라 투기가 날로 심해져 음귀인만이 아니라 다른 후궁들까지 죽이고, 나아가서는 자신의 실덕을 논한 대신들을 죽이고 간관(諫官)을 가두기까지 한다. 이에 마침내 광무제가 곽후를 폐하고, 붙잡아 정전에 꿇려 죄목을 일컬은 다음 별궁에 가두었다가 태자를 동해왕으로 봉해 모자를 함께 동해로 보낸다. 장편본의 곽후는 애정의 독점욕은 강하지만 극악한 악인은 아니다. 그러나 축약본에서는 이처럼 간악하기만 한 인물로 형상화되어 있다.

한편 장편본의 음후는 고난을 감내하는 수동적이기만 한 인물이 아니라 윤보모에 의해 자행되는 음모에 슬기롭게, 경우에 따라서는 적극적으로 대처하는 인물로 그려져 있는 데 비해 축약본의 경우에는 음후의 이러한 모습이 거의 드러나지 않는다. 혼인 과정에서 광무제에게 항거하기도 하고, 곽후의 핍박을 받을 때에도 화기자약하고 유한정정한 태도를 잃지 않기도 하지만 음후라는 인물에 대한 형상화가 구체적이지 않기 때문에 음후는 단지 현숙하고 단엄(端嚴)한 성격의 소유자라는 것이 전제되어 있다는 느낌을 준다.

곧 장편본의 경우 곽후는 어느 정도 곧은 성품을 지니고 있으면서도 남편의 애정을 독점하려는 욕구 때문에 스스로를 주체하지 못하는 인물로, 음후는 고통을 참고 인내하는 한편 경우에 따라서는 문제에 적극적으로 대처하기도 하는 인물로 그려져 있지만 축약본에서는 그들을 선악의 이분법에 따라 도식화하고 있는 것이다.

이러한 선악 대결의 도식화는 곽후의 폐출 과정까지 차이가 있도록 만들었다. 장편본에서 곽후의 폐출은 전적으로 광무제의 의지에 의해 결정된다. 그리고 아들의 번국으로 곽후를 떠나보내는 광무제의 심정이 결코 편치 않다는 것이 구체적으로 제시되어 있다. 그러나 축약본에서는 조정 대신들의 주청에 의해 곽후가 정전에 꿇려 수죄(數罪)되는 등 그 죄상이 만천하에 공개되면서 폐출된다. 곧 곽후의 폐출이 선악 대결의 결말을 이루는, 악에 대한 징치로 변질되면서 곽후에 대한 징계의 정도가 강화된 것이다.

결국 장편본의 경우에는 음후에 대한 사회의 통념을 비판하고 곽후의 폐출과 음후의 황후 책립 과정에 대한 역사 기록의 공백을 메운다는 작자 나름의 문제의식이 바탕을 이루고 있으나 축약본에서는 이러한 문제의식이 약화되어 곽후와 음후의 갈등을 선악의 대립으로 도식화하고, 독자의 흥미를 자극할 수 있도록 일부의 내용을 변용함으로써 통속성을 개입시키고 있다고 할 수 있다. 물론 이는 개작자의 의식이 작용한 결과일 것이다. 그렇다면 개작자의 의식이 그렇게 작용하게 된 원인과 배경은 무엇인지 좀 더 구체적으로 살펴보자.129)

우선 분량이 대폭 축소된 점을 주목할 수 있다. 축약본의 분량은 장편본 가운데 곽후와 음후의 이야기만을 다루고 있는 분량보다 훨씬 적다. 작품의 분량은 그 작품을 읽을 수 있는 독자들의 시간적 여유에 비례한다고 할 수 있다. 상층이 주로 읽는 작품들의 분량이 많은 것은 그 때문이다. 따라서 장편본을 대폭 축약한 이본이 형성되었다는 것은 일단 독서 시간이 충분하지 못했던 보다 낮은 계층의 독자를 염두에 둔 결과일 가능성이 크다고 할 수 있다.

다음은 곽후와 음후의 갈등을 선악의 대립으로 도식화하면서 독자의 흥미를 자극하는 통속성을 개입시키고 있는 점 또한 주목할 수 있다. 우리는 상대적으로 낮은 계층이 향유했던 소설 유형들 가운데 영웅소설이 철저한 선악 대립으로 도식화되어 있고, 처첩 갈등형 가정소설 역시 〈사씨남정기〉에서 보이는 여성과 가문의

---

129) 이 문제에 대해 임치균은, 당시 독자들이 남녀의 혼인 문제를 다룬 작품에 경도되어 있었는데 남녀의 결연과 관련된 소설에서는 혼사에 따른 갈등이 야기되고, 갈등을 야기하는 인물과 고난을 당하는 인물 사이에는 분명한 선악의 구분이 생긴다는 점을 들어 축약본의 형성은 이러한 공식에 맞춰 변화한 것으로 당시 소설 향유의 분위기에 따라 우리 식의 소설로 변환된 것이며, 상층 독서물이 흥미 중심의 독서물로 전환되는 과정에서 생긴 결과라고 하였다(임치균(b), 46~8면). 이러한 견해가 어느 정도 타당성을 지닌다고 할 수 있지만 분량이 대폭 축소된 점, 상층 독서물이 흥미 중심의 독서물로 전환되었다는 것이 같은 상층 독자층 내에서 일어난 현상인가 하는 점 등에 대해서는 좀 더 구체적인 설명이 필요할 듯하다.

관계에 대한 문제의식 대신 선악 대립의 공식만을 따르고 있는 것을 볼 수 있다. 물론 선악 대립의 구도가 반드시 낮은 계층이 향유하던 작품들에 한정되는 것은 아니지만 이들 유형에서 그것이 보다 철저하게 구현되고 있는 것은 이 작품들의 독자들이 선악의 대결이 주는 긴장감과 흥미에 경도되어 있었다는 것을 말해주는 것일 수 있다.

또 하나 곽후에 대한 징치의 강도가 강해졌다는 점도 주목할 만하다. 상층이 주로 향유했던 장편소설에서는 갈등을 야기한 악인이라도 결국에는 개과하여 다른 인물들과 화합하는 경우가 많고, 징치되더라도 그 정도가 상대적으로 약한 데 비해 서민층이 향유했던 것으로 보이는 작품들은 악인에 대한 징치가 극단적이거나 철저하게 이루어지는 것을 볼 수 있는데 축약본에서는 곽후에 대한 징치의 강도가 장편본에 비해 훨씬 강화되어 그 개연성이 의심될 정도의 양상을 보이고 있다.

이런 점들을 고려할 때 축약본의 성립에는 독자의 계층성이 관련되어 있다고 할 수 있다. 곧 축약본은 조선후기 소설 향유층이 평민층으로까지 확대되는 전반적인 추세 속에서 상층이 주로 향유하는 장편본을 보다 낮은 계층도 독자로 아우를 수 있도록 축소, 개작함으로써 이루어진 것이라 할 수 있을 것이다.[130)]

---

130) 이는 소설 향유층이 확대되는 추세 속에서 상층의 독서물을 하층도 향유할 수 있도록 개작하였다는 것이지 순차적으로 상층의 독자를 대상으로 한 장편본이 먼저 성립되고, 소설의 향유층이 평민층으로까지 확대되는 현상이 일어나자 이에 따라 그들을 위한 축약본이 이루어졌다는 것을 꼭 의미하는 것은 아니다. 이 문제와 관련하여 녹책이 아닌 전책을 찾는 하층의 독자라도 〈구운몽〉이나 〈사씨남정기〉와 비슷한 작품에 관심을 가질 수 있

인물의 갈등을 선악 대립으로 도식화하는 방향으로의 변화에 대한 평가 여하를 떠나서 축약본이 이미 검토한 속편이나 파생작과는 전혀 다른 시각에서 장편본을 나름대로 이해하고, 재창조했다는 것을 부인할 수는 없다. 이런 점에서 축약본 역시 〈옥환기봉〉 연작 사이에 형성된 여성담론 체계 형성의 한 자리를 차지하고 있다고 할 수 있다.

이제 이상의 논의를 바탕으로 〈옥환기봉〉 연작이 지니고 있는 소설사적 의미를 살펴보기로 한다.

4. 소설사적 의미

〈옥환기봉〉 연작이 지니고 있는 소설사적 의미로는 우선 고전장편소설의 창작 배경에 대한 이해를 심화시킨다는 점을 들 수 있다. 17세기 장편소설이 출현하게 된 배경의 하나로 중국 연의소설

어 그러한 작품들에서 볼 수 있는 내용을 단권으로 끝나는 작품에다 압축하는 개작이 이루어졌다는 지적은 주목할 필요가 있다(조동일, 『한국문학통사』 3, 지식산업사, 2005, 527~8면). 이밖에 광무제의 한실 중흥 과정과 조강지처(糟糠之妻)·거안제미(擧案齊眉)·마혁과시(馬革裹屍) 등과 관련된 삽화들이 축약본에서 대거 탈락된 사실을 통해 축약본이 보다 낮은 계층의 독자를 염두에 두고 이루어졌다는 근거를 찾을 수도 있다. 그것은 중국의 역사가 사대부들에게는 교양이었지만 하층의 독자들에게 생소한 것일 수밖에 없었을 것이며, 그들이 고사에 담긴 교훈성이나 숭고함에 흥미를 느끼거나 공감하기가 쉽지 않았을 것이기 때문이다(이승복(b), 260~1면). 아울러 방각본 〈옥환기봉〉이 존재한다는 사실도 축약본 〈옥환기봉〉이 보다 하층의 독자를 염두에 두고 만들어졌다는 근거의 하나로 생각해 볼 수 있을 것이다(조희웅, 앞의 책, 431면 참고).

의 영향이 거론되기도 하였고,[131] 실제 작품별로 중국 역사가 수용된 양상을 확인하는 작업이 수행되기도 하였으며,[132] 그 수용 양상에 대한 유형 분류가 시도되기도 하였다.[133] 하지만 중국 연의소설의 독서 경험이나 중국 역사에 대한 지식이 우리 장편소설의 출현이나 창작에 어떤 수준으로, 어떻게 활용되었는지에 대해서는 아직 많은 논의가 더 필요하다고 할 수 있다. 이런 가운데 〈옥환기봉〉은 장편소설과 중국 역사가 어느 정도까지 밀접하게 관련을 맺고 있었는지를 보여주는 좋은 사례라고 할 수 있다.

이 작품은 「광무제기」와 「황후기」를 비롯한 『후한서』의 서술 내용을 재구성하면서 거기에 공백으로 남아있는 곽후 폐출 과정 부분을 허구와 상상을 통해 메우고 있다. 뿐만 아니라 작품 말미에 주요 인물의 전을 첨부하여 『후한서』와 같은 기전체 역사 서술 방식과 유사한 면모를 보이고 있기까지 하다. 이처럼 〈옥환기봉〉 연작은 중국 역사를 단순한 작품의 배경이 아니라 창작의 원천으로까지 활용함으로써 고전 장편소설의 창작에 중국 역사가 어떤 수준으로, 어떻게 활용되기도 했는지를 구체적으로 확인시켜 주고 있는 것이다. 이런 점에서 〈옥환기봉〉 연작은 장편소설의 출현 배경 혹은 창작 원천에 대한 이해를 심화하는 데 충분히 기여할 수 있다고 본다.

그런데 〈옥환기봉〉 연작에서 이보다 더 주목할 필요가 있는 것

---

131) 장효현, 『한국고전소설사연구』, 고려대 출판부, 2002, 251면 참고.

132) 지연숙의 「〈옥원재합기연〉의 역사소설적 성격」, 『고소설연구』 12, 한국고소설학회, 2001. 12와 같은 연구가 대표적인 예라 할 수 있다.

133) 임치균(a), 154면.

은, 중국 역사나 연의소설에 바탕을 두고 장편소설이 성립, 창작되었다 하더라도 그 작품들의 궁극적인 지향은 중국 역사 자체를 이해하는 것이 아니라 그것을 통해 우리의 관심사를 드러내고 소통하게 하는 것이라는 것을 보여주고 있다는 점이다. 곧 〈옥환기봉〉은 중국 역사를 적극적으로 다루고 있지만 결국 이 작품이 보여주고자 했던 것은 우리 장편소설의 주요 화두 가운데 하나인 여성 문제였다는 것이다. 장편소설의 주된 독자가 규방의 여성들이었고 그들이 직접 소설을 창작하기까지 했었으며, 이에 따라 여성의 관심사들이 작품에 반영되어 있다는 데 대해서는 더 이상 설명이 필요치 않을 것이다. 〈옥환기봉〉의 작자가 광무제, 곽후, 음후를 중심으로 부부 관계와 관련된 여성 문제에 특히 주목한 것은 이러한 장편소설과 여성의 밀접한 관계 때문일 것이다.

〈옥환기봉〉의 작자는 광무제가 음후의 미색에 혹하여 곽후를 내치고, 곽후 소생의 태자마저 태자 자리에서 물러나게 하였다는 사회적 통념을 비판하기 위해 음후의 숙덕을 강조하고, 옥환을 매개로 한 천정 연분을 강조하여 광무제와 음후의 결연을 최대한 합리화하였다. 그러면서도 곽후를 결코 극악한 인물로 형상화하지 않았을 뿐 아니라 곽후의 폐출을, 곽후를 그렇게 만든 광무제까지도 가슴 아파하도록 그리고 있다. 이것은 조강지처 곽후와 광무제 사이의 신의가 광무제와 음후의 애정에 의해 철저히 무시되어서는 곤란하다는 작자 나름의 판단 때문일 것이다. 곧 작자는 광무제, 곽후, 음후를 통해 부부 사이의 신의와 애정에 대한 문제를 다루면서 애정을 긍정하더라도 신의가 완전히 무시될 수는 없다고 한 셈이다.

사실 부부 사이의 신의와 애정 문제는 처첩갈등담에서 쉽게 다루어질 수 있는 것으로 〈옥환기봉〉이 창작된 것으로 보이는 18세기 무렵의 장편소설은 물론 그 이전의 작품에서도 그와 유사한 문제들이 다루어지고 있는 것을 볼 수 있다. 〈사씨남정기〉에서 애정이라고 하기는 어렵지만 유연수가 교채란에게 미혹되어 사정옥에 대한 신의를 저버렸다가 다시 회복한다거나,[134] 〈유씨삼대록〉에서 유세형이 정실인 진양공주를 핍박하고 애정을 좇아 장혜영을 부실로 맞이하지만 결국에는 진양공주에 대해 신의와 애정을 갖게 된다거나 하는 것들이 그 예라 할 수 있다. 이들 작품이 지향하는 바는 〈옥환기봉〉과 다르지만 이 작품들을 통해 부부 사이의 신의와 애정에 관한 문제가 당시 고전소설의 중요한 제재 가운데 하나였던 것을 알 수 있다. 따라서 〈옥환기봉〉의 작자는 바로 이러한 문제를 곽후와 음후의 경우에 적용하면서 나름대로 해석하고자 했던 것이라 할 수 있다.

〈옥환기봉〉 연작이 지니고 있는 또 하나의 중요한 소설사적 의미는 바로 이러한 원작의 시각이 논란의 빌미를 제공하고, 그것으로 인해 속편과 파생작들이 출현하여 하나의 뚜렷한 담론 체계를 형성함으로써 이를 통해 고전소설의 향유 방식에 대한 이해를 심

134) 이 문제와 별도로 〈옥환기봉〉에서 왕첩여가 곽후 소생의 경왕을 독살하자 곽후는 음귀인의 애매함을 짐작하면서도 요약 때문에 판단이 흐려져 음귀인이 경왕을 살해하였다고 주장하여 결국 음귀인을 귀양보내는데 이는 〈사씨남정기〉에서 동청이 납매를 시켜 교채란의 아들 장주를 살해하자 교채란이 사정옥의 짓으로 몰아 마침내 사정옥이 쫓겨나도록 하는 대목과 유사하다. 이런 점에서 〈옥환기봉〉의 작자는 〈사씨남정기〉를 잘 알고 있었던 것으로 보인다.

화시킬 수 있다는 것이다. 논란의 빌미는 작자가 신의를 완전히 무시해버리지는 않았지만 애정을 신의보다 긍정했다는 데 있다. 앞에서 언급한 〈유씨삼대록〉을 비롯한 여러 장편소설에서는 현숙한 조강지처를 버려두고 애정을 좇아 맞이한 부실이 집안의 불화를 조장하거나 가문을 멸문의 위기로까지 몰아가고, 그에 따라 자신의 실수를 깨달은 남편이 다시 정실과 화합하는 과정들을 그리고 있다. 곧 애정이 부정되고 정실과의 신의가 중요시되는 것이다.[135] 정실을 중시하는 가부장적 질서 체계에 익숙했던 당시 장편소설 향유층에게는 이것이 당연하고 자연스럽게 받아들여졌을 것이다. 그런데 〈옥환기봉〉의 작자는 이와 달리 신의보다 애정에 무게 중심을 두었다. 그 때문에 신의와 애정 문제를 다루는 장편소설의 일반적인 경향과 가부장적 질서 체계에 익숙한 당시 사람들은 〈옥환기봉〉의 시각을 그대로 수용하기 어려웠을 것이다.

이에 따라 그들은 독자에 머물지 않고 창작과 개작에 직접 나서서 신의를 저버린 남편에 대한 복수, 남성 지배의 횡포 고발, 남성 지배 이념에 대한 비판 등 다양한 수준의 비판과 반론을 속편과 파생작을 통해 제기했던 것이며, 한편에서는 문제를 선악 대결로 도식화함으로써 신의와 애정의 대립이 아니라 천정 연분에 의한 애정 성취만을 강조하는 새로운 해석을 나타내 보이기도 했던 것이다. 이러한 반론의 제기와 새로운 해석은 요약하자면 곽후의 문

135) 〈유씨삼대록〉 외에도 〈화문록〉이나 〈소문록〉 같은 작품들이 이에 해당한다. 물론 이 작품들이 〈옥환기봉〉보다 먼저 창작되었다는 근거는 없지만 신의와 애정을 이러한 방식으로 그리는 것은 일반적인 경향이었을 것으로 짐작된다.

제를 시비의 대상으로 삼아 가부장제에 입각한 남성 지배의 문제점을 따져보고, 바람직한 남녀, 부부의 관계가 어떠해야 하는지를 소설을 통해 모색하고 토론한 과정이라 할 수 있다.

우리는 나름의 해석에 따라 원작에 반응하는 경우를 판소리계 소설의 이본들에서 볼 수 있기는 하다. 하지만 이 경우가 전체적인 서사구조를 크게 변개시키지 않는 범위에서 나름의 해석을 반영한 변개의 수준에 머물고 있다면 〈옥환기봉〉 연작은 새로운 작품의 창작을 통해 원작에 비판과 반론을 가하는 적극적인 모습을 보여주고 있다. 이런 점에서 〈옥환기봉〉 연작의 담론 체계 형성은 18세기 고전소설의 향유 방식에 대한 이해의 폭을 넓히는 데 상당히 중요한 단서를 제공한다고 할 수 있다.

이와 관련하여 〈옥환기봉〉 연작은 장편소설의 연작 관계, 원작과 파생작의 관계에 대한 연구가 보다 심화되고, 활성화될 필요성을 제기하고 있다고 할 수 있다. 장편소설의 전후편의 관계에 대해서는 일찍이 후편은 전편을 이어 유형적 인물군과 사건담, 동일한 주지와 삽화를 지속적으로 반복하는 구조적 반복원리를 채택하고 있는데 그 이유는 제재가 한정되어 있고, 그러한 구조적 반복이 독자에게 친숙감과 흥미를 유발하며, 작자 및 독자층이 추구하는 삶의 원리와 다르지 않기 때문이라는 점이 검토된 바 있다.[136] 그리고 최근에는 연작소설에 대한 연구가 활발해지면서 작품별로 전편의 문제의식, 사건 구도와 인물, 세계관 등이 후편에 심화·지속

136) 이상택, 「보월빙연작의 구조적 반복원리」, 『백영 정병욱선생 환갑기념논총Ⅲ 한국고전문학연구』, 신구문화사, 1983 참조.

되고 있는 경우가 있는가[137] 하면, 전후편에 드러난 의식이 서로 상반되어 후편이 전편에 대한 의식적 반응물로 형성된 경우가 있다는[138] 사실 등이 확인되고 있기도 하다. 〈옥환기봉〉 연작의 담론 체계는 이러한 연구가 타당할 뿐 아니라 보다 활성화될 필요가 있음을 단적으로 보여준다고 할 수 있다. 따라서 앞으로는 파생작으로까지 관심의 폭을 확대하고, 속편이나 파생작은 전편 혹은 원작과의 적극적인 의사소통의 결과라는 것을 충분히 고려하면서 전후편의 관계, 원작과 파생작의 관계에 대한 논의를 좀 더 심화시켜 나아갈 필요가 있을 것이다.

이상과 같이 〈옥환기봉〉 연작은, 장편소설의 창작 배경에 대한 이해를 심화시키고, 중국 역사를 다룬 역사소설도 중국 역사를 통해 우리의 의식과 관심사를 다루고 있다는 것을 구체적으로 입증하고 있으며, 원작이 제공한 논란거리로 인해 속편과 파생작들이 창작되어 하나의 뚜렷한 담론 체계를 형성함으로써 고전소설과 여성의 문제, 고전소설의 향유 방식 등에 대한 이해의 폭을 넓히게 하고, 장편소설의 속편과 파생작을 소통의 관점에서 보다 심도 있게 접근할 수 있는 계기를 제공하고 있다는 점에서 그 소설사적 의미를 찾을 수 있다.

---

137) 〈옥원재합기연〉 연작의 경우가 이에 해당한다(이지하, 「〈옥원재합기연〉 연작 연구」, 서울대 박사논문, 2001 참조).

138) 〈천수석〉 연작의 경우가 이에 해당한다(서정민, 「〈천수석〉과 〈화산선계록〉의 대응적 성격과 연작양상 연구」, 서울대 석사논문, 1999 참조).

5. 맺음말 : 소설교육 방법으로의 활용 가능성

이 글에서는 18세기경에 창작된 것으로 보이는 〈옥환기봉〉 연작을 대상으로 하여 이본과 연작 관계에 대한 기본적인 이해를 위해 먼저 연작의 존재 양상을 살폈다. 이어 작품들 사이에 형성되어 있는 여성담론의 양상을 구체적으로 검토한 다음 〈옥환기봉〉 연작이 지니고 있는 소설사적 의미를 검토하였다. 여기에서는 이러한 논의를 보다 확장하여 〈옥환기봉〉 연작에 대한 이해가 소설교육에 활용될 수 있는 가능성을 모색하는 것으로 맺음말을 대신하고자 한다.

사회적 통념과 역사 기록의 괴리 속에서 자신의 시각을 확정하고 그것을 구체화하려 한 〈옥환기봉〉, 입장을 바꿔봄으로써 전편의 시각에 반론을 제기해 본 〈한조삼성기봉〉, 원작에 제시된 간략한 서술이나 삽화를 변용하여 원작에 반론을 제기하면서 문제의식을 확대해 나간 〈취미삼선록〉, 역시 원작의 간략한 서술을 바탕으로 하되 이념적 차원에서 문제의 근본을 파헤치려 한 〈도앵행〉, 원작의 문제 거리를 도식적으로 단순화한 축약본 등은 결국 적극적인 독자들이 올바른 남녀, 부부 관계의 정립, 나아가 바람직한 인간의 삶에 대한 모색에 직접 참여하여 그것을 다양한 수준과 방법으로 이루어낸 결과물들이라 할 수 있다.

지극히 상식적인 이야기이지만 소설교육은 단순히 작품을 이해하고 감상하는 능력을 기르는 데 그치지 않고, 작품을 매개로 한 작자와의 대화를 통해 인간의 삶을 비판적이고 주체적으로 이해하는 능력을 길러 인격을 완성하는 데 그 궁극적인 목적이 있다. 따라서 소설교육이 제대로 이루어지기 위해서는 우선 소설이 대화적 소통 행위라는 것을 충분히 인식시켜 학습자가 주체적, 비판적, 자발적으로 작자와의 의사소통 과정에 적극 참여하도록 유도할 필요가 있다. 그리고 그 결과로 나타나는 학습자의 반응을 다시 구체적인 인간의 삶의 모습으로 구상하거나 표현하면서 바람직한 삶이란 어떤 것인지 모색하도록 함으로써 학습자의 인격 완성에 도움이 되도록 하는 것이 유용할 것이다. 이런 점에서 표현교육 내지 창작교육이 궁극적으로 지향해야 할 것 역시 바람직한 인간의 삶에 대한 모색이라 할 수 있다.

그렇다면 독자가 작품을 일방적으로 수용하기만 하지 않고 그것에 대한 자신의 입장을 정리하고 그것을 다시 새로운 작품으로 창조해 낸 〈옥환기봉〉 연작은 소설교육의 효과적인 방법을 개척하는 데 중요한 시사점을 제공해 줄 수 있을 것이다. 물론 이는 〈옥환기봉〉 연작이 소설교육의 장에서 다루어져야 한다는 것이 아니라 〈옥환기봉〉 연작에 나타난 여성담론의 다양한 내용과 수준에 대한 이해가 소설교육에 방법론적으로 적용될 수 있다는 것이다. 소설이 사회적 의사소통의 중요한 방법이었다는 점을 이해하고, 소설 작품을 학습하고 난 다음 비평적 에세이를 쓰거나 대상 작품을 모방, 변개해 보는 수준을 넘어서서 학습자의 비판적 의식이 담긴 파생작이나 속편을 다양하게 구상해보는 것은 학습자의 비판력과 상상력을 증진시키고, 궁극적으로는 학습자의 주체적 인격 완성에 도움을 줄 수도 있을 것이라는 것이다.

찾아보기

옥환기봉 연작 연구

초판 1쇄 인쇄 2012년 6월 1일 **초판 1쇄 발행** 2012년 6월 7일
지은이 이승복 **펴낸이** 박성복 **펴낸곳** 도서출판 월인
등록번호 제6-0364호 등록일 1998. 5. 4.
주소 142-879 서울특별시 강북구 노해로25길 61
Tel (02) 912-5000 Fax (02) 900-5036
E-mail worinnet@hanmail.net Homepage http://www.worin.net

ISBN 978-89-8477-518-3 93810

값 15,000원